Ein Arbeitsbuch für den Religionsunterricht im 9./10. Schuljahr

Calwer Verlag

Diesterweg

Kursbuch Religion Elementar wird herausgegeben von Wolfram Eilerts
und Heinz-Günter Kübler

Berater: Gerhard Kraft, Dieter Petri, Heinz Schmidt und Jörg Thierfelder

Kursbuch Religion Elementar 9/10
wurde erarbeitet von Walter Boes, Eckhard Kosanke und Dierk Rafflewski

© 2006 Calwer Verlag GmbH Bücher und Medien, Stuttgart, und
Bildungshaus Schulbuchverlage Westermann Schroedel Diesterweg
Schöningh Winklers GmbH, Braunschweig
www.calwer.com / www.diesterweg.de

Das Werk und seine Teile sind urheberrechtlich geschützt.
Jede Nutzung in anderen als den gesetzlich zugelassenen Fällen
bedarf der vorherigen schriftlichen Einwilligung eines der Verlage.
Hinweis zu § 52a UrhG: Weder das Werk noch seine Teile dürfen
ohne eine solche Einwilligung gescannt und in ein Netzwerk
eingestellt werden. Dies gilt auch für Intranets von Schulen und
sonstigen Bildungseinrichtungen.
Auf verschiedenen Seiten dieses Buches befinden sich Verweise (Links)
auf Internet-Adressen. Haftungshinweis: Trotz sorgfältiger inhaltlicher
Kontrolle wird die Haftung für die Inhalte der externen Seiten
ausgeschlossen. Für den Inhalt dieser externen Seiten sind ausschließlich
deren Betreiber verantwortlich. Sollten Sie bei dem angegebenen Inhalt
des Anbieters dieser Seiten auf kostenpflichtige, illegale oder anstößige
Inhalte treffen, so bedauern wir dies ausdrücklich und bitten Sie,
uns umgehend per E-Mail davon in Kenntnis zu setzen, damit beim
Nachdruck der Verweis gelöscht wird.

Druck A^{15} / Jahr 2017
Alle Drucke der Serie A sind im Unterricht parallel verwendbar.

Redaktion: Hans-Jörg Gabler
Herstellung: Corinna Herrmann
Umschlaggestaltung: thom bahr GRAFIK, Mainz
Satz, Seitengestaltung und Grafik: thom bahr GRAFIK, Mainz
Reproduktion: Concept Design, Darmstadt; Westermann, Braunschweig
Illustrationen: thom bahr GRAFIK, Mainz; Wolfgang Berger, Filderstadt;
Dierk Rafflewski, Heddesheim; Livia Scholz-Breznay, Gomaringen;
Ekki Stier, Karlsbad
Druck und Bindung: westermann druck GmbH, Braunschweig

ISBN 978-3-7668-**3809**-4 (Calwer)
ISBN 978-3-425-**07893**-9 (Diesterweg)

Inhaltsverzeichnis

1. Sinn des Lebens
Wofür es sich zu leben lohnt 10

Verschiedene Lebensvorstellungen 12
Was ist wichtig im Leben? 14
Und dann kommt alles ganz anders … 16
Gaben und Aufgaben 18

2. Was ist der Mensch?
Auf der Suche nach Identität 20

Von Menschen und Tieren 22
Der Mensch und Gott 24
Geschaffen als Mann und Frau 26
Was ist der Mensch – Wer bin ICH? 28

3. Liebe
Mehr als ein Gefühl? 30

Liebe – was ist das? 32
Partnerschaften sind verschieden 34
Partnerschaft und Ehe 36
Ungewollt schwanger – was dann? 38
Immer gleich aufgeben? 40

4. Sucht
Gefahren auf meinem Weg 42

Sucht hat viele Ursachen 44
Alkohol – irgendwann ist der Spaß vorbei 46
Mit Techno und Ecstasy den Alltag vergessen 48
Den eigenen Weg finden – Hilfen für einen Neuanfang 50

5. Gewalt
Keine (gute) Lösung 52

Gewalt – was ist das? 54
Gewalt – wie kommt's dazu? 56
Gewalt in den Medien 58
Gewalt stoppen! 60

6. Technik
Darf der Mensch, was er kann? 62

Technik – Segen oder Fluch? 64
Der Turmbau zu Babel 66
Schöpfer Mensch 68
Wunschkinder 70

7. Gott
Nach Gott fragen 72

Auf der Suche nach Gott 74
Wie handelt Gott? 76
Hiob – „Gott, warum?" 78
Warum lässt Gott das Leid in der Welt zu? 80
Gott begegnen 82

8. Tod und ewiges Leben
Sterben, Tod … und dann? 84

Tod – natürliches Ereignis oder Handeln Gottes? 86
Verschiedene Vorstellungen vom Tod und dem Leben danach 88
Die christliche Auferstehungshoffnung 90
Bilder für die Auferstehung 92
Sterbehilfe – Euthanasie 94

9. Jesus Christus
Der Weg Jesu 96

Was wissen wir über Jesus? 98
Jesus wird getauft 100
Jesus erzählt Gleichnisse und vollbringt Wunder 102
Jesu Weg in den Tod 104
Neues Leben 106

10. Bergpredigt
Jesus spricht Klartext 108

Der Aufbau der Bergpredigt 110
Die Seligpreisungen – Wer sich bei Jesus freuen kann 112
Auf Gewalt verzichten! 114
Leben nach der Bergpredigt 116

11. Verantwortung
Verantwortung in der Welt übernehmen 118

Alles E-Gal? – Mir nicht! 120
„Jeder ist sich selbst der Nächste"? 122
„Die machen ja doch, was sie wollen ... – aber nicht mit uns!" 124
Billig ... – aber nicht um jeden Preis 126
Dein Reich komme 128

12. Unbequeme Christen
Große Helden – kleine Helden? 130

Dietrich Bonhoeffer 132
Ernesto Cardenal 134
Sabine Ball 136
Christian Führer 138
Mareike 140

13. Juden und Christen
Erinnerung und Neuanfang 142

Was hat denn das Christentum mit dem Judentum zu tun? 144
Woher kommt die Judenfeindlichkeit? 146
Höhepunkt des Antisemitismus in der Zeit des Nationalsozialismus 148
Wie haben sich die Kirchen in dieser Situation verhalten? 150
Erinnern – was soll das denn bringen? 152

14. Kirche
Mehr als man glaubt 154

Die Entstehung der christlichen Kirchen 156
Die vier wichtigsten christlichen Kirchen 158
So bunt kann Kirche sein 160
Austreten oder drinbleiben? 162
Wenn ich eine Kirche planen dürfte ... 164

15. Hinduismus – Buddhismus
Fernöstliche Religionen entdecken 166

Hinduismus – Erlösung vom ewigen Kreislauf 168
Das Kastensystem im Hinduismus 170
Buddhismus – Erlösung vom Leiden 172
Der Weg zum Glück 174

16. Bibel
Projekt Bibel 176

Die Entstehung der Bibel 178
Die Bücher der Bibel 179
Der Inhalt der Bibel 180
Textgattungen in der Bibel 182
Die vier Evangelien 184
Das Markusevangelium als Beispiel für ein Evangelium 185

Reli-Check 186
Textnachweis 191
Bildnachweis 191

Hallo, liebe Schülerinnen und Schüler,

„Kursbuch Religion Elementar" heißt euer neues Reli-Buch. Als „Kursbuch" wird auch die Zusammenstellung aller Fahrpläne der Deutschen Bahn bezeichnet.
Wer so ein Kursbuch hat, kann sich informieren und kann anderen Auskunft geben.

Euer neues Reli-Buch ist auch ein Kursbuch. Denn es informiert euch über alles, was ihr im Fach Religion wissen müsst. Wenn ihr in den vergangenen Schuljahren bereits mit den Bänden 5/6 und 7/8 gearbeitet habt, werdet ihr gemerkt haben: Das Kursbuch Religion ist kein „Paukbuch". Viele Erfahrungen aus eurem Alltag kommen darin vor. Ihr lernt im Buch andere Jugendliche kennen und erfahrt etwas über ihr Leben.

Im Unterricht müsst ihr nicht viel blättern. Alles, was ihr für die Stunde braucht, steht auf einer Doppelseite.

Wahrscheinlich seht ihr euch zuerst die **Bilder** an. Viele geben schon Auskunft über das Thema, bevor ihr einen Text dazu gelesen habt.

Meistens gehört auch ein **Text** dazu, der euch die nötigen Hintergrundinformationen bietet. Die **Arbeitsaufgaben** helfen euch, Texte und Bilder noch besser zu verstehen, und geben euch gute Ideen für Spiele, Gespräche und Projekte.

Manchmal weist euch ein Zeichen auf etwas Besonderes hin:

Eine Geschichte mit diesem Zeichen findet ihr auch in der Bibel. Meistens haben wir sie so erzählt, dass sie für euch interessant ist. Es lohnt sich also, die Bibelstelle im Unterricht aufzuschlagen und die Texte zu vergleichen.
Wenn wir eine Bibelstelle nacherzählt haben, findet ihr immer den Hinweis „nach ...", also z. B.: nach Markus 10,13–16. Bei einem Original-Bibelzitat ist nur die Bibelstelle angegeben, z. B.: Psalm 23,1. Bei Auszügen aus einem Original-Bibeltext heißt es „aus ...", z. B.: aus 1. Mose 1,1–2,4a.

In diesem Kasten stehen Fremdwörter und Fachbegriffe, die ihr noch nicht kennt. Sie werden dort genau erklärt. Wenn ihr das Wort dann in einem Text lest, wisst ihr, was es bedeutet.

Die wichtigsten Informationen sind oft in diesen grünen Kästen zusammengefasst. Es lohnt sich immer, den Inhalt dieser Kästen besonders aufmerksam zu lesen oder auswendig zu lernen.

Am Ende des Buches findet ihr einen „Reli-Check". Damit könnt ihr jederzeit überprüfen, was ihr auf einer Seite, in einem Kapitel, am Ende eines Themas oder am Ende des Schuljahres können solltet.

Viel Spaß und gute Entdeckungen wünscht euch
euer Kursbuch Religion Elementar-Team

Wofür es sich zu leben lohnt

1. Wie stellst du dir dein Leben vor? Was ist dir in deinem Leben wichtig?
2. Ergänze die Lebensziele der Schülerinnen und Schüler durch Ziele, die dir wichtig sind. Erstelle für dich eine Rangliste mit deinen zehn wichtigsten Lebenszielen.
3. Vergleicht eure Rangordnungen und erstellt an der Tafel eine Klassenliste der Lebensziele.
4. Ordnet alle Lebensziele folgenden vier Überschriften zu:
   a) materiell, d.h. gegenständliche Ziele, wie z.B. ein tolles Auto,
   b) ideell, d.h. geistige Ziele, wie z.B. geliebt zu werden,
   c) persönlich, wie z.B. einen guten Beruf zu bekommen,
   d) gesellschaftlich, wie z.B. weniger Krieg auf der Erde.
5. Versucht die einzelnen Lebensziele an der Tafel in ein Achsenkreuz mit den vier Ausrichtungen „materiell", „ideell", „persönlich" und „gesellschaftlich" einzutragen.

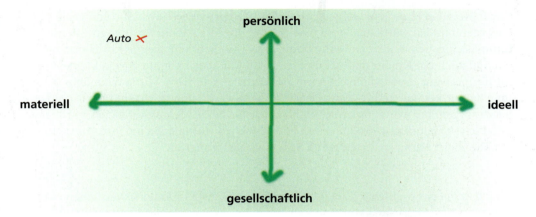

6. Bei der Rückgabe der Aufsätze sagt die Lehrerin: „Ich habe euch eure Arbeiten auf besonderes Papier schreiben lassen, damit ihr die Blätter mit nach Hause nehmen und gut aufbewahren könnt. Ich habe euch für diesen Aufsatz keine Noten gegeben. (Lärmender Beifall.) Bitte freut euch nicht zu früh! Die endgültigen Noten für diesen Aufsatz werdet ihr euch selbst geben. Allerdings nicht heute oder morgen, aber vielleicht in zwanzig, dreißig oder vierzig Jahren."
   a) Warum will die Lehrerin die Bewertung den Schülern überlassen?
   b) Nach welchen Gesichtspunkten könnte man selbst seinen Aufsatz nach 20 oder 30 Jahren beurteilen?
7. Bei einer Befragung von Jugendlichen nach ihren wichtigsten Lebenseinstellungen wurden folgende Aussagen getroffen:
   Ich will ...
   - mir nichts gefallen lassen
   - meine Freizeit genießen
   - mich für den Erhalt der Umwelt einsetzen
   - immer cool bleiben
   - viel Geld verdienen
   - mich für den Frieden einsetzen
   - berühmt werden
   - wo nötig, hilfsbereit sein
   - die Welt kennen lernen
   - die Gesellschaft ein bisschen besser machen
   - immer gut drauf sein
   - Urlaub und Ferien genießen
   - immer „in" sein
   - immer bei den Gewinnern sein

   a) Welche Lebenseinstellung könnte hinter den einzelnen Aussagen stehen?
   b) Ordne die Ergebnisse nach deiner persönlichen Einstellung in: wichtig, eher unwichtig, falsch.
   c) Formuliere dein eigenes Lebensmotto in einem einzigen Satz.

Verschiedene Lebensvorstellungen

Vincenzo: Ich zeichne gern Comics und Mangas, und ich glaube, ich kann das auch ziemlich gut. Mein Traum ist, dass ich das noch besser lernen kann, vielleicht auf einer speziellen Zeichenschule für Comics oder so. Wenn das klappt, wünsche ich mir, dass ich dann von meinen Zeichnungen auch leben kann. Vielleicht als Zeichner bei einem Verlag oder bei einer Werbeagentur. Vielleicht werde ich mal eine neue Comicfigur erfinden, die überall bekannt wird. Ich finde, der Sinn des Lebens kann darin bestehen, dass man das, was man gut kann und gerne macht, immer tun kann.

Anna: Mein Lebenstraum wäre genau das Gegenteil, wie ich jetzt lebe und groß geworden bin. Ich würde mal gern eine richtige Familie haben, wo alles gut ist. Mein Traum ist, dass ich mal einen Mann finde, der so gut verdient, dass ich zu Hause bleiben und mich um Kinder und um den Haushalt kümmern könnte. So ein kleines Haus nur für uns wäre super, vielleicht sogar mit einem Garten. Ich würde dann alles in Ordnung halten, kochen und so. Am allerwichtigsten wäre es für mich, gut für unsere Kinder zu sorgen. Ich würde ihnen schöne Geburtstagsfeiern organisieren, ich würde mit ihnen schön Ostern und Weihnachten feiern und ich würde mich um ihre Hausaufgaben kümmern, damit sie einen guten Schulabschluss schaffen.

Til: Ich finde, das wichtigste Ziel im Leben ist möglichst viel Geld zu verdienen. Wenn man genügend Geld hat, kann man sich auch viel leisten. Je mehr Geld man hat, umso mehr kann man sich kaufen, desto besser lebt man und umso mehr wird man von den anderen auch geachtet. Mein Traum ist, einmal einen Beruf zu finden, bei dem man sich hocharbeiten kann, bis an die Spitze, und wo man dann super verdient. Vielleicht bei der Bank, bei einer Versicherung oder in der Immobilienbranche. Aber wahrscheinlich geht das ja in jedem Beruf. Ich will viel arbeiten und auch viel Geld verdienen, damit ich mir alles kaufen kann, was ich will.

Özlem: In meinem Berufspraktikum im Kinderheim habe ich gemerkt, was für ein super Gefühl es für mich ist, dass die kleinen Kinder sich so freuen, wenn ich mit ihnen spiele. Sie haben immer gefragt, wann ich wiederkomme, und waren ganz traurig, wenn ich ging. Dass ich jemandem helfen kann und dass der sich dann freut, das war für mich ganz neu und ganz toll. Bei meinem zweiten Praktikum im Krankenhaus war es dann genauso. Mein Traum wäre deshalb, in meinem Leben etwas zu machen, wo ich anderen Menschen irgendwie helfen könnte. Darin könnte ich für mich einen Sinn des Lebens sehen.

Nicolai: Mein Traum wäre ein Leben mit möglichst viel Spaß und Action. Zwei, drei Sachen habe ich schon ausprobiert. Einmal das Bungeejumping, der Kick, wenn man da volle Kanne auf die Erde zurast und immer das kleine bisschen Ungewissheit hat, ob das Seil auch wirklich hält, und dann das irre Gefühl, wenn man wieder nach oben gerissen wird, das ist unbeschreiblich.
Das andere Mal war ich mit einem Freund im Steinbruch klettern. Da war eine Situa-

tion, wir waren schon ziemlich oben, da kam ich nicht mehr weiter und konnte auch nicht mehr zurück. Ich konnte nur noch weiterkommen, wenn ich umgriff. Also mit der linken Faust war ich in einem Felsenspalt und mit der rechten Hand musste ich darübergreifen, so dass ich für Sekunden nur mit meiner Faust in einem Felsenschlitz hing. Ich brauchte zwei Stunden bis ich mich das traute. Aber als dann alles gutgegangen war und ich oben auf dem Steinbruch stand, das war soooooooo super! Mein Traum wäre, ein Leben zu führen, wo ich möglichst viele solcher extremer Erfahrungen machen könnte.

1. Worin besteht für diese fünf Jugendlichen jeweils der Sinn des Lebens?
2. Erstellt an der Tafel eine Tabelle und ordnet den einzelnen Lebenskonzepten noch weitere passende Aussagen zu.
3. Welche Vorstellungen kannst du nachvollziehen, welche siehst du eher kritisch? Begründe deine Meinung.
4. Zeichne im Heft einen „Wertekreis" für dich mit fünf Kreisausschnitten. Jeder Kreisausschnitt steht für einen der folgenden Bereiche: Familie; Karriere und Wohlstand; Spaß und Action; anderen helfen; tun, was man gut kann. Zeichne die einzelnen Kreisausschnitte jeweils so groß, wie wichtig sie für dich sind. Beschrifte sie und zeichne entsprechende Symbole hinein.

Wünsche sind vom Lebensalter abhängig

erwachsen sein   ein Auto haben   angesehen sein, unabhängig sein
    gesund sein   eine gesicherte Altersversorgung haben
ein Haus besitzen   einen guten Beruf ausüben
Kinder haben   reichlich Geschenke bekommen   eine gute Berufsausbildung haben
Freunde haben   allein was machen können   geliebt werden   jemanden haben, der einen gern hat
reichlich Geschenke bekommen   allein ausgehen können   etwas zu sagen haben
    viel Zeit haben   in ferne Länder reisen   einen verständnisvollen Partner haben
einen guten Schulabschluss bekommen   geliebt werden   spielen können
Freunde haben   sich von Erwachsenen nichts mehr sagen lassen

6 Jahre   **16 Jahre**   **25 Jahre**   **45 Jahre**   **65 Jahre**

5. Ordnet die Wünsche den einzelnen Lebensaltern zu. Manche Wünsche können auch in mehreren Lebensphasen wichtig sein. Ergänzt zu jedem Lebensalter weitere mögliche Wünsche.

Was ist wichtig im Leben?

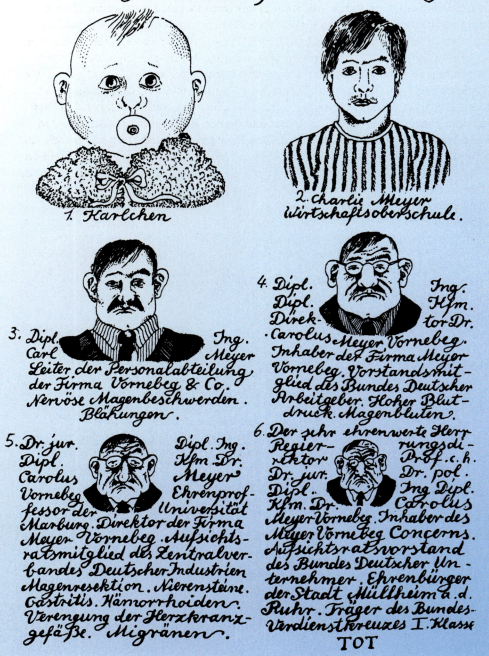

1. Beschreibt den Lebenslauf des Karl Meyer.
2. Welche Ziele hat Karl Meyer in seinem Leben verfolgt?
3. Welche Folgen hat dies
   a) für ihn selbst?
   b) für seine Familie?
   c) für seine Mitmenschen?

Der reiche Mann und Jesus

Eines Tages kam ein gut gekleideter Herr zu Jesus. An seinem Äußeren und an seinem Schmuck konnte man erkennen, dass er sehr wohlhabend war. Er trat vor Jesus und fragte: „Meister, was muss ich tun, damit mein Leben sinnvoll wird? Ich habe zwar alles, was man sich denken kann – Arbeit, die mir Spaß macht, einen großen Besitz, den ich in den letzten Jahren ständig vermehren konnte, und viele Knechte und Diener, die mich achten und gut für mich arbeiten. Dennoch fühle ich, dass ich falsch lebe. Das macht mich unzufrieden." Jesus entgegnete ihm: „Um einen Sinn in dein Leben zu bekommen, musst du Gottes Gebote halten." Darauf antwortete der gut gekleidete Herr ohne zu zögern: „Alle diese Gebote habe ich seit meiner Jugend beachtet und gehalten." Als Jesus das hörte, sprach er: „Es fehlt dir gerade das Wichtigste. Du hast bis jetzt dein ganzes Leben an deine Arbeit und deinen Besitz gehängt. Um von den ständigen Sorgen loszukommen, wie du deinen Besitz zusammenhalten kannst, wie du deine Felder zu bestellen hast, damit sie einen möglichst hohen Ertrag bringen, wie du deine Arbeit einteilst, wie du deine Arbeiter beaufsichtigen kannst, musst du loslassen, was du hast. Gib weg von dem, was du hast. Trenn dich von dem, was dir wichtig ist. Und gib denen, die etwas brauchen. Sei mein Freund und folge mir nach. Gott lädt dich ein zu sich. Er sorgt für dich. Deshalb kannst du dich auch um die sorgen, die dich brauchen: die Armen, die in schmutzigen Lehmhütten vor der Stadt leben und nicht genug zu essen haben, die Kranken, die niemand pflegt und die deshalb verkommen müssen, die Verachteten, mit denen niemand spricht und die so immer tiefer in die Einsamkeit getrieben werden. Hilf diesen Menschen. Dann wirst du erfahren, was wahres Glück bedeutet."

nach Lukas 18,18–22

1. Trotz allem Reichtum und Ansehen ist der Mann unzufrieden. Was könnten Gründe hierfür sein?
2. Was rät Jesus dem Mann zu tun?
3. Formuliert mehrere Aufforderungssätze an den gut gekleideten Mann, worum er sich nach Meinung von Jesus sorgen soll:
   Sorge dich um …
4. Welche Folgen hätte dies
   a) für ihn selbst?
   b) für seine Familie?
   c) für seine Mitmenschen?

Und dann kommt alles ganz anders …

Turnen *ist* sein Leben

Bei einem ähnlichen Sprung verunglückte Ziesmer schwer.

Es ist Montag, der 12. Juli 2004, kurz nach 16 Uhr, Sportzentrum Kienbaum bei Berlin. Ronny Ziesmer, 24 Jahre, Deutscher Mehrkampfmeister und eine der größten Hoffnungen im deutschen Kunstturnen, läuft an. Seit er denken kann, hat Ronny Ziesmer alles seinem Sport untergeordnet. Sein ganzes Leben ist auf das Kunstturnen ausgerichtet. Turnen ist sein Leben. Und die Erfolge geben ihm Recht. Ziesmer steht kurz vor dem Durchbruch zur absoluten Weltspitze. Nun will er noch ein letztes Mal den Tsukahara üben, einen Sprung in vier Wochen bei den Olympischen Spielen in Athen ohne Wackler bei der Landung steht, dann ist ein Platz unter den besten Turnern der Welt drin. Doch an diesem Nachmittag braucht Ziesmer für die Drehungen über dem Seitpferd, die er schon einige hundert Male in Perfektion geturnt hat, den Bruchteil einer Sekunde zu lang. Die letzte halbe Drehung, die ihn zurück in den Stand bringen soll, schafft er nicht mehr. Ziesmer schlägt mit dem Nacken auf die Matte auf, sein Rückgrat bricht zwischen dem fünften und sechsten Halswirbel. Regungslos liegt er auf dem Boden. Er ist bei vollem Bewusstsein, aber seine Beine spürt er nicht mehr. Ein Helikopter bringt ihn in ein Unfallkrankenhaus. Er wird sofort operiert, doch die Schädigungen des Rückenmarks können nicht mehr behoben werden. Ronny Ziesmer ist querschnittsgelähmt – für immer.

1. Beschreibt, wie Ronny Ziesmer sein Leben vor seinem Unfall geplant haben könnte.
2. Welche Ziele, welche Wünsche könnte er gehabt haben? Was könnte ihm in seinem Leben wichtig gewesen sein?
3. Welche Gedanken könnten Ziesmer nach seinem Unfall durch den Kopf gegangen sein? Wie kann er weiterleben, nachdem alle seine Lebensziele zerstört worden sind?
4. Was wäre, wenn du im Rollstuhl sitzen müsstest? Wie würdest du mit dieser Situation umgehen? Wie würden sich deine Lebensziele ändern?

Interview im Krankenhaus mit Ronny Ziesmer

Herr Ziesmer, wie geht es Ihnen zur Zeit?
Ich habe gelernt, Geduld zu haben. Alles geht so langsam voran. Und ich freue mich auch schon über die kleinsten Fortschritte.

Gab es Situationen, in denen Sie der Verzweiflung nahe waren?
Ja, es gab einige solcher Situationen. Da habe ich Dinge versucht, die gingen einfach nicht. Ich konnte mich anfangs nicht einmal drehen, da brauchte ich immer einen leichten Anschubser. Da könnte man vor Ärger die Matte kaputt hauen, auf der man liegt.

Welche Erinnerung haben Sie an den Unfallsprung?
Ich habe alles mitgekriegt und gleich geahnt, dass da etwas ganz Schlimmes passiert ist.

Wie stellen Sie sich Ihre Zukunft vor?
Zunächst will ich versuchen, meine verbliebenen körperlichen Möglichkeiten durch intensives Training möglichst optimal zu nutzen. D. h. ich konzentriere mich zur Zeit ganz auf mein Rehabilitationstraining mit verschiedenen Therapien und auf das Rollstuhltraining.

Sinn des Lebens

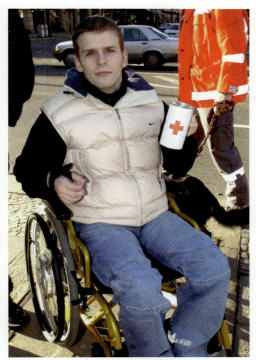

Das Opfer wird zum Helfer: Ronny Ziesmer sammelt Spenden für die Opfer der Flutkatastrophe Ende 2004.

Denken Sie manchmal auch schon an das Leben nach dem Krankenhaus?
Ja natürlich. Ich habe da schon einige Pläne, vielleicht gehe ich nochmals auf eine Schule oder versuche eine Stiftung für verunglückte Turner aufzubauen. Ich merke jetzt, wie es ist, wenn man auf Hilfe angewiesen ist. Und ich könnte mir vorstellen, dass ich trotz meiner nun doch sehr eingeschränkten Möglichkeiten versuchen werde, anderen zu helfen. Das könnte für mich so etwas wie eine neue Lebensperspektive werden.

Haben Sie auch private Pläne?
Meine Freundin Kathi ist meine wichtigste Bezugsperson. Als sie das erste Mal im Krankenhaus war, hat man gemerkt, dass es da Berührungsängste gab. Ganz klar. Aber das hat sich dann gegeben. Ich glaube, ohne Kathi hätte ich das alles nicht so bewältigt.

Wenn Sie aus dem Krankenhaus entlassen werden können, werden Sie dann in eine gemeinsame Wohnung ziehen?
Das weiß ich noch nicht. Ich stelle es Kathi frei, mit mir wieder zusammenzuziehen oder nicht.

Haben Sie Angst vor dem Alltag?
Nein, ich kann ja immer noch vieles machen. Sicher geht es langsamer und häufig brauche ich Hilfe. Das Wichtigste ist, dass man keine Mauern in dem Sinne sieht: Das kann ich nicht schaffen. Ich kann im Theater oder im Kino sein, und ich kann auch einen Job erledigen. Natürlich gibt es auch Sachen, die ich nicht mehr machen kann, wie etwa Motorradfahren. Meine Kawasaki ZXR steht zu Hause und ist längst abgemeldet. Aber, mein Gott, es werden sich andere Hobbys finden.

Sie strahlen viel Zuversicht aus.
Ja, weil ich zeigen will, dass es durchaus möglich ist, aus der Opferrolle als Querschnittsgelähmter rauszukommen. Hinein in eine Rolle, wo man etwas bewegen und zeigen kann, dass es noch weitergeht, dass das kein Ende ist. So ein Unfall ist ein Einschnitt, aber auch wie ein neues Leben – irgendwie.

Freundin Kathi unterstützt bei den Reha-Übungen.

1. Welchen Eindruck vermittelt Ronny Ziesmer in diesem Interview?
2. Mit welchen Problemen hat er zur Zeit zu kämpfen?
3. Was denkt er über seine berufliche und private Zukunft?
4. Versetzt euch in die Situation von Ronnys Freundin. Welche Gedanken könnten ihr durch den Kopf gehen? Würdet ihr an ihrer Stelle mit Ronny Ziesmer zusammenziehen? Was spricht dafür, was dagegen?
5. Ronny Ziesmer beginnt ein „neues Leben". Etwas Neues zu beginnen heißt ja immer auch neue Chancen zu bekommen. Worin könnten diese neuen Chancen für Ronny Ziesmer bestehen? Wie könnte seine neue Lebensperspektive aussehen? Sammelt Beispiele.
6. Angenommen, Ronny Ziesmer bekäme Besuch vom Krankenhauspfarrer und dieser würde mit ihm die beiden Bibelstellen „Sorget nicht..." (Matthäus 6,26.33.34) und „Der reiche Mann und Jesus" (Lukas 18,18–22) lesen. Welche neuen Lebensziele könnte Ronny Ziesmer aufgrund dieser Texte für sich finden? Sammelt Beispiele.

Gaben und Aufgaben

Das Gleichnis vom anvertrauten Geld

Jesus erzählte einmal folgendes Gleichnis:
Ein Fürst trat eine weite Reise an, um sich zum König krönen zu lassen. Bevor er abreiste, rief er drei seiner Leute zu sich, gab jedem 1000 Euro und sagte: „Setzt dieses Geld gewinnbringend ein. Ich komme bald zurück."

1. Wenn du einer dieser drei wärst, was würdest du mit dem Geld machen?

Als er als König wiederkam, ließ er die rufen, denen er das Geld gegeben hatte, und wollte wissen: „Was habt ihr damit gemacht?"
Der Erste berichtete: „Herr, ich habe das Zehnfache deines Geldes als Gewinn erwirtschaftet." „Ausgezeichnet!" rief der König. „Das hast du gut gemacht! Du hast dich in dieser kleinen Aufgabe bewährt. Ich vertraue dir die Verwaltung von zehn Städten an."
Darauf trat der nächste Mann vor und berichtete: „Herr, ich habe das Fünffache deines Geldes hinzugewonnen." „Gut!" sprach sein Herr. „Du wirst Verwalter über fünf Städte." Der Dritte kam an die Reihe. „Herr, hier hast du deine 1000 Euro zurück. Ich habe gut auf dein Geld aufgepasst!" sagte er. „Ich fürchte dich als harten Geschäftsmann und wollte das Geld nicht verlieren." „Du Narr!" rief der König zornig. „Warum hast du denn das Geld nicht wenigstens auf der Bank eingezahlt? Dann hättest du wenigstens Zinsen dafür bekommen." Der König ließ dem Mann das Geld abnehmen und den anderen geben. Er sagte: „Wer das, was er hat, gewissenhaft nutzt, dem kann man noch mehr anvertrauen. Wer aber mit dem Wenigen nachlässig umgeht, dem wird man auch das noch nehmen."

nach Lukas 19,12–27

2. Erzählt mit Hilfe des Schaubilds das Gleichnis mit eigenen Worten.
3. Was wirft der König dem dritten Mann vor?
4. Dieses Gleichnis kann man auch auf die Situation der Menschen von heute übertragen: Gott gibt jedem Einzelnen verschiedene Gaben und Fähigkeiten, z. B. die Fähigkeit, anderen zu helfen, Streit zu schlichten, einem anderen eine Freude zu bereiten usw. Jeder von uns kann etwas Besonderes.
Was bedeutet angesichts dieser Gaben, die wir von Gott erhalten haben, der Auftrag von Gott: „Setze das dir Anvertraute gewinnbringend ein"?
5. Stell die folgenden Elemente in deinem Heft ebenfalls zu einem sinnvollen Schaubild zusammen, das den übertragenen Sinn des Gleichnisses deutlich macht.
6. Welche besonderen Gaben und Fähigkeiten hast du? Wie könntest du diese Fähigkeiten für andere einsetzen?

Sinn des Lebens

Hoffnung trotz alledem?

1. Beschreibt die Situation auf dem Bild.
2. Der Jugendliche sieht keinen Sinn mehr im Leben. Was sind die Gründe dafür?
3. Welche Hoffnungen könnte es für den Jungen trotz all dieser schlimmen Umstände doch noch geben?
4. Was würdest du dem Jungen sagen, um ihn vom Springen abzuhalten und ihn zu überzeugen, dass das Leben für ihn noch einen Sinn hat?
5. Spielt dieses Gespräch. Berücksichtigt dabei auch, was ihr anhand der verschiedenen Bibelstellen in diesem Kapitel gelernt habt.

Ich halte es nicht mehr aus; meine Mutter nervt und macht mir nur Vorwürfe; meine Freundin versteht mich nicht mehr und hat einen Anderen aus unserer Clique; mit der Lehrstelle, da hab ich überhaupt keine Chance und dann noch der Mist mit dem Unfall: ohne Führerschein, gut angetörnt. Das kleine Mädchen humpelt immer noch, trotz der zwei Operationen. Nein, ich will nicht mehr, ich kann nicht mehr, es macht alles keinen Sinn mehr!

Bild aus dem Film „Heimat 3" von Edgar Reitz

Mein Leben ist wertvoll

Interview mit dem evangelischen Pfarrer Hellmut Gollwitzer

Was würden Sie dem Jugendlichen sagen, der sich überlegt, seinem Leben ein Ende zu setzen, um ihn zu überzeugen, dass sein Leben trotz aller Rückschläge noch lebenswert ist?
Ich würde ihm sagen: „Komm bitte mit, ich brauche dich notwendig, ganz notwendig."
Das würde der wohl kaum so einfach glauben.
Ich würde ihm sagen: Komm mit, du wirst sehen, dass es sich lohnt, dort, wo ich dich hinführe, zu helfen. Du wirst sehen, es gibt so viele Menschen, denen es mindestens so schlecht geht wie dir, die aber nicht sterben wollen. Die trotz vieler Schicksalsschläge noch Hoffnung haben, die das allein aber nicht mehr geregelt bekommen. Und die brauchen dich. Für die bist du notwendig. Da kannst du was dazu tun. Ich brauche dich, anderen Menschen zum Leben zu helfen.

Was bringt es einem, der keinen Sinn mehr im Leben sieht, anderen zu helfen?
Leben, das für mich sinnlos ist, ist für andere, deswegen, weil es für mich sinnlos ist, keineswegs sinnlos. Für andere ist das Leben voll Hoffnung. Und diese Hoffnung ist ihnen bedroht. Ich kann helfen, dass anderen die Hoffnung des Lebens nicht genommen wird. Ich kann für die Hoffnung anderer da sein, und ich werde gebraucht. Und das macht dann auch mein mir bisher wertloses Leben wertvoll. Weil mein Leben für andere wichtig ist, darum wird es jetzt auch für mich wichtig.

6. Worin besteht für Hellmut Gollwitzer der Sinn des Lebens?
7. Inwiefern kann ein Leben, das für mich völlig sinnlos erscheint, für andere sinnvoll sein?
8. In welcher Weise kann sich auch mein Lebenssinn ändern, wenn ich anderen helfe?

Was ist der Mensch?

Auf der Suche nach Identität

Ein Mängelwesen, das erzogen werden muss

Ein großer, spärlich behaarter Affe mit einer bedenklichen Überfunktion des Zentralnervensystems

Etwas Einzigartiges

Ein triebgesteuertes Lebewesen

Ein Individuum

Zu 80% Wasser

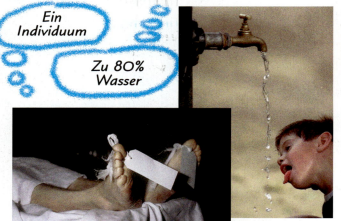

Die Krone der Schöpfung

Der Mensch ist, was er isst

1. Was haltet ihr von diesen Äußerungen? Welchen könnt ihr eher zustimmen, welchen eher nicht?

2. „Was ist der Mensch?" – Was würdet ihr auf diese Frage antworten? Sammelt und vergleicht eure Antworten.

3. Was haben die Menschen auf dieser Seite gemeinsam? Worin unterscheiden sie sich?

Das Schlimmste aller Tiere

Das Ebenbild Gottes

Ein Lebewesen, das Gemeinschaft braucht

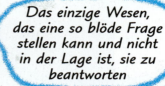

Das einzige Wesen, das eine so blöde Frage stellen kann und nicht in der Lage ist, sie zu beantworten

Ein intelligentes Tier

Das größte Problem unserer Erde

Ein mit Seele und Vernunft ausgestattetes Lebewesen

Das einzige Tier, das sich an seine Großeltern erinnern kann

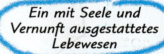

Von Gott geschaffen

4. Was unterscheidet einen Menschen von einem Tier?
5. Können Tiere denken?
6. Ab wann weiß ein Baby, dass es ein Mensch wird?
7. Was ist verantwortlich dafür, wie ein Mensch ist: seine Erbanlagen oder die Einflüsse seiner Umwelt?
8. Kann ein Mensch allein leben, oder braucht er unbedingt andere Menschen?
9. Welche Unterschiede außer den biologischen Unterschieden gibt es noch zwischen Mann und Frau?
10. Wann ist der Mensch ein Mensch?

Von Menschen und Tieren

Worin unterscheiden sich Mensch und Tier?

1. Welche Gemeinsamkeiten haben Menschen und Tiere? Sammelt Beispiele.
2. Sammelt Eigenschaften, die Menschen und Tiere unterscheiden.

Die Stellung des Menschen

3. Interpretiert das Schaubild links.
4. Könnt ihr diesen Aussagen zustimmen? Begründet eure Meinung.
5. Diese Tabelle ist 1509 entstanden. Worin sah man damals den Unterschied zwischen einem Stein, einer Pflanze, einem Tier und dem Menschen?
   Wie wurde damals die herausragende Rolle des Menschen begründet?
6. Was könnte man unter Umständen heute anders sehen?
7. Der Philosoph Immanuel Kant hat dem Menschen drei wesentliche Eigenschaften zugeordnet, die ihn vom Tier unterscheiden: Der Mensch
   – kann sein Leben mit Absicht und Plan gestalten,
   – kann andere Menschen von seinen Zwecken und Zielen überzeugen,
   – kann zwischen Gut und Böse unterscheiden, also moralisch handeln.

   a) Belegt diese drei Eigenschaften des Menschen durch Beispiele.
   b) Findet ihr noch weitere wesentliche Eigenschaften des Menschen?
   c) Findet, ähnlich wie Kant, drei wesentliche Eigenschaften von Tieren. Es sollen Eigenschaften sein, die sie von Menschen und Pflanzen unterscheiden. Das Tier ...

Der Mensch – einsamer Wolf, Herdentier oder frierendes Stachelschwein?

Die Fabel von den frierenden Stachelschweinen
Eine Herde Stachelschweine drängt sich an kalten Wintertagen recht nahe zusammen, um sich durch die gegenseitige Wärme vor dem Erfrieren zu schützen. Je näher sie sich kommen, um so wärmer wird ihnen, umso mehr stechen sich die Stachelschweine aber auch gegenseitig mit ihren Stacheln. Das schmerzt und hat zur Folge, dass sie sich wieder von einander trennen. Nun beginnen sie allerdings wieder zu frieren und drängen wieder zu einander. Ihre Nähe, die ihnen einerseits Sicherheit und Wärme gewährt, erzwingt andererseits immer wieder Abstand.
Nach Arthur Schopenhauer

1. Um was geht es in dieser Fabel? Beschreibt das Verhalten der Stachelschweine.
2. Was könnte diese Fabel über das menschliche Zusammenleben aussagen?
3. Warum suchen Menschen Nähe?
4. Was macht Distanz notwendig?
5. Warum wechselt das Gleichgewicht zwischen Nähe und Distanz?
6. Wodurch und wie kommt man miteinander aus?
7. Der folgende Text „übersetzt" die in der Fabel beschriebenen Wesensmerkmale des Menschen. Setzt die Textbausteine zu einem sinnvollen Text zusammen und übertragt ihn in euer Heft.

> strebt in der Gesellschaft nach individueller Freiheit. Zwischenmenschliches Verhalten

> Der Mensch ist von Natur aus auf Gemeinschaft hin angelegt. Er braucht zu seiner individuellen Entfaltung

> bewegt sich immer zwischen diesen beiden Polen: der Einzelne und die Gemeinschaft.

> das Leben in der Gemeinschaft. Er bleibt aber auch als gemeinschaftliches Wesen immer Einzelperson und

8. a) „Der Mensch ist ein Gemeinschaftswesen!" Sammelt Beispiele, die diesen Satz belegen.
   b) In der Gemeinschaft strebt der Einzelne allerdings danach, eine individuelle und besondere Persönlichkeit zu sein. Nennt auch dafür Beispiele.
   c) Wie schätzt du dich ein? Bist du jemand, der sich eher wohlfühlt, wenn er sich von den anderen unterscheidet, oder bist du jemand, der sich vor allem in einer Gruppe wohlfühlt, wo er sich nicht allzu sehr von den anderen unterscheidet?
   d) Sammelt Vorteile und Gefahren für diese beiden Lebensformen.

Der Mensch und Gott

Die Erschaffung des Menschen

Und Gott sprach: „Jetzt wollen wir Menschen machen, als unser Ebenbild, das uns ähnlich ist. Sie sollen herrschen über die Fische im Meer und über die Vögel unter dem Himmel und über das Vieh und über alle Tiere des Feldes und über alles Gewürm, das auf Erden kriecht." So schuf Gott den Menschen als sein Ebenbild, zum Ebenbild Gottes schuf er ihn; und er schuf sie als Mann und Frau.

Und Gott segnete sie und sprach zu ihnen: „Seid fruchtbar und mehret euch und füllet die Erde und machet sie euch untertan und herrschet über die Fische im Meer und die Vögel unter dem Himmel und über das Vieh und über alles Getier, das auf Erden kriecht."

1. Mose 1,26–28

1. Das Bild Michelangelos wird die „Die Beseelung des Menschen" genannt.
    a) Wie verändert sich die Situation des Menschen durch die „Beseelung"?
    b) Was bedeutet es für den Menschen, dass Gott ihn beseelt?

Was ist der Mensch?

Eine „göttliche" Beziehung

Schülerin: Herr Pfarrer, kann dieser Bibeltext helfen, die Frage „Was ist der Mensch" zu beantworten?

Pfarrer: Dieser Text hat vier entscheidende Antworten auf deine Frage. Erstens: Der Mensch ist zunächst einmal Geschöpf Gottes. Er ist wie alle anderen Dinge und Lebewesen von Gott erschaffen. Das heißt dann aber auch, dass er in einer Solidarität mit den anderen Geschöpfen Gottes steht. Wie sie ist er ins Leben gerufen. Wie sie ist er bedroht. Das heißt: Der Mensch ist Geschöpf und Mitgeschöpf. Er ist Teil der Natur.

Schülerin: Also hat der Mensch keinen anderen Stellenwert als ein Tier?

Pfarrer: Bis jetzt nicht. Jetzt kommt aber der zweite wichtige Punkt: Die Besonderheit des Menschen liegt in seiner Ebenbildlichkeit zu Gott. Gott schafft in der Welt ein Lebewesen, das ihm entspricht, mit dem er verkehrt, das ihn repräsentiert. In dieser Gottebenbildlichkeit wird die Aufgabe und Bestimmung des Menschen deutlich. Sie besteht darin, Gott in seiner Schöpfung zu vertreten, Gott also zu repräsentieren.

Schülerin: Ist das die Aufgabe eines einzelnen Menschen? Es können doch unmöglich alle Menschen zusammen Gott repräsentieren?

Pfarrer: Doch. Die dritte wichtige Aussage des Schöpfungstextes ist: Diese Aufgabe kann nur gemeinsam gelöst werden. Ebenbild Gottes können die Menschen nur zusammen mit anderen sein. Gottebenbildlichkeit kann nur in der menschlichen Gemeinschaft gelebt werden. Der Mensch ist von Anfang an ein soziales Wesen. Er ist auf menschliche Gemeinschaft angelegt und wesentlich hilfebedürftig. Er ist ein geselliges Wesen und entwickelt seine Persönlichkeit erst in der Gemeinschaft mit anderen.

Schülerin: Und was ist nun noch der vierte wichtige Punkt?

Pfarrer: Die Gottebenbildlichkeit bestimmt schließlich auch noch den Schöpfungsauftrag des Menschen. Nur wenn die Herrschaft des Menschen über die Erde gut und fürsorglich ist, entspricht sie der Herrschaft Gottes und nur dann erfüllt der Mensch seine Gottebenbildlichkeit. Raub, Ausbeutung und Naturzerstörung widersprechen seinem Recht und seiner Würde. Die menschliche Beziehung zu Gott kommt im Psalm 8 sehr schön zum Ausdruck.

*Ich blicke zum Himmel und sehe,
was deine Hände geschaffen haben;
den Mond und die Sterne – allen hast du ihre Bahnen vorgezeichnet.
Wie klein ist da der Mensch!
Und doch beachtest du ihn!
Winzig ist er, und doch kümmerst du dich um ihn!
Du hast ihn zur Krone der Schöpfung erhoben
und ihn mit hoher Würde bekleidet.*

*Nur du stehst über ihm!
Du hast ihm den Auftrag gegeben,
über deine Geschöpfe zu herrschen. Alles hast du ihm zu Füßen gelegt:
die Schafe und Rinder, die Tiere des Feldes,
die Vögel unter dem Himmel und die Fische im weiten Meer.*

*Herr, unser Herrscher!
Groß und herrlich ist dein Name.
Himmel und Erde sind Zeichen deiner Macht.*

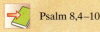 Psalm 8,4–10

1. Fasst die vier wichtigen Aussagen des Schöpfungstextes mit eigenen Worten zusammen.
2. Ordnet jeder dieser Aussagen die entsprechenden Sätze aus dem Schöpfungstext auf S. 24 zu.
3. Was bedeutet „Gottebenbildlichkeit"?
4. Was ist der Schöpfungsauftrag des Menschen?
5. Wie muss der Mensch seinen Schöpfungsauftrag erfüllen, damit er ihn richtig, d. h. als Partner oder Vertreter Gottes, erfüllt? Sammelt Beispiele oder plant eine Aktion.
6. Was sagt Psalm 8 über die Beziehung des Menschen zu Gott aus? Gestaltet mit oder zu diesem Bibeltext ein Schmuckblatt.

Geschaffen als Mann und Frau

Wodurch unterscheiden wir uns? Was haben wir gemeinsam?

Fragebogen für Jungen und Mädchen

- Mit wie viel Grad werden dunkle Socken gewaschen?
- Was ist der Unterschied zwischen einem Stahl- und einem Holzbohrer?
- Welches Werkzeug wird benutzt, wenn man eine Dachlatte im 45-Grad-Winkel absägen will?
- Welche Gerichte kannst du kochen?
- Wer tapeziert bei euch zu Hause? Warum?
- Welche Arbeit ist deiner Meinung nach anstrengender – die deines Vaters oder die deiner Mutter?
- Wobei hilfst du im Haushalt? Warum?
- Warum gibt es deiner Meinung nach so wenig Hausmänner? Könntest du dir vorstellen, einer zu sein bzw. mit einem verheiratet zu sein?
- Gibt es „männliche" und „weibliche" Tätigkeiten? Welche sind das?
- Wer sollte den Haushalt machen, wenn beide Partner arbeiten?
- Würdest du zu Hause bleiben, wenn ein Kind kommt? Warum? Warum nicht?

1. Bearbeitet diese Fragen zunächst allein, dann in reinen Mädchen- und Jungengruppen.
2. Vergleicht eure Antworten im Klassengespräch.

3. Interpretiert diese Statistik.
4. Geht die einzelnen Positionen durch. Welche Verteilung würdest du in deiner Partnerschaft anstreben? Warum?
5. Erstelle eine Grafik, in der du zu den einzelnen Bereichen jeweils die Verteilungen einträgst, wie du sie einmal richtig findest.

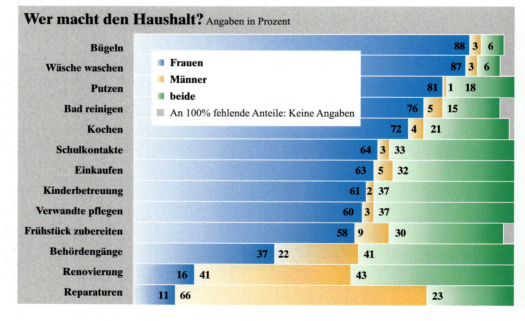

Was ist der Mensch?

„Es ist nicht gut, dass der Mensch allein ist"
(1. Mose 2,18)

Vanessa (16): Gerade Sie als selbstbewusste Frau können doch nicht mit den Aussagen in der Bibel zur Schöpfung von Mann und Frau einverstanden sein.
Pfarrerin: Wieso nicht?
Vanessa: In meiner Bibel in der Übersetzung Martin Luthers steht: „Und Gott der Herr sprach: Es ist nicht gut, dass der Mensch allein sei. Ich will ihm eine Gehilfin manchen, die um ihn sei." Und weiter: „Und Gott der Herr baute ein Weib aus der Rippe, die er von dem Menschen nahm, und brachte sie zu ihm." Die Frau als Gehilfin des Mannes!!! Und aus seiner Rippe gemacht!!! Ich lach mich kaputt! Bei solch einem altmodischen Schwachsinn braucht sich niemand zu wundern, dass die Bibel heute keiner mehr ernst nimmt.
Pfarrerin: Aber so hat Gott das doch überhaupt nicht gemeint! Im hebräischen Originaltext des Alten Testaments heißt es: „Und Gott der Herr sprach: Es ist nicht gut, dass der Mensch allein sei; und er gab ihm eine Hilfe ihm entgegen."
Vanessa: Entgegen? Was bedeutet denn „entgegen"?
Pfarrerin: Das bedeutet Gegenüber und Opposition. Auf gut Deutsch heißt das, die Eva war dazu bestimmt, weder eine unterwürfige Ja-Sagerin noch eine demütige Mitläuferin zu sein. Von einer Unterwürfigkeit, von einer Gehilfin, also einer Assistentin, die Nummer 2 oder Nummer 3 ist, wie jede anständige Assistentin bei einem Professor, einem Arzt oder einem Bauunternehmer, kann hier überhaupt nicht die Rede sein.
Vanessa: Das heißt, Eva ist ein eigenständiges Gegenüber?
Pfarrerin: Selbstverständlich, und mit eigenem Recht. Mehr noch, die Bibel sagt: „Als Mann und Frau schuf Gott die Gattung Mensch." Woraus man folgern kann, dass ein Mann und eine Frau jeweils nur die Hälfte von dem sind, was Gott wollte.

Vanessa: Also gut, das leuchtet mir jetzt ein. Aber bleibt immer noch das mit der Rippe.
Pfarrerin: Der Urbegriff in der Bibel heißt nicht Rippe, sondern „Seite" oder „Flanke". Ein Mann kann ohne eine Rippe oder auch zwei, die man ihm herausoperiert, ohne weiteres überleben. Im hebräischen Originaltext steht aber: „er nahm sie aus seiner Seite oder Flanke"; das bedeutet zum einen, dass Mann und Frau „Seite an Seite" zusammen durchs Leben gehen sollen, zum anderen wird dadurch aber auch die Ebenbürtigkeit der Frau untermauert.
Vanessa: Okay, ich lass mir das mal durch den Kopf gehen. So ganz überzeugt bin ich noch nicht, dass die Bibel so ein fortschrittliches Frauenbild vermitteln will, denn gerade in der Kirche, die ja am besten wissen müsste, was in der Bibel steht, kann man doch beobachten, dass Frauen immer wieder unterdrückt wurden.
Pfarrerin: Es bleibt eine wichtige Aufgabe von jedem von uns, von Frauen und von Männern, daran zu arbeiten, dass das Zusammenleben und der Umgang zwischen Frauen und Männern sich immer mehr an diese ursprünglichen Vorstellungen der Bibel, so wie ich sie dir jetzt erklärt habe, annähern.

1. Welche zwei Bibelstellen bereiten Vanessa Probleme? Warum?
2. Wie erklärt die Pfarrerin diese Bibelstellen?
3. Die Pfarrerin weist darauf hin, dass in der Geschichte Frauen immer schon eine selbstbewusste und kritische Rolle gespielt haben. Sammelt Beispiele dafür. Recherchiert in Partnerarbeit Kurzbiographien und präsentiert sie der Klasse.
4. Vanessa meint, dass gerade in der Kirche Frauen immer schon benachteiligt wurden. Kennt ihr Beispiele dafür?
5. Die Pfarrerin nennt es eine wichtige Aufgabe von Frauen und Männern darauf hinzuarbeiten, dass der Umgang zwischen Mann und Frau immer partnerschaftlicher wird. Welche Möglichkeiten fallen euch dazu ein?
6. Beschafft euch aktuelle (Jugend-)Zeitschriften und Magazine. Welche Bilder, Texte und Darstellungen widersprechen dem Bibeltext, wie ihn die Pfarrerin erklärt hat?

Was ist der Mensch – Wer bin ICH?

Atze Bibbel: Was der Mensch ist, ist mir ja jetzt so ungefähr klar. Aber wer bin ich? Okay, ich bin Atze Bibbel. Aber wer ist Atze Bibbel, wer bin ich?

Ja, ich weiß, ich bin ein frierendes Stachelschwein und Gottes Ebenbild und nur ein halber Mensch, weil mir eine Frau fehlt, und überhaupt verantwortlich für alles, was passiert, ich soll den Müll trennen, im Haushalt helfen, partnerschaftlich mit meiner Freundin umgehen, usw. blablabla. Aber das soll ja letztendlich jeder Mensch, also ist das nichts Besonderes, das gerade mich auszeichnet. Also, wer bin ICH, im Unterschied z.B. zu meinem besten Freund Longo? Schwierige Frage! Aber ganz sicher renn ich jetzt nicht zum Pfarrer und frag den. Ich check das mal im Internet ab: www.großefragendermenschheit.de und dort zum Fragenportal „Sie fragen und Big Brain antwortet".

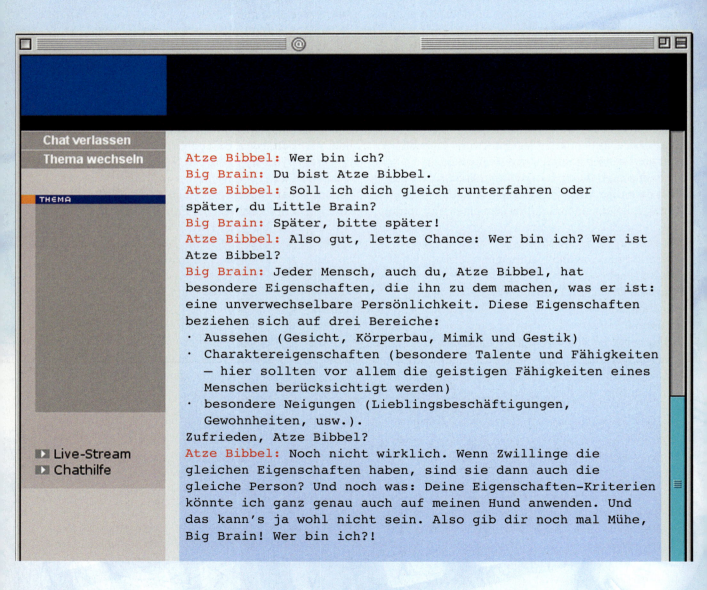

Atze Bibbel: Wer bin ich?
Big Brain: Du bist Atze Bibbel.
Atze Bibbel: Soll ich dich gleich runterfahren oder später, du Little Brain?
Big Brain: Später, bitte später!
Atze Bibbel: Also gut, letzte Chance: Wer bin ich? Wer ist Atze Bibbel?
Big Brain: Jeder Mensch, auch du, Atze Bibbel, hat besondere Eigenschaften, die ihn zu dem machen, was er ist: eine unverwechselbare Persönlichkeit. Diese Eigenschaften beziehen sich auf drei Bereiche:
- Aussehen (Gesicht, Körperbau, Mimik und Gestik)
- Charaktereigenschaften (besondere Talente und Fähigkeiten – hier sollten vor allem die geistigen Fähigkeiten eines Menschen berücksichtigt werden)
- besondere Neigungen (Lieblingsbeschäftigungen, Gewohnheiten, usw.).

Zufrieden, Atze Bibbel?
Atze Bibbel: Noch nicht wirklich. Wenn Zwillinge die gleichen Eigenschaften haben, sind sie dann auch die gleiche Person? Und noch was: Deine Eigenschaften-Kriterien könnte ich ganz genau auch auf meinen Hund anwenden. Und das kann's ja wohl nicht sein. Also gib dir noch mal Mühe, Big Brain! Wer bin ich?!

Big Brain: Die Frage „Wer bin ich?" ist eine der wichtigsten Fragen überhaupt, aber auch eine Frage, die sich nur ganz schwer beantworten lässt.
Die Frage nach dem eigenen Ich, also „Wer bin ich?", kann man in mehrere kleine Teile aufspalten, etwa die Frage „Was ist das Richtige, das ich tun soll?" oder „Was weiß ich alles?" oder „Was kommt nach dem Tod?" — auch die Frage nach Gott oder warum ich überhaupt auf dieser Welt bin, gehört hierher. Was kannst du gut? Was findest du gut und richtig? Was ist dir ganz in deinem Inneren wirklich wichtig? Was willst du einmal mit deinem Leben anfangen? Die Art, wie du diese Fragen für dich beantwortest, bestimmt zu einem erheblichen Maß mit, wer du bist.
Aber nur sehr selten lassen sich diese Fragen schon in deinem Alter beantworten. Im Verlauf deines Lebens und mit der Zunahme an Erfahrung wird sich deine Einstellung zu diesen Fragen weiterentwickeln. Dadurch entwickelst auch du dich weiter und dadurch wird die Frage, wer du bist, immer neu beantwortet. Man kann sich das Leben denken als eine Reihe von Abenteuern auf dem Weg, sich selbst zu erkennen.
Die Frage „Wer bin ich?" ist also weniger eine Frage, die man beantworten müsste, als vielmehr eine Frage, die man leben und anwenden sollte. Man sollte sie immer in Verbindung sehen mit der Frage: „Was wird aus mir?", „Wie hat Gott mich gewollt?" und „Wie soll mein Lebensweg einmal aussehen?" Mach dir mal Gedanken darüber, Atze Bibbel! Letzten Endes ist jeder Einzelne selbst dafür verantwortlich, was er aus den Begabungen und Möglichkeiten macht, die ihm gegeben worden sind. Jeder Mensch ist mit Würde ausgestattet und jeder Mensch ist wertvoll.
Jeder kann in der Welt Gutes bewirken, auch du, Atze Bibbel!!! Durch seine Gedanken, durch seine Worte und vor allem durch seine Taten drückt der Mensch aus, wer er letztendlich ist.
Atze Bibbel: Na also, Big Brain, wer sagt's denn. Da hast du ja doch noch was ganz Ordentliches zusammengebracht. Das nächste Mal gebe ich dir was Leichteres zu denken, nämlich meine Mathe-Hausaufgaben, hehehe!

1. In welche Teilfragen kann man die Frage nach dem eigenen Ich aufspalten?
2. Big Brain schreibt: Die Art, wie wir diese Fragen für uns beantworten, bestimmt zu einem erheblichen Maß, wer wir sind. Was meint er damit und hat er damit Recht?
3. Mit welchen Fragen sollte die Frage „Wer bin ich?" in Verbindung gebracht werden?
4. Big Brain schreibt: Man kann sich das Leben denken als eine Reihe von Abenteuern auf dem Weg, sich selbst zu erkennen. Was könnte er damit meinen?
5. Jeder kann in der Welt Gutes bewirken! Sammelt Beispiele dafür, was ihr bisher in der Welt Gutes bewirkt habt und was ihr noch Gutes bewirken könntet.
6. Big Brain schreibt: Letzten Endes ist jeder Einzelne dafür verantwortlich, was er aus den Begabungen und Möglichkeiten macht, die ihm gegeben worden sind. Was könnte er damit meinen?

Mehr als ein Gefühl?
Das Reich der Liebe

1. Betrachtet die Karte. Welche Länder gehören zum Reich der Liebe? Welche „Länder" sollte es eurer Ansicht nach im „Reich der Liebe" noch geben?
2. Welche Begriffe sind den Ländern zugeordnet? Begründet diese Zuordnungen. Welche Begriffe findet ihr passend, welche eher nicht?
3. Welche Begriffe würdet ihr in den einzelnen Ländern ergänzen?

4. In welche Länder würdet ihr die folgenden Orte einordnen: Glücksstadt, Gottessegen, Wald der Traurigkeit, Tal der Zufriedenheit, Tränenfluss, Burg Zärtlichkeit, Spaßbach, Berg Ehrlichkeit, Versuchungswald.

5. Menschen, die in einer Beziehung leben, befinden sich auf einem gemeinsamen Lebensweg.
Sie sind gemeinsam unterwegs, gehen durch viele „Länder".
In welchen Ländern und an welchen Orten würdest du dich gern aufhalten?
Könnten sich deine Länder und Orte ändern, wenn du älter wirst?

Liebe – was ist das?

1. Notiert spontan Positives und Negatives, das euch zum Thema Liebe einfällt.
2. Begründet und vergleicht eure gewählten Begriffe.
3. Sammelt Redewendungen, die mit Liebe zu tun haben.
4. Kennt ihr aktuelle Songs oder Songtexte, die sich mit dem Thema Liebe befassen?
5. Sammelt Liebesgedichte oder schreibt selber welche.

Liebe ist ein Gefühl

Nele hat sich total verändert. Sie kann nachts nicht mehr richtig schlafen. Immer denkt sie an Fernando. Sie sieht ihn vor sich: sein Gesicht, sein verschmitztes Lächeln, seine braunen Augen, die lieben Blicke, die er ihr zuwirft.
Sie spürt seine Lippen auf ihren Wangen. Sie schwebt durch den Tag. Schule, Mathematik, Englisch sind ihr gleichgültig geworden. Nach der Schule wird er am Tor stehen und sie abholen.
Er wird sie liebevoll umarmen. Dafür lebt Nele. Alles andere ist ihr unwichtig. Sie ist soooooo glücklich!!!

Liebe beflügelt und ist wunderschön!

Jan kann nachts nicht mehr schlafen. Er liegt wach und denkt an Rosa. „Es ist aus zwischen uns. Es hat alles keinen Zweck mehr. Ich habe einen anderen kennen gelernt", hatte sie zu ihm gesagt. Immer wieder muss Jan an diese Worte denken und jedes Mal zieht sich sein Magen zusammen. Schule, Mathematik, Englisch sind ihm gleichgültig geworden.
Hauptsache, die Schule ist aus und er kann sich in seinem Zimmer verkriechen. Jan leidet sehr.

Liebe tut weh und macht traurig!

6. Versetzt euch in die jeweilige Situation. Wie fühlen sich Nele und Jan? Stellt zusammen, was jeweils in ihnen vorgeht.
7. Was haben Nele und Jan gemeinsam, was unterscheidet sie?
8. Gebt den beiden Szenen eine Überschrift.
9. Diskutiert über die beiden Aussagen zur Liebe. Wer hat Recht?

Liebe ist ...

Hinter diesen „Liebe ist ..."-Cartoons steckt eine wirkliche Liebesgeschichte. Die Neuseeländerin Kim Casali wollte mit den gezeichneten Liebesbotschaften das Herz eines Mannes erobern. Sie hatte sich in den Italiener Roberto verliebt und steckte ihm Bildchen unters Kopfkissen, in die Manteltasche, in den Geldbeutel, in die Schreibtischschublade ... Es wirkte: Drei Jahre später heirateten sie und bekamen drei Kinder. Roberto sammelte die Bildchen und schickte sie heimlich der „Los Angeles Times". Bereits nach vier Jahren Ehe verlor Kim ihren Roberto. Er starb qualvoll an Krebs. Doch die große Liebe lebte weiter – in inzwischen mehr als 8500 Cartoons, deren Botschaften in 25 Sprachen übersetzt wurden. Mit nur 55 Jahren starb auch Kim Casali. Heute setzt ihr ältester Sohn Stefano ihre Arbeit fort – und erinnert mit einer neuen Zeichnung pro Tag an die unsterbliche Liebe seiner Eltern.

1. Was denkt ihr über die einzelnen „Liebe ist ..."-Botschaften?
2. Zeichnet oder schreibt, kunstvoll verziert, eigene „Liebe ist ..."-Botschaften.
3. Gestaltet eine „Liebe ist ..."-Wand in eurem Klassenzimmer.
4. Wer will, kann seine Botschaften wie Kim Casali jemandem schenken oder heimlich zustecken.

Partnerschaften sind verschieden

Wir ziehen zusammen

Nachts um 23 Uhr klingelt das Handy. Simone (18 Jahre) murmelt verschlafen so etwas wie „Hallo". „Du hast doch noch nicht geschlafen? Ich habe Super-Neuigkeiten", hörte sie die aufgeregt fröhliche Stimme ihrer Freundin Susanne (17 Jahre). „Marco und ich, wir ziehen am Wochenende zusammen." „Aber ihr kennt euch doch erst seit vier Wochen", entgegnet Simone erstaunt und inzwischen hellwach. „Wieso, wir verstehen uns prima, wir heiraten ja nicht, wir ziehen nur zusammen, das wird super! Übrigens, warum ich eigentlich anrufe, hilfst du mir beim Umzug? Marcos Wohnung ist ja groß genug für uns zwei ..."

Als das Gespräch beendet ist, gehen Simone tausend Gedanken durch den Kopf. Ihre beste Freundin zieht mit Marco zusammen? An Schlaf ist bei ihr im Moment nicht zu denken ...

1. Haltet ihr es für richtig, dass Susanne zu Marco zieht? Sammelt Argumente für und gegen das Zusammenziehen.

2. Unter welchen Voraussetzungen würdet ihr mit jemandem zusammenziehen?

3. Menschen leben in unterschiedlicher Weise zusammen. Vergleicht die Namensschilder. Welche Wohn- und Lebensformen könnten sich jeweils dahinter verbergen?

4. Wie könnte sich das Zusammenleben der Menschen unterscheiden, die in diesen Wohnungen leben?

5. Wie könnte in zehn Jahren dein Namensschild aussehen? Was würde dies über deine Lebensform aussagen?

Rubrik: Partnerschaften

Single-Gruppe sucht noch ein paar nette Jungs oder Mädels von 20 bis 50 Jahren für gemeinsame Unternehmungen.

Netter Kuschelbär (30/174/70) sucht süßes Bärchen, dem die Worte Liebe, Treue und Vertrauen noch etwas bedeuten. Spätere Ehe nicht ausgeschlossen.

Er (42/180/85), verheiratet, sucht tolerante Sie für alles, was gemeinsam Spaß macht, tagsüber 9–16 Uhr, Diskretion Voraussetzung.

Sie, 42, Jeanstyp, Pädagogin, selbstständig und ungebunden, aber ehegeschädigt, vielseitig interessiert (Badminton, Kultur etc.) mit Köpfchen und Herz sucht netten, humorvollen, unternehmungslustigen Partner für einen spannenden Neubeginn ohne Verpflichtungen.

WG sucht MitbewohnerIn. Ab 1.4. wird ein Zimmer in unserer WG frei. Mietbeitrag 190 Euro.

Netter Er 28/178/NR vielseitig interessiert, sucht netten, sympathischen Ihn für eine feste Partnerschaft.

Mama, 35, mit Anhang, sucht netten Wassermann zum Erwecken neuen Lebensglücks.

Ich bin Russin (25/163/59), habe kein Geld, kein Haus, kein Auto, aber eine tolle Figur. Suche jemanden, der mich glücklich macht.

Herz ist Trumpf

1. Welche Vorstellungen von einer Partnerschaft verbergen sich hinter den einzelnen Anzeigen?
2. Welche Probleme und Chancen bieten die einzelnen Partnerschaftsformen für die Beteiligten?
3. Welche Vorstellungen hast du von einer Partnerschaft? Wie müsste eine Anzeige formuliert sein, die deine Vorstellungen und Erwartungen an eine Partnerschaft zum Ausdruck bringt?

Partnerschaft und Ehe

Paul trifft Sophia, die vor kurzem geheiratet hat.

Paul: Ich weiß nicht, ob ich dir gratulieren soll. Ehe – das wäre nichts für mich. Aber wie heißt du denn eigentlich? Immer noch Wagner?
Sophia: Nein, ich habe jetzt einen Doppelnamen: Wagner-Ahlers. Und wie geht's dir so? Bist du noch mit Nora zusammen?
Paul: Und wie! Seit vier Wochen haben wir eine gemeinsame Wohnung. Aber an Heiraten denken wir nicht. Ich will doch nicht so eine spießige Beziehung wie meine Eltern. Wir sind auch ohne Trauschein glücklich.
Sophia: Glücklich war ich vorher auch. Aber jetzt, wo alle wissen, dass wir zusammengehören, fühle ich mich irgendwie sicherer, geborgener …
Paul: Sicherer, genau. Man gibt sich keine so große Mühe mehr, lässt sich gehen, lässt die alten Unterhosen und Socken rumliegen. Alles geht seinen sicheren, lebenslänglichen Gang.
Sophia: Das kann in jeder Beziehung passieren, wenn man nichts dafür tut.
Paul: Oh, ich tu was, weil ich Nora nicht verlieren will. Sogar Bügeln habe ich mir beigebracht. Aber ihr habt euch ja jetzt auf Lebenszeit sicher. Obwohl – die Ehe hat schon was.
Sophia: Siehst du!
Paul: Steuerlich ist es eindeutig ein Vorteil, wenn man verheiratet ist. Und wenn mal Kinder da sind, habe ich als verheirateter Vater viel mehr Rechte. Oder wenn etwas passiert: Im Krankenhaus bekommt man als unverheirateter Partner nicht die Informationen, die einem verheirateten zustehen.
Sophia: Puuh, wie vernünftig und überlegt. Das ist doch alles Schrott. Für mich war der einzige Grund zu heiraten die Liebe.
Paul: Ich lach mich tot! Und deshalb habt ihr auch einen Ehevertrag gemacht.
Sophia: Ein Ehevertrag widerspricht doch nicht einer Liebesheirat. Da werden halt vor allem die Ansprüche jedes Partners bei einer Trennung geregelt.
Paul: Aber die Ehe gilt doch „bis der Tod euch scheidet". Da darf man doch nicht an Trennung denken. Das ist auch so ein Grund, der gegen eine Hochzeit spricht: Ich weiß doch jetzt noch nicht, ob ich wirklich 30 Jahre oder länger mit meiner Freundin zusammenleben will. Und dann ist eine Trennung bei einem unverheirateten Paar doch einfacher und billiger. Ohne Richter, ohne Scheidung, ohne Unterhalt.
Sophia: Aber auch da gibt's Streit um die gemeinsamen Möbel und so. Und weh tut eine Trennung immer – verheiratet oder unverheiratet. Aber ich finde, es ist leichter zusammenzubleiben, wenn man es sich versprochen hat, ganz offiziell. Dann wirft man bei einem Streit nicht so leicht alles hin.
Paul: Habt ihr eigentlich auch kirchlich geheiratet?
Sophia: Ja, freitags im Standesamt und samstags dann in der Kirche.
Paul: Dein armer Mann!
Sophia: Wieso? Ich habe das Gefühl, die Beziehung ist tiefer und dauerhafter, wenn man kirchlich heiratet.
Paul: Na ja, du hast ja recht. Man will ja was haben für seine Kirchensteuer. Und

bei einer kirchlichen Hochzeit gibt's ja auch mehr Geschenke.
Sophia: Das waren für uns überhaupt keine Gründe. Die Ehe ist ein Zeichen der Nähe Gottes. Der Bund des Lebens wird vor Gott geschlossen.
Paul: Ich will dir mal sagen, wie ich das sehe: Entscheidend ist nicht die Form, sondern die Art des Zusammenlebens. Liebe, Treue, Offenheit bei Konflikten, gemeinsame Interessen und trotzdem die Möglichkeit, den eigenen Fähigkeiten und Interessen nachzugehen, das ist entscheidend für eine glückliche Partnerschaft. Und ich bin überzeugt, eine Beziehung, die so liebevoll und partnerschaftlich ist, die hat den Segen Gottes, egal in welcher Form.

1. Paul und Sophia haben unterschiedliche Meinungen zu dem Thema Ehe. Welche Gründe sprechen für, welche gegen eine Hochzeit? Diskutiert die einzelnen Argumente.
2. Welcher Position kannst du dich eher anschließen? Begründe deine Meinung.
3. Würdest du auch kirchlich heiraten wollen? Warum oder warum nicht?
4. Sophia trägt jetzt einen Doppelnamen: Ihr Nachname wurde dem ihres Ehemanns vorangestellt. Sie hätte auch ihren Namen behalten oder den ihres Mannes annehmen können. Für den Mann gilt das Gleiche.
   Was denkt ihr, sagt die Wahl des Namens auch etwas über die Vorstellung von der eigenen Partnerschaft aus? Wenn du einmal heiratest, wie willst du dann heißen? Was sagt dies über deine Vorstellung von Partnerschaft aus?
5. Sophia und ihr Mann haben einen Ehevertrag geschlossen, in dem die Einzelheiten des Zusammenlebens, aber auch die Ansprüche beider bei einer Trennung geregelt werden. Würdest du bei deiner Hochzeit auch einen solchen Vertrag machen wollen? Warum, warum nicht?
6. Wie beurteilt ihr die letzte Aussage Pauls?

… bis der Tod euch scheidet

7. Auf welches Problem macht diese Karikatur aufmerksam?
8. Welche Formulierung hättest du gern bei deiner Hochzeit? Warum?

Ungewollt schwanger – was dann?

Nele (17 Jahre) schreibt an ihren Freund Fernando (18 Jahre):

> Liebster Fernando!
>
> Ich schreibe Dir, weil ich mich nicht traue, Dich anzurufen. Zumal Du ja gerade mitten in Deiner Gesellenprüfung bist. Ich war beim Arzt und der hat festgestellt, dass ich schwanger bin. Es muss auf Marias Party passiert sein. Ich bin ganz durcheinander und ich weiß gar nicht, was ich machen soll. Meine Eltern wissen noch nichts, und ich will doch auch meine Ausbildung fertig machen! Ich habe solche Angst, auch weil ich ja weiß, wie Du über Kinder denkst. Komm doch bitte, damit wir alles miteinander besprechen können.
>
> Ich liebe Dich soooooo sehr!
> Deine Nele

1. Was soll Nele machen? Sammelt verschiedene Möglichkeiten.

Fernando: Mist! Warum warst du auch so blöd und hast nicht aufgepasst. Ich will damit nichts zu tun haben.

Eine Kollegin im Betrieb: Mensch, lass es doch wegmachen. Das geht heute ganz problemlos – in deinem Fall sowieso. Bis in einem Jahr sieht alles ganz anders aus, dann kannst du immer noch Kinder bekommen.

Freundin Nina: Ich würde das Kind auf jeden Fall bekommen. Es ist doch ein Mensch! Und es gibt doch heute so viele Hilfsangebote für so junge Mütter wie dich. Geh doch mal zu einem Beratungsdienst, z. B. zu Pro familia oder zum Diakonischen Werk. Auch bei den Gesundheitsämtern gibt es Beratungsangebote.

Neles Mutter: Um Gottes willen, was bloß die Nachbarn denken werden. Dass du uns so was antun musst! Du bist doch noch viel zu jung! Ich war ja schon immer gegen diese Beziehung. Der Kerl taugt doch nichts.

Neles Vater: Das Kind bekommst du auf jeden Fall. Abtreibung ist Mord.

Freundin Ellen: Treib's ab. Deine Zukunft ist mit dem Kind vorbei. Du bist für immer gebunden. Und ob du mit Kind noch einen gescheiten Mann bekommst? Eher nicht.

Freundin Laura: Du bist doch auch selbst schuld: Warum hast du denn nicht verhütet? Heute gibt's doch so viele Möglichkeiten. Und wenn doch mal etwas passiert ist, dann kann man doch bis 48 Stunden später bei einem Frauenarzt oder einem medizinischen Notdienst die „Pille danach" bekommen.

2. Diskutiert die einzelnen Meinungen.

3. Wie würdest du dich an Neles Stelle entscheiden? Begründe deine Meinung.

4. Welche Verhütungsmittel kennt ihr? Was wisst ihr über deren Vor- und Nachteile?

5. Informiert euch über die verschiedenen Beratungsangebote in eurer Umgebung.

> Eine ungewollte Schwangerschaft bringt fast immer eine Menge sehr schwieriger Probleme mit sich. Der Konflikt, in dem sich die werdende Mutter befindet, ist eigentlich nicht zu lösen, denn er muss entweder auf Kosten des vorgeburtlichen Lebens oder zu Lasten der Mutter entschieden werden. Da im Prinzip zwischen geborenem und ungeborenem Leben kein Unterschied besteht, wird bei einem Schwangerschaftsabbruch immer Leben getötet.
> In den folgenden drei Situationen kann über einen Schwangerschaftsabbruch zumindest nachgedacht werden:
> - bei einer Schwangerschaft durch Vergewaltigung,
> - wenn mit erheblichen gesundheitlichen Schädigungen des Kindes zu rechnen ist,
> - wenn die körperliche und seelische Gesundheit der Schwangeren durch die Schwangerschaft und die Geburt erheblich gefährdet ist.

6. In den folgenden Fallbeispielen geht es um das Thema Schwangerschaftsabbruch. Berücksichtigt dabei den obigen Merktext.

Sabine Mayer (38 J.) hat von drei verschiedenen Männern bereits drei Kinder. Ihr aktueller Mann ist zur Zeit arbeitslos. Frau Mayer ist Kassiererin bei Aldi.

Yvonne Schuster (28 J.) und ihr Mann (31 J.) freuen sich auf ihr erstes Kind. Bei einer Untersuchung erfahren sie, dass ihr Kind Mukoviszidose, das ist eine heimtückische Atemkrankheit, haben wird und nach ärztlicher Auskunft eine Lebenserwartung von sieben Jahren hat.

Anja Rüger (16 J.) wurde auf dem Heimweg von einem Diskothekenbesuch vergewaltigt. Der Täter (28 J., Versicherungsvertreter), der bei der Tat betrunken war (2,3 Promille), behauptet, Anja hätte es gewollt. Er wird zu 18 Monaten Freiheitsstrafe auf Bewährung verurteilt.

Selem Öztürk (40 J.) hat bereits fünf Töchter. Ihr türkischer Ehemann (48 J.) will unbedingt einen Jungen als Stammhalter. Bei einer Voruntersuchung wird festgestellt, dass auch das sechste Kind ein Mädchen wird.

Tina Mahler (17 J.) geht in die 10. Klasse der Realschule. Beim Verkehr mit ihrem Freund (20 J.), mit dem sie seit zwei Jahren geht, ist das Kondom gerissen.

Britta Fahls (18 J.), deren fester Freund in Urlaub ist, hat sich auf einer Party mit einem süßen Jungen (Pit, 15 J.) eingelassen. Beim Verkehr wollte Pit zwar „aufpassen", aber das hat dann doch nicht geklappt. Als Pit von der Schwangerschaft erfährt, ist er begeistert und will Britta sofort heiraten.

Anja Schaab (27 J.) hatte ihr erstes Kind nur unter sehr großen Schwierigkeiten bekommen. Die Ärzte haben ihr gesagt, dass sie eine weitere Schwangerschaft eventuell nicht überleben würde.

Immer gleich aufgeben?

Partnerschaft ist nicht nur Sonnenschein

Eva (24 J.) **und Uwe** (28 J.) haben vor einem Jahr geheiratet. Eva hat einen anstrengenden Arbeitstag hinter sich. Als sie die Wohnungstür öffnet, ruft ihr Uwe auf der Couch vor dem Fernseher liegend zu: „Endlich kommst du. Ich habe solchen Hunger. Was gibt's denn zu essen?" Eva schaut in die Küche, es sieht aus wie auf einem Schlachtfeld. Dies alles passiert nicht zum ersten Mal. Alle Gespräche haben anscheinend nichts genutzt. Eva ist verzweifelt.

Tanja (19 J.) **und Ulli** (22 J.) sind seit vier Jahren zusammen und haben seit sechs Monaten eine gemeinsame Wohnung. Tanja hat gerade ihre Ausbildung als Medizinisch-Technische Assistentin abgeschlossen, und Ulli beginnt seinen Meister als Heizungsbauer zu machen. Tanja ist sehr unternehmungslustig, tanzt gern und geht öfters mit Freundinnen in Discos. Ulli ist abends müde oder er hat noch zu lernen. Seit einiger Zeit gibt es immer wieder Streit. Tanja findet Ulli langweilig, geht abends häufiger weg und kommt oft sehr spät nach Hause. Ulli will, dass Tanja bei ihm zu Hause bleibt, doch Tanja sieht das nicht ein. Was soll sie zu Hause sitzen? Sie will ihren Spaß haben. Ulli besteht auf ein Gespräch.

Stefan (23 J.) **und Anne** (21 J.) sind seit zwei Jahren verheiratet. Vor sechs Monaten haben sie ihr erstes Baby bekommen. Seitdem hat sich vieles verändert. Anne konzentriert sich voll und ganz auf das Kind. Ständig spricht sie von „meinem" Baby. Stefan fühlt sich zurückgesetzt. Er geht immer häufiger in seine Stammkneipe zu seinen Kumpels. Als er eines Abends heimkommt, jagt ihn Anne wegen seiner Fahne aus dem Schlafzimmer. Er geht in die Küche, holt sich eine weitere Flasche und trinkt, bis er im Wohnzimmer auf der Couch einschläft.

1. Welche Probleme einer Partnerschaft zeigen sich jeweils in diesen drei Fallbeispielen?
2. Entwerft selbst weitere Episoden, die zu Spannungen in einer Partnerschaft führen können.
3. Wie könnte das Problem jeweils entschärft werden? Sammelt verschiedene Möglichkeiten.
4. Spielt die einzelnen Szenen so, dass es zu einem „guten" Ende kommt, bei dem es weder Sieger noch Verlierer gibt.
5. Was könntest du in einer Partnerschaft gerade noch ertragen? Was auf keinen Fall? Vergleicht eure Meinungen.

Partnerschaft kann man lernen

Tipp 1 für eine gute Partnerschaft:
Stelle eigene Wünsche zurück, wenn sie deinen Partner verletzen.

Stichworte für Partnerschaftstipps:
aufeinander verlassen / Krankheit / ernst nehmen / Wünsche zurückstellen / Zärtlichkeit / spüren, was der andere will / zuhören / Geld / aufmerksam / helfen / Treue / verzeihen / offen, ehrlich / Freizeit / trösten / Ordnung / Sexualität / Freude bereiten / Zeit nehmen / versuchen zu verstehen / nicht gleich eingeschnappt / fair / nach einem Streit / Gemeinsamkeiten / eigene Interessen / Raum lassen

1. Sammelt Tipps für eine funktionierende Partnerschaft. Wenn ihr wollt, könnt ihr die nebenstehenden Stichworte benutzen.
Schreibt jeden Tipp auf eine Karte. Sammelt die Karten an der Tafel. Verdeutlicht eure Tipps durch Beispiele und einigt euch gemeinsam auf die zehn wichtigsten Partnerschaftstipps.

War's richtig?

Ich heiße Maren. Ich bin 23 Jahre alt. Mit 17 Jahren traf ich Sven, meine große Liebe. Wir hatten eine wunderschöne Zeit. Das ganze Verliebtheitsprogramm: Schmetterlinge, ganz arge Glücksgefühle, Liebeskummer, zärtliche Versöhnungen, erotische Küsse, zum ersten Mal miteinander schlafen, zum ersten Mal gemeinsam zusammen im Urlaub ... Doch dann nach drei Jahren passierte es: Sven verliebte sich in eine andere und machte Schluss mit mir. Für mich brach eine Welt zusammen. Was wollte er bloß von dieser anderen? War sie schöner oder besser als ich? Ich weiß es nicht. Hatte ich etwas Falsches gemacht oder gesagt?

Ein Jahr später dann: Plötzlich stand er vor meiner Tür und sagte: „Kann ich mit dir reden?" Ich sagte ja, und er kam rein. Er war bedrückt, das merkte man. Die andere Frau hatte sich von ihm getrennt – wegen eines anderen. Und jetzt stand er da, um zu fragen, ob ich wieder seine Freundin sein wolle. Ich antwortete, ich würde es mir überlegen. Obwohl alle meine Freundinnen mir davon abgeraten haben, habe ich dann ja gesagt. Ob's richtig war? Für mich schon!

Seitdem sind wir wieder zusammen. Vor einem Jahr haben wir geheiratet, und wir sind sehr glücklich. Alles, was vorher war, ist vergessen.

2. Wie hättet ihr euch an Marens Stelle verhalten?
3. Warum raten Marens Freundinnen ihr ab, sich wieder mit Sven zu versöhnen?
4. Was könnten Gründe dafür gewesen sein, dass Maren trotz ihrer großen Enttäuschung wieder mit Sven zusammen sein will?
5. Spielt das Gespräch zwischen Maren und ihren Freundinnen.
6. Viele Ehen zerbrechen. Sucht Gründe und Ursachen dafür. Welche Folgen hat dies für die Ehepartner und für die Kinder?
7. Viele Ehen halten ein Leben lang. Sammelt Voraussetzungen oder Bedingungen dafür. Befragt Menschen, die ihr ganzes Leben mit dem gleichen Partner verbracht haben, nach deren Erfahrungen und Ratschlägen.

Sucht

Gefahren auf meinem Weg

1. Was versteht man unter einer Sucht?
2. Welche verschiedenen Suchtformen sind auf den Fotos dargestellt?
3. Kennt ihr noch weitere Süchte?
4. Informiert euch über die einzelnen Süchte.
5. „Hinter jeder Sucht steckt eine Sehnsucht." – Was könnte mit diesem Satz gemeint sein?
6. Drogen kann man unterteilen in Beruhigungsmittel, Halluzinogene und Aufputschmittel. Ordnet die folgenden Drogen diesen drei Bereichen zu:

   Alkohol, Medikamente, Heroin, Haschisch, Marihuana, LSD, Schnüffelmittel, Ecstasy, Kokain, Crack, Nikotin.

7. Kennt ihr noch weitere Drogen?
8. Informiert euch über die verschiedenen Drogen: Welche Wirkungen haben sie jeweils, welche körperlichen und psychischen Folgen?
9. Eure Schule soll zur rauchfreien Zone erklärt werden. Einige Lehrer sind dagegen. Die SMV fordert die Einrichtung von Raucherecken für die älteren Schüler. Sammelt Argumente für die verschiedenen Positionen. Veranstaltet eine Podiumsdiskussion zu diesem Thema.

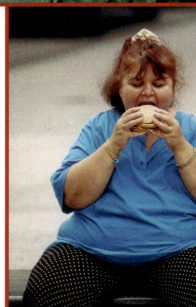

Sucht

Sucht ist eine krankhafte, zwanghafte Abhängigkeit von Stoffen (z. B. Alkohol) oder Verhaltensweisen (z. B. Ess- oder Brechsucht). Folgende vier Kriterien kennzeichnen Suchtverhalten:
- ein unbezwingbares Verlangen zur Einnahme und Beschaffung eines Mittels,
- eine Tendenz zur Dosissteigerung,
- eine seelische und meist auch körperliche Abhängigkeit von der Wirkung der Droge,
- die Schädlichkeit für den Einzelnen und/oder die Gesellschaft.

10. a) Kennt ihr jemanden im öffentlichen Leben oder in eurem privaten Umfeld, der nach dieser Definition süchtig ist oder es einmal war? Was wisst ihr über dessen Leben?
    b) Kennt ihr jemanden, der den Weg aus einer Sucht geschafft hat? Wie ist ihm das gelungen?

Sucht hat viele Ursachen

„Hinter jeder Sucht steckt eine Sehnsucht"

Sehnsucht ist das schmerzliche Vermissen, Herbeiwünschen und Verlangen nach jemandem oder etwas, den oder das man nicht hat.

Er nimmt Drogen, der Bengel.

Damit löst er keine Probleme!

Ich hab' auch meine Probleme...

nehme ich etwa Drogen?!

• Die seelische Verfassung eines Menschen kann eine Ursache für Sucht sein. Angst, Wut, Scham, Einsamkeit, Langeweile, Leere, Sinnlosigkeit – wer hat dies nicht schon erlebt. Entscheidend ist, wie ich solche Situationen meistern kann, um nicht erdrückt zu werden.

• Sucht kann aufgrund belastender Ereignisse entstehen: Schulprobleme, Schwierigkeiten im Elternhaus, Krankheit, Liebeskummer, Verlust eines nahe stehenden Menschen. Suchtmittel können Schwierigkeiten vorübergehend verdrängen. Bewältigt sind sie damit aber nie. Auf die innere Stärke kommt es an. Nur wer sich den Problemen stellt, findet wirkliche Lösungen.

• Eine schwer zu ertragende Umwelt kann eine Sucht auslösen: eine trostlose, reizlose Gegend, zerstörte Natur, eine kalte Atmosphäre, erdrückende Vorschriften, ein liebloses Umfeld. Da wächst der Wunsch stark, das Bedrückende loszuwerden.

• Sucht kann dort entstehen, wo Suchtmittel leicht zu haben sind. Sie begegnen einem im Laden, auf Reklametafeln, zu Hause und locken zum Probieren. Wer ist stark genug, um nein zu sagen?

• Sucht hat nicht eine Ursache, sondern viele. Süchtig wird, wer ein Unbehagen immer wieder mit einem Suchtmittel überdeckt.

1. Welche Ursachen kann Sucht haben? Nennt die fünf dargestellten Ursachen und erklärt sie jeweils mit einem Satz.
2. Beschreibt, zeichnet oder spielt zu jeder Ursache eine Situation, in der Jugendliche in Versuchung kommen könnten, zu einem Suchtmittel zu greifen.
3. Verändert die Szenen so, dass Lösungen ohne Suchtmittel gefunden werden.
4. Betrachtet den Cartoon. Welches Problem hat der Mann am Tresen?

Bist du suchtgefährdet?

Wie stehst du morgens auf?

Es ist 6.30 Uhr, der Wecker reißt dich aus dem Schlaf. Zeit zum Aufstehen.
Wie beginnst du den neuen Tag?

- ❏ Ich tue mich schwer. Nur mit Mühe stehe ich auf.
- ❏ Ich bin im Stress. Ich stehe schnell auf, habe noch einiges zu erledigen und hole mir unterwegs noch was beim Bäcker.
- ❏ Locker. Ich lasse mir Zeit beim Aufstehen und freue mich auf mein Frühstück.
- ❏ Unterschiedlich, mal hektisch, mal ruhiger. Das hängt auch davon ab, wann ich am Abend zuvor ins Bett gegangen bin.

Bist du suchtgefährdet?

Wie wir etwas anfangen – zum Beispiel den Tag –, ist oft entscheidend dafür, wie es weitergeht. Wer sich vom Leben, von den Aufgaben hetzen lässt, gerät bald in Stress. Der morgendlichen Unlust folgt oft ein unzufriedener Tag. Kaum jemand beginnt jeden Tag gleich fröhlich. Wer aber dauernd gestresst und unzufrieden ist, sucht Besonnenheit und Entspannung zunehmend beim Rauchen oder Fernsehen oder … und ist suchtgefährdet.

Wie gehst du mit Konflikten um?

Du hast dich mit deinem Freund/deiner Freundin heftig gestritten. Nun begegnest du ihm/ihr zufällig auf der Straße. Wie reagierst du?

- ❏ Ich schaue weg, weiche aus und rede kein Wort mit ihm/ihr.
- ❏ Ich grüße kurz und tue so, als sei nichts gewesen.
- ❏ Ich suche, auch wenn es mir schwer fällt, das Gespräch und spreche den Streit an.
- ❏ Das kommt darauf an, wie schwer der Streit für mich war.

Bist du suchtgefährdet?

Konflikte zu bewältigen ist etwas vom Schwierigsten im Leben. Trotzdem gehören Auseinandersetzungen und Streit in unseren Alltag. Sie können uns – wenn wir ihnen nicht ausweichen – näher bringen und vieles klären.
Dass wir einmal nicht in Stimmung sind, kann vorkommen. Wer Konflikten aber gewohnheitsmäßig aus dem Weg geht, muss das unvermeidliche schlechte Gefühl immer häufiger mit Medikamenten, mit … überdecken.

Wie reagierst du auf Angst?

Du stehst vor einer schwierigen Aufgabe, von der viel für dich abhängt. Du fühlst dich unsicher, ob du es schaffst oder nicht. Das Gefühl, den Boden unter den Füßen zu verlieren, schleicht sich ein.
Was machst du?

- ❏ Ich suche Ausreden, es nicht zu tun, melde mich z. B. krank.
- ❏ Ich beiße mich durch, koste es, was es wolle.
- ❏ Ich versuche es mal, vielleicht schaffe ich es ja.
- ❏ Ich suche mir irgendwo Hilfe.

Bist du suchtgefährdet?

Ob wir uns an eine Aufgabe wagen oder nicht, hängt von unserem Selbstvertrauen ab – und das kann beim Probieren wachsen. Hilfe annehmen können wir nur, wenn wir Vertrauen in andere Menschen haben. Für diejenigen, die sich Schwierigkeiten regelmäßig entziehen, ist der Ausweg in die Sucht oft nicht mehr weit. Menschen, die sich überfordern und sich trotzdem durchbeißen, sind allmählich auf Aufputschmittel oder andere „Mutmacher" angewiesen.

1. Welche Antworten treffen auf dich zu?
2. Wie hoch schätzt du deine Suchtgefährdung ein?
3. Welche Hilfsmöglichkeiten gibt es, um eine Suchtgefährdung zu verringern?

Alkohol – irgendwann ist der Spaß vorbei

Patrick (19) ist Kraftfahrzeug-Mechaniker. Seine Arbeit macht ihm eigentlich Spaß. Unter den Kollegen hat er hat keine Freunde, da die meisten älter sind. Deshalb bleibt Patrick lieber allein. Er kauft sich ein schnelles Auto und macht dafür Schulden. Als seine Eltern ihm deswegen Vorhaltungen machen, zieht er von Zuhause aus. Seine Freundin Ebru ärgert sich über ihn, weil er ständig gereizt ist. So fängt er auch mit ihr Streit an. Bald wird Patrick alles zuviel. Immer öfter geht er in die Kneipe und betrinkt sich. Dann denkt er nicht mehr an seine Schwierigkeiten. Schließlich geht er nicht mehr zur Arbeit, verliert seine Freundin und macht noch mehr Schulden …

Andy (16) hatte Probleme in der Schule. Ständig lag ihm seine Mutter in den Ohren: „Mensch, streng dich an! Sonst wird nie etwas aus dir. So kriegst du doch nie einen Job und eine anständige Frau schon gar nicht." Andy konnte es nicht mehr hören, aber er schwieg. Und dann kam die Klassenfahrt. Sie machten einen Streifzug durch die Stadt und blieben in einer kleinen Kneipe hängen. Und nach fünf, sechs Bierchen war plötzlich alles anders. Der schüchterne Andy wurde plötzlich ganz locker, machte Quatsch und alle hatten viel Spaß. „Mensch Andy", meinte Sina, „du bist ja gar nicht so eine trübe Tasse. Du kannst ja ein ganz cooler Typ sein. Warum bist du denn sonst immer so langweilig?" Und so ging das dann los. Andy fing an regelmäßig zu trinken, denn er wollte jetzt immer so ein „cooler Typ" sein. Und bald merkte er, dass der Alkohol auch in anderen Fällen helfen konnte: Bei Stress in der Schule oder wenn ihm sonst was nicht passte. Taschengeld hatte Andy genug, so war der Nachschub kein Problem: Kneipe, Supermarkt, Kiosk. Weder die Eltern noch die Lehrer in der Schule merkten was. Und auch die Ausbildung nach der Schule lief ganz gut an, bis eines Tages der Meister merkte, dass Andy eine Fahne hatte. Andy hatte wieder Glück, er wurde nicht gefeuert und bekam mit der Abmahnung noch eine Gnadenfrist.

Alexandra (16) ist in ihrem Freundeskreis beliebt und wird eigentlich von allen anerkannt. Trotzdem ist sie etwas schüchtern und unsicher und hat oft Angst abgelehnt zu werden. Deshalb kommt sie auf die Idee, sich „Mut" anzutrinken. Sie fühlt sich dann selbstsicherer und von allen akzeptiert. Alexandra merkt nicht, dass sie dann immer lauter redet, übertrieben lacht und jedem ins Wort fällt. Ihre Freunde finden das peinlich und fangen an, hinter ihrem Rücken zu tuscheln. Schließlich laden sie Alexandra nicht mehr zu Partys ein.

Sven (15) ist an Alkohol nicht gewöhnt. Auf einer Geburtstagsparty wollen seine Freunde „mal richtig einen drauf machen" und greifen immer wieder zur Flasche. Sven trinkt mit. Schon nach kurzer Zeit wird ihm schwindlig, er schwankt umher, redet wirres Zeug und muss sich schließlich übergeben. Noch zwei Tage später hat er ein flaues Gefühl im Magen.

1. Welche „angenehmen" Wirkungen kann Alkohol haben?
2. Welche unangenehmen Folgen kann Alkohol mit sich bringen?
3. Sammelt mögliche Gründe für den Alkoholmissbrauch.
4. Auf die Frage, worauf er sein langes Leben und seine Gesundheit zurückführe, antwortete der 90-Jährige: „Seit meiner Jugend trinke ich regelmäßig täglich einen Schoppen Wein. Das hat mich fit gehalten!" – Wie beurteilt ihr diese Aussage?
5. Gestaltet ein Faltblatt gegen Alkoholmissbrauch.

Verlauf der Alkoholsucht und ihre Überwindung

Erleichterungs-Trinken

Beginn der Gedächtnislücken

Zunahme der Gedächtnislücken

Abnahme der Fähigkeit, wie andere mit dem Trinken aufzuhören

Verlust von anderweitigen Interessen

Zittern und morgendliches Trinken

Beginn von verlängerten Räuschen

Totaler Zusammenbruch

Zwanghaftes Trinken dauert an (Teufelskreis)

Ehrlicher Wunsch nach Hilfe

Einleitung eines Hilfsprogramms

Beginn einer Hoffnung

Rückkehr der Selbstachtung

wirklichkeitsnahes Denken

Zunahme der inneren Kontrolle

Beginn der beruflichen und persönlichen Stabilität

6. Beschreibt den Verlauf der Alkoholsucht anhand der vorliegenden Kurve.
7. Welche Phasen kann man bis zum Tiefpunkt unterscheiden?
8. Welcher Punkt ist die wichtigste Voraussetzung, dass die Sucht überwunden werden kann?
9. Welche Phasen kann man auf dem Weg der Heilung unterscheiden?

Behandelndes Team

Sportlehrerin, Sozialarbeiterin, Psychologe, Arbeitstherapeutin, praktischer Arzt, Krankenpflegerin, Suchtkrankentherapeut, Seelsorger

10. Eine erfolgreiche Therapie erfordert ein ganzes Team von Spezialisten. Welche Aufgaben könnten den einzelnen Helfern bei der Behandlung zufallen?
11. Spielt ein solches „Hilfeplangespräch".

Mit Techno und Ecstasy den Alltag vergessen

Lieber tot als verrückt

> Wenn ihr dies lest, bin ich nicht mehr bei euch. Ich habe alles kaputt gemacht, für mich gibt es keine Zukunft mehr. Schuld daran waren die Drogen. Ecstasy, Koks, Speed, LSD und all das andere Zeug wird von dem meisten unterschätzt. Scheiß Techno – scheiß Ecstasy! Wenn ich gewusst hätte, wohin mich das führt, hätte ich nie damit angefangen. Jetzt kann ich nicht mehr. Lieber bin ich tot als verrückt…
>
> Jenny

1. Wie wirkt der Abschiedsbrief auf euch?
2. Wenn ihr Techno hört, was geht in euch vor? Was gefällt euch daran? Was nicht?
3. Wann und wo hört ihr Techno?
4. Gibt es einen Zusammenhang zwischen Techno und Ecstasy?
5. Kann Ecstasy in den Selbstmord treiben?

Am Anfang waren es nur die Pillen

Techno von Freitagnacht bis Montag früh. Jedes Wochenende – das ist **Jennys** (19 Jahre) Leben, dafür lebt sie. Auf der Love-Parade in Berlin feiert sie mit 750 000 Techno-Fans „We are one familiy". Massenhaft werden bunte Pillen geschluckt, reihenweise kippen die Feiernden um. Nach fünf Ecstasy „Buddha" und einem Joint liegt Jenny tagelang wegen Herz-Kreislaufproblemen im Krankenhaus. Aber auch zu Hause kommt sie nicht mehr klar: Schmerzen, Übelkeit, Depressionen, weinerliche Traurigkeit und Halluzinationen. Vergeblich versucht sie davon loszukommen. Von panischer Angst und Psychosen zermürbt, springt sie schließlich aus dem Fenster ihres Zimmers. „Lieber tot als verrückt", schreibt sie ihren Eltern in den Abschiedsbrief.

Früher konnte es **Mike** nicht laut genug sein. Techno-Partys ohne Ende. Aber „früher" ist zwei Jahre her. Heute tanzt keiner mehr mit Mike, seine Beine zucken nur noch, „wenn der Affe kommt". Der schüttelt ihn im Takt der Krämpfe durch und durch. Mike will seinem Körper gerade zum dritten Mal das Heroin entwinden. Er ist 20 Jahre alt, nennt sich „Ex-Raver" und möchte ein „Ex-Junkie" werden.
„Am Anfang waren nur die Pillen", sagt er. Ecstasy sei nie ein Thema gewesen, es gehörte einfach dazu wie der Einlass-Stempel vom Türsteher. Schnell ließ die Wirkung nach, höhere Dosen bis zu sechs Pillen brachten bald auch nicht mehr Kondition und Glück. Eine Weile half sich Mike mit LSD und Speed, reinem Amphetamin, dann ein wenig Kokain, schließlich alles durcheinander und Alkohol obendrauf. Als Haschisch die künstliche Wochenend-Aufregung nicht mehr beruhigen konnte, entdeckten Mike und seine Freunde Heroin. Alles ging ganz einfach, zuerst auf Alu-Folie geraucht, dann die Nadel. Heute hängen „zehn seiner besten Party-Kumpels" an der Spritze.

Gunnar (17 Jahre) und sein Freund **Dennis** (18 Jahre) bestellten 150 Pillen. Für 650 Euro kamen die Dealer wie die Pizzaboten ins Haus. Nach ein paar Dosen Bier schlug Gunnar eine Wette vor: „Mal sehen, wer mehr verträgt?" Dennis stieg nach dem sechsten Ecstasy aus. Gunnar spülte die Tabletten weiter mit Jägermeister herunter. Er gewann mit zehn, zitterte, röchelte und war nach zwei Stunden tot.

6. Welche Beweggründe könnten Jenny veranlasst haben, aus dem Fenster zu springen?
7. Welche körperlichen und seelischen Folgen des Drogenkonsums werden jeweils genannt?
8. Was wisst ihr über die seelischen und körperlichen Folgen von so genannten Partydrogen wie Ecstasy, Kokain, Speed oder LSD?
9. „Ich liebe Ecstasy, es zerstört meinen Körper, es zerstört meine Seele, es macht mich selber kaputt, aber es ist so geil!" – Wie beurteilt ihr diese Aussage einer Ecstasy-Konsumentin?
10. Wo liegen eurer Meinung nach die Ursachen für den Drogenkonsum auf Techno-Partys?

Aus einem Interview mit dem Arzt und Drogenexperten Dr. Drücker

Woher kommt Ecstasy?
Dr. Drücker: Die Techno-Welle hat es aus den Großstädten Frankfurt, Berlin und Hamburg in jeden Winkel von Deutschland gespült. Die kleine Pille mit den lustigen Prägungen wird längst nicht mehr nur auf Techno-Raves genommen.

Wer nimmt solche Tabletten?
Dr. Drücker: Ecstasy hat sich heute als moderne Massendroge etabliert: Langhaarige Heavy-Metal-Fans schlucken sie auf Konzerten, smarte Werbemanager auf dem Kreativ-Seminar und 14-Jährige zu Hause gegen die Langeweile bis zum Wochenende. Ein „Bömbchen" vor der Klassenarbeit, eine Pille gegen Unsicherheit und Kontaktschwierigkeiten, gegen jedes Problem.

Was ist denn in Ecstasy-Tabletten drin?
Dr. Drücker: Über hundert chemisch ähnliche Produkte werden heute als Ecstasy verkauft. Grundsubstanz ist stets das Aufputschmittel Amphetamin.

Wie wirkt Ecstasy?
Dr. Drücker: Ecstasy greift direkt im Gehirn den Stoffwechsel des Glückshormons Serotonin an. Bei Mäusen, Ratten und Affen hat es Nervenbahnen zerstört, vor allem in den Teilen des Gehirns, die Gedächtnis und Gefühle steuern. Die Nerven werden aber nicht repariert, statt dessen baut sich das Gehirn um.

Welche Folgen kann denn der Konsum von Ecstasy für den Konsumenten haben?
Dr. Drücker: Wer Ecstasy konsumiert, wird unruhig, hyperaktiv, euphorisch, manchmal aber auch nervös und ängstlich. Die Körpertemperatur steigt und man schwitzt. Der Mund trocknet aus. Die Pupillen erweitern sich. Die Muskeln verspannen sich und man kann Muskelkrämpfe und Zittern bekommen oder nicht mehr geradeaus gehen. Halluzinationen können auftreten, die Wahrnehmung wird gestört. Panik und Angstzustände können weitere Folgen sein. Diese Wirkungen können auch noch Wochen oder Monate später auftreten. Das nennt man „flashback". Langzeitfolgen sind häufig Verlust der Ausbildungsstelle, der Beziehung bzw. des Freundeskreises.

Kann man von Ecstasy wieder loskommen?
Dr. Drücker: Wenn die Folgen so gravierend sind, benötigt der Kranke psychiatrische Behandlung. Das Problem ist allerdings, dass der Kranke das selbst wollen muss. Häufig fehlt ihm jedoch diese Einsicht, da der von der Pille krank gewordene Konsument sich selbst und andere als Bedrohung empfindet.

11. Was ist Ecstasy?
12. Warum greifen manche Menschen zu Ecstasy-Tabletten?
13. Wie wirkt es?
14. Welche Folgen kann Ecstasy haben?

Den eigenen Weg finden – Hilfen für einen Neuanfang

Ein Bild der Versuchung

1. Betrachte das Bild in Ruhe.
2. Versetze dich in die vordere Person des Bildes.
3. Was denkst und fühlst du in dieser Position? Was sagst du?
4. Die zweite Person ist als Schatten der vorderen dargestellt. Überlege: Was ist dein Schatten? Wie sehen die Schattenseiten in deinem Leben aus? Was versuchen dir diese Schatten einzuflüstern?
5. Auch wir kennen „Wüstenerfahrungen" aus unserem Leben, unseren Beziehungen, unseren Gefühlen. Welche Erfahrungen könnten dies in deinem bisherigen Leben gewesen sein?

Jesus gerät in Versuchung

Nachdem Jesus von Johannes dem Täufer getauft worden war, zog er sich in die Wüste zurück. Vierzig Tage und Nächte lang aß er nichts. Der Hunger quälte ihn. Da kam der Teufel zu ihm und führte ihn in Versuchung: „Wenn du Gottes Sohn bist, dann mach aus diesen Steinen Brot!" Jesus antwortete: „Nein, denn es steht in der Heiligen Schrift: der Mensch lebt nicht allein vom Brot, sondern von allem, was der Herr ihm zusagt!"
Da nahm ihn der Teufel mit nach Jerusalem und stellte ihn an den Rand der Tempelmauer. „Spring hinunter!" forderte er Jesus auf. „Du bist doch Gottes Sohn! Und es steht geschrieben: Gott wird seine Engel schicken. Sie werden dich auf Händen tragen, und du wirst dich nicht einmal an einem Stein verletzen!" Jesus entgegnete ihm: „Es steht aber auch geschrieben: Du sollst Gott, deinen Herrn, nicht herausfordern!"
Nun führte ihn der Teufel auf einen hohen Berg und zeigte ihm alle Reiche der Welt und ihre Herrlichkeit. „Das alles gebe ich dir, wenn du vor mir niederkniest und mich anbetest", sagte er. Aber Jesus wies ihn ab: „Weg mit dir, Satan, denn es steht geschrieben: Bete allein Gott, deinen Herrn, an und gehorche ihm!" Da gab der Teufel auf und verließ ihn. Und die Engel Gottes kamen und sorgten für Jesus.

nach Matthäus 4,1–11

6. Was wäre geschehen, wenn Jesus die Steine zu Brot gemacht hätte?
7. Was der Versucher einflüstert, scheint auf den ersten Blick vernünftig zu sein. Wo findet Jesus den Maßstab für das rechte Handeln?
8. Wir erleben in der Geschichte, wie Jesus auf die Versuchung reagiert. Was könnte das für uns bedeuten, wenn wir in Versuchung geführt werden?

Das Weinwunder bei Martin

Martin war ein schwerer Alkoholiker. Schon morgens stand er am Kiosk oder in der Kneipe. Als er sein ganzes Geld versoffen hatte, machte er Schulden. Als er die Schulden nicht zurückzahlen konnte, kam der Gerichtsvollzieher und pfändete ihm die Möbel. Martin war an einem Tiefpunkt angelangt. Er wusste nicht mehr, wie es weitergehen sollte. Eines Tages schleppte ihn ein Kumpel mit in die Vesperkirche zu einem Obdachlosen-Frühstück. Dort kam Martin zufällig mit einem verständnisvollen Seelsorger ins Gespräch, der ihn zu einem kirchlichen Gesprächskreis einlud. Die Gespräche über Gott und die Welt, vor allem aber auch die Gemeinschaft in diesem Kreis gaben Martin neue Kraft, und er konnte sich endlich zu einer Entziehungskur durchringen. Nach einigen Rückfällen hatte Martin es geschafft: Er war trocken und dem Alkohol entkommen.

Jetzt ging es mit ihm auch wirtschaftlich wieder aufwärts. Er fand einen Job und konnte sich auch wieder Möbel anschaffen, schönere sogar noch als vorher. Manchmal kam ihm die Wende in seinem Leben wie ein Wunder vor. Martin ging regelmäßig zu den Veranstaltungen seiner Kirchengemeinde und fühlte sich in diesem Kreis sehr wohl.

Eines Tages traf er einen seiner alten Saufkumpels. Dieser lachte sich kaputt, als er hörte, dass Martin nun Christ ist und in der Bibel liest. „So ein Quatsch", rief er, „was da für Zeugs in der Bibel steht, das glaubt doch heute kein Mensch mehr! Oder glaubst du, als ehemaliger Weinexperte, dass Jesus Wasser zu Wein verwandelt hat?" Martin wusste nicht, was er sagen sollte. Kleinlaut verabschiedete er sich. Zu Hause machte er sich viele Gedanken. War das wirklich alles nur Quatsch, was in der Bibel stand? Bei nächster Gelegenheit fragte er seinen Pfarrer: „Muss man wirklich glauben, dass Jesus Wasser in Wein verwandelt hat, wenn man Christ ist?" Der Pfarrer überlegte kurz und antwortete dann: „Ob Jesus Wasser in Wein verwandelt hat, das weiß ich selber nicht, aber dass er bei dir Wein in Möbel verwandelt hat, das weiß ich und das weißt auch du."

1. Die Geschichte, wie Jesus Wasser zu Wein verwandelt hat, könnt ihr in der Bibel, Johannes 2,1–11, nachlesen.
2. Martin hat viele Höhen und Tiefen erlebt. Stellt seinen Lebensweg mit den folgenden Stationen in einer Linie dar. Achtet dabei auf die richtige Reihenfolge dieser Stationen:

Zweifel am Wahrheitsgehalt der Bibel – Befreiung von der Sucht – Alkoholiker – wirtschaftlicher Aufstieg – Pfarrer erklärt, wie die Bibel verstanden werden kann – Hilfsangebote durch verständnisvolle Menschen – verliert seine Lebensgrundlage – Saufkumpel hänselt ihn – tiefe Verzweiflung – Hinwendung zum christlichen Glauben.

3. Wie hat der Glaube an Gott Martin geholfen?
4. Welche Hilfe erfährt er durch Mitchristen?
5. Welche Rolle spielt der Pfarrer?
6. Wie erklärt der Pfarrer das Weinwunder?

Gewalt

Keine (gute) Lösung

- Überall gibt es Spuren von Gewalt
- **Was sind die Folgen von Gewalt?**
  - Wie fühlen sich die Opfer?
- Gewalt als etwas Schlechtes darstellen
- **Wie kann Gewalt verhindert werden?**
  - darüber reden
  - eingreifen
  - an die Öffentlichkeit gehen

52

Gewalt

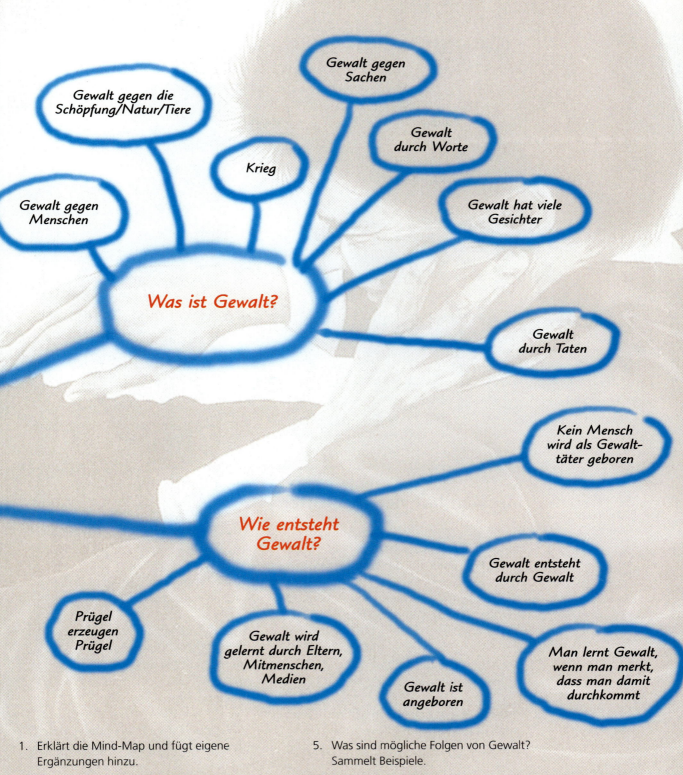

1. Erklärt die Mind-Map und fügt eigene Ergänzungen hinzu.
2. Was verstehst du unter Gewalt?
3. Sammelt Beispiele von Gewalt in eurer Umgebung.
4. Nennt jeweils Beispiele für offene, verdeckte, verbale und körperliche Gewalt.
5. Was sind mögliche Folgen von Gewalt? Sammelt Beispiele.
6. Warum setzen Menschen Gewalt ein? Was macht Menschen zu Gewalttätern?
7. Warum gibt es überhaupt Gewalt in der Welt?
8. Was kann man gegen Gewalt tun?

Gewalt – was ist das?

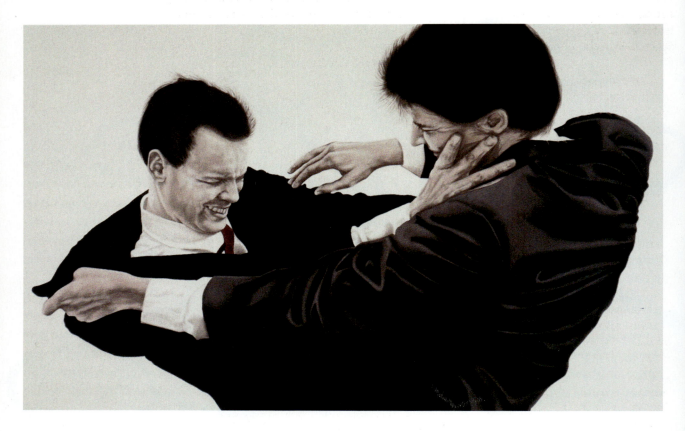

1. Was wirkt an dem Bild überraschend? Warum?
2. Gewalt wird unter Geschäftsleuten oft anders ausgeübt. Könnt ihr Beispiele dafür nennen?

Gewalt hat viele Gesichter

1 Sven stößt aus Versehen Marias Mäppchen vom Tisch. Maria fährt Sven an: „Pass doch auf, du Arschloch."

2 Toni ist wieder einmal betrunken. Als er nach Hause kommt, will er mit seiner Frau schlafen. Als diese nicht will, packt er sie, wirft sie aufs Bett und schreit: „Du bist meine Frau und hast deine ehelichen Pflichten zu erfüllen!"

3 Als Erkay sich setzen will, zieht Daniel ihm den Stuhl weg. Erkay stürzt zu Boden.

4 Gamze kommt mit sich selbst nicht zurecht. Immer häufiger zerkratzt sie sich die Arme.

5 An der Wand am Spielplatz ist in farbiger Schrift gesprayt: „Kanaken raus!"

6 Eine Firma lässt Giftfässer in der Nordsee verschwinden.

7 Maria und Anna können Yvonne nicht leiden. Obwohl sie wissen, dass es nicht stimmt, erzählen sie überall herum, Yvonne sei eine Schlampe und treibe es mit älteren Männern.

8 Der zweijährige Paul nimmt einem anderen Kind das Spielzeugauto weg …

9 … seine Mutter gibt ihm darauf einen Klaps auf den Po.

10 Im Gedränge vor dem Verkaufsstand greift Michael Hanna wie zufällig an den Busen.

11 Immer wenn Martin aufgeregt ist, beginnt er zu stottern. Heute will er vor der Klasse ein Gedicht vortragen. Er bleibt stecken und fängt an zu stottern. Seine Mitschüler lachen.

12 Jan und seine Freunde ärgern sich schon lange über einen Obdachlosen, der immer in einem Gartenhäuschen übernachtet. Eines Nachts überfallen sie ihn, schlagen ihn zusammen und treten wie von Sinnen auf den wehrlos am Boden Liegenden ein. Zwei Tage später stirbt der Mann an seinen Verletzungen.

13 Der Jagdbomberpilot drückt über einer Stadt den Auslöseknopf für eine Bombe.

14 Die Neuntklässler Antonio und Hakan verlangen von Erol aus der 6. Klasse, dass er ihnen am nächsten Tag 10 Euro mitbringt. Tut er das nicht, drohen sie mit Prügeln.

15 Die Klasse 9a arbeitet in Projektgruppen. Die Schüler und Schülerinnen vereinbaren, dass niemand die Außenseiterin Manuela mitarbeiten lässt.

16 Eine Fabrik verkauft Waffen in ein Krisengebiet.

17 Auf dem Nachhauseweg zerkratzt Murat mit einem Schlüssel 15 Autos.

18 Die Lehrerin hatte sich schon oft über Robin geärgert. Nun lässt sie ihn an der Tafel rechnen, obwohl sie weiß, dass Robin die Aufgabe nicht kann. Robin blamiert sich vor der ganzen Klasse.

19 Tobias und seine Freunde brechen nachts mit einem Stemmeisen einen Kiosk auf und klauen Zigaretten.

20 Betty wird von Patrick geärgert. Sie verlangt von ihm, dass er damit aufhört. Da zeigt ihr Patrick den Mittelfinger.

1. In welchen dieser Fälle wird Gewalt angewendet? Worin besteht jeweils die Gewaltanwendung?
2. Warum wird in den einzelnen Fallbeispielen Gewalt angewendet?
3. Welche Formen der Gewalt findest du schlimm, welche weniger schlimm? Begründe deine Auswahl.
4. Was sind jeweils die Folgen der einzelnen Gewaltformen?

> Unter Gewalt versteht man die **Anwendung von physischem**, d.h. körperlichem **Zwang** (z.B. Zufügung körperlicher Schmerzen oder Einschränkung der Bewegungsfreiheit) oder **psychischem Zwang** (z.B. Drohung oder Erpressung), um in einem Interessenkonflikt den eigenen Willen gegen den Widerstand eines Anderen durchzusetzen. Man kann darüber hinaus noch unterscheiden zwischen **Gewalt gegen andere, Gewalt gegen Sachen** und **Gewalt gegen sich selbst** oder zwischen **offener, verdeckter** und **struktureller Gewalt**!

5. Beschreibt mit Hilfe dieser Definition von Gewalt die Gewaltformen in den einzelnen Fallbeispielen genauer.
6. Sammelt weitere Beispiele zu den folgenden Gewaltformen:
   - physische Gewalt
   - psychische Gewalt
   - Gewalt gegen sich selbst
   - Gewalt gegen andere
   - Gewalt gegen Sachen
   - verdeckte Gewalt
   - offene Gewalt

Gewalt – wie kommt's dazu?

Neulich in der 9a

In der Klasse 9a werden die Mathearbeiten zurückgegeben. Erik, der die Klassenarbeit wie schon so oft wieder einmal nicht mitgeschrieben hatte, wird von dem Mathelehrer Herrn Lehmann an der Tafel intensiv mündlich abgehört. Erik weiß kaum etwas und bekommt eine 5–6. Ganz blass geht Erik auf seinen Platz zurück, bückt sich zu seiner Schultasche und legt schließlich wortlos einen Revolver auf seinen Tisch. In der Klasse herrscht ein hilfloses und ängstliches Schweigen. Herr Lehmann bleibt ganz ruhig und setzt seinen Unterricht fort, als wenn nichts passiert wäre.

In der folgenden Pause bleibt Erik allein an seinem Platz. Danach hat die Klasse Deutsch bei ihrer Klassenlehrerin Frau Blüm. Plötzlich öffnet sich die Klassenzimmertür, zwei Männer kommen herein, stürzen sich blitzschnell auf Erik und zerren ihn mitsamt seiner Tasche aus dem Klassenzimmer. Die Klasse ist wie vor den Kopf gestoßen. Frau Blüm berichtet, dass Herr Lehmann in der Pause den Rektor und dieser dann die Polizei informiert hat. Frau Blüm fragt die Klasse: „Warum ist denn der Erik so ausgerastet?" „Das macht nur der Schulstress!" ruft Önal von hinten. „Mit einer 5 in Mathe wäre er sitzen geblieben." „Ich glaube, dass Erik es nicht verkraftet, dass er noch nie eine Freundin hatte. Bisher hat der doch von jeder immer eine Abfuhr bekommen", meint Jan. „Die Knarre hat er bestimmt von den Typen, mit denen er immer rumhängt. Die findet der Erik total cool und bei denen ist so was normal", meint Sybille. „Der arme Kerl hat ja auch nichts anderes kennen gelernt", fügt Tom hinzu, der in Eriks Nachbarschaft wohnt. „Sein Alter verprügelt mehrmals in der Woche seine Frau und der Erik hat ja auch öfters blaue Flecken. Das blaue Auge im letzten Monat hat er bestimmt nicht von einem Treppensturz." Jetzt meldet sich Ergün: „Jajaja, ist ja alles recht und gut. Mir geht's auch nicht viel besser als Erik, aber muss man dann immer gleich so ausrasten? Der will sich doch mit seiner Knarre nur wichtig machen. Etwas anderes hat er ja nicht zum Angeben."

1. War Erik gewalttätig? Beurteilt sein Verhalten auch mit Hilfe der Gewaltdefinition auf der vorherigen Seite.
2. Wie reagiert die Klasse einschließlich des Lehrers auf Eriks Revolver? Welche Möglichkeiten hätte es noch gegeben?
3. Was könnten jeweils die Folgen dieser verschiedenen Möglichkeiten für alle Betroffenen sein?
4. Welche Gründe führen die Mitschüler für Eriks Verhalten an? Wie bewertet ihr die einzelnen Gründe? Findet noch weitere Gründe, die Menschen zu gewalttätigem Verhalten bringen können.

Drei Theorien, warum Menschen aggressiv und gewalttätig sind

Triebtheorie
Die Triebtheorie geht davon aus, dass der Mensch einen angeborenen Aggressivitätstrieb besitzt. Es liegt nach dieser Theorie in der Natur des Menschen, über andere zu herrschen und Macht auszuüben – mit allen Mitteln.

Frustrationstheorie
Wenn ein Mensch sich mit seinen Bedürfnissen zu wenig oder gar nicht beachtet fühlt und wenn seine Wünsche nicht erfüllt werden, kommt es zu Frustrationen, d. h. zu massiven Enttäuschungen. Diese Enttäuschungen entladen sich häufig in explosionsartiger Aggressivität und Gewalt.

Lerntheorie
Die Lerntheorie geht davon aus, dass ein Kind aggressive und gewalttätige Handlungen in seiner Umgebung wahrnimmt und nachahmt. Stellt sich dann auch noch der gewünschte Erfolg ein, nämlich mit aggressivem und gewalttätigem Verhalten sein Ziel schneller zu erreichen, hat das Kind durch Erfahrung gelernt.

1. Diskutiert diese drei Theorien. Welche überzeugt euch am meisten? Begründet eure Meinung.
2. Ordnet die Gründe, die Eriks Mitschüler nennen, und eure zusätzlichen Gründe diesen drei Theorien zu.
3. Was müsste man im Rahmen dieser drei Theorien jeweils tun, um gewalttätiges Verhalten zu verhindern?

Wann wird ein Jugendlicher zum Gewalttäter?

Laut verschiedenen Untersuchungen erhöht sich das Risiko der Entstehung von Jugendgewalt dramatisch, wenn zwei oder noch mehr der folgenden belastenden Bedingungen zusammentreffen:
- Erfahrung von Gewalt in der Familie,
- große soziale Benachteiligung der Familie,
- schlechte Zukunftschancen der Jugendlichen selbst,
- keine richtige oder zu wenig oder gar keine Erziehung durch die Eltern,
- zeitlich ausgedehnte Nutzung von Medien, vor allem dann, wenn diese gewaltsame Verhaltensweisen zeigen.

4. Was meinst du, inwieweit treffen diese Bedingungen auf dich selbst zu?
5. Kennt ihr jemanden in eurem Bekanntenkreis, der aufgrund dieser Bedingungen gefährdet ist, zum Gewalttäter zu werden?
6. Was könnte man, d. h. ihr, die Schule und gesellschaftliche Einrichtungen tun, um zu verhindern, dass jemand aufgrund dieser Bedingungen zum Gewalttäter wird?
7. Was kannst du selbst tun, um Aggressionen friedlich abzubauen und nicht zum Gewalttäter zu werden?

Gewalt in den Medien

Alles nur gespielt?

Isabell (16 Jahre) ist neu in der Klasse. Langsam findet sie Kontakt zu ihren Mitschülern. Heute wird sie sogar zu einer DVD-Party eingeladen. „DVD-Party – was soll denn das sein?" fragt Isabell. „Ist voll geil", antwortet Mike. „Eigentlich wie eine normale Party. Das heißt ordentlich Getränke, Chips und Flips, aber dann keine Laber-Disco mit Dancing und Knutschen, sondern drei bis vier coole DVDs. Meistens sind wir sechs bis zehn Leute. Einer besorgt die Filme, die Kosten werden geteilt. Immer voll die geilen Filme. Letzte Woche z. B. „Man-Eater" und „Blutrausch". „Die Filme kenne ich überhaupt nicht", sagt Isabell. „Kannst du auch nicht kennen", klärt Mike sie auf. „Die stehen alle auf dem Index, d. h. sie sind verboten. Aber deshalb sind sie ja auch so gut. Das Besondere daran ist, dass es keine normalen Horrorfilme sind, sondern dass wirkliches Sterben und richtiger Tod gezeigt wird. Und alles dann noch in Zeitlupe!" „Also ich weiß nicht, ich finde das pervers und langweilig", antwortet Isabell. „Immer nur Blut, Gewalt und Quälereien und sich dann auch noch daran aufgeilen, weil man meint, das sei alles echt. Und irgendwie stumpft man doch ab, so dass man sich auch im richtigen Leben über Gewalt nicht mehr aufregt." „Ach komm," meint Mike, „man kann ja auch alles übertreiben. Und letzten Endes ist ja doch alles auch immer nur ein Film. Wir würden uns jedenfalls freuen, wenn du kommen würdest."

1. Was meint ihr, warum werden in Isabells neuer Klasse keine normalen Partys gefeiert, sondern DVD-Partys? Habt ihr auch Erfahrungen mit solchen Partys?
2. Was ist gut an solchen Partys, was könnte problematisch sein?
3. Was würdet ihr Isabell raten: Soll sie auf die Party gehen oder nicht? Begründet euren Rat.

Schuld der Medien?

Zwei 15- und 17-jährige Jugendliche verschleppten die vierjährige Anny aus einem Einkaufsmarkt und nahmen sie mit auf einen Höllentrip, bei der sie ihr unsägliche Qualen und Verletzungen zufügten. Am Ende ließen sie ihr Opfer tot an einem Bahndamm zurück. Bei der Hausdurchsuchung der Täter fand die Polizei zahlreiche DVDs und Computerspiele, die extreme Gewaltdarstellungen zeigten. Da vermutet wird, dass die Jugendlichen von brutalen Filmen und Spielen zu dem abscheulichen Verbrechen angeregt worden sind, wird nun von mehreren Seiten gefordert, Gewaltdarstellungen in den Medien zu verbieten. Die Fernsehanstalten gingen daraufhin sofort in die Offensive: Bis jetzt habe die Wissenschaft keinen Beweis für diese Theorie erbracht. Kinder und Jugendliche könnten sehr wohl zwischen Film und Realität unterscheiden.

1. Ist es eurer Meinung nach möglich, dass die beiden Jugendlichen durch brutale Filme oder Computerspiele zu der Tat angeregt worden sind?

2. Kennt ihr Filme oder Computerspiele, die eurer Meinung nach geeignet sind, Kindern und Jugendliche zu solchen Taten anzuregen?

3. Glaubt ihr, dass Kinder und Jugendliche immer zwischen Film und Wirklichkeit unterscheiden können? Sammelt Beispiele.

Wie wirkt Gewalt in den Medien?

Es gibt mittlerweile zwei anerkannte Theorien, die versuchen, die Auswirkungen von Gewalt in Filmen und Computerspielen zu erklären:

• *Gewalt führt zur Nachahmung*
Gewaltdarstellungen führen zu aggressivem Verhalten. Der Zuschauer stumpft ab. Die Meinung, nur mit Gewalt lassen sich Probleme lösen, wird bestärkt.

• *Gewalt wirkt wie ein Ventil*
Gewaltdarstellungen wirken wie ein notwendiges Ventil für aufgestaute Aggressionen. Der Betrachter reagiert seine Aggressionen beim Zusehen ab und fühlt sich anschließend ruhiger und entspannter.

4. Was meint ihr dazu? Machen Gewaltdarstellungen in den Medien die Zuschauer aggressiver oder ruhiger? Belegt eure Meinung durch Beispiele.

Gewalt stoppen!

Gewalt – was tun?

Luka

My name is Luka
I live on the second floor
I live upstairs from you
Yes I think you've seen me before

If you hear something late at night
Some kind of trouble some kind of fight
Just don't ask me what it was

I think it's because I'm clumsy
I try not to talk too loud
Maybe it's because I'm crazy
I try not to act too proud

They only hit until you cry
And after that you don't ask why
You just don't argue anymore

Yes I think I'm okay
I walked into the door again
Well if you ask that's what I'll say
And it's not your business anyway
I guess I'd like to be alone
With nothing broken nothing thrown

Just don't ask me how I am

Suzanne Vega

Luka

Ich heiße Luka.
Ich wohne im zweiten Stock,
Ich wohne über dir.
Ja, ich glaube, du hast mich schon gesehen.

Wenn du spät abends etwas hörst,
so etwas wie Zank, so etwas wie Streit,
frag mich nicht, was los war.

Vielleicht geschieht es, weil ich ungeschickt bin.
Ich versuche, nicht zu laut zu sprechen.
Vielleicht geschieht es, weil ich verrückt bin.
Ich versuche, mich nicht zu stolz zu benehmen.

Sie schlagen nur so lange, bis du schreist,
und danach fragst du nicht mehr, warum.
Du widersprichst einfach nicht mehr.

Ja, ich glaube, mir geht's ganz gut.
Ich bin wieder gegen die Tür gerannt.
Ja, wenn du fragst, werde ich genau das sagen.
Außerdem geht es dich sowieso nichts an.
Ich glaube, ich wäre einfach gern allein.
Da, wo nichts zerbrochen, nichts geworfen wird.

Frag mich nur nicht, wie mir's geht.

Suzanne Vega

1. „Luka" ist ein Lied der amerikanischen Sängerin Suzanne Vega über einen Jungen, der von seinen Eltern misshandelt wird.
    a) Zu wem spricht Luka in dem Lied?
    b) Luka äußert sich nur sehr verschlüsselt zu dem, was ihm widerfährt. Wie würde Lukas Anklage lauten, wenn er diese offen formulieren würde?
    c) Was erfährt man in dem Lied über die Reaktion der anderen Hausbewohner?

1. Tina, eine 16-jährige Mitschülerin, erfährt von den Misshandlungen an Luka. Sie überlegt sich, was sie machen soll, und findet drei Möglichkeiten. Diskutiert in Kleingruppen, wie sich Tina verhalten soll.

A. Ich halte mich raus.
Stell dir vor, du bist Tina. Schreibe einen kurzen Tagebucheintrag, in dem du dein „Raushalten" für dich begründest.
Welche Konsequenzen hat diese Haltung für Tina, für Luka, für die Gewalttäter?

B. Ich gehe an die Öffentlichkeit.
Welche Möglichkeiten gibt es da?
Tina geht zur Polizei, um Anzeige zu erstatten. Der Polizist befragt sie genau. Vor allem will er wissen, warum Tina Anzeige erstatten will.
Bildet Dreiergruppen. Jeweils zwei Schüler spielen das Gespräch zwischen dem Polizist und Tina. Der anwesende „Protokollant" schreibt das Gespräch mit. Vergleicht anschließend die Fragen und Antworten.
Welche Konsequenzen hat diese Reaktion für Tina, für Luka, für den Gewalttäter?

C. Ich greife ein.
Tina klingelt an Lukas Wohnungstür und stellt den Vater zur Rede.
Spielt dieses Gespräch mit verschiedenen Lösungsmöglichkeiten.
Welche Konsequenzen hat dieses Verhalten für Tina, für Luka, für den Gewalttäter?

Jesus sagt in der Bergpredigt:
„Liebe deine Feinde! Verzichte auf Gewalt, auch wenn dir jemand Böses tut."
Jesus stellte keine Forderungen, die er nicht selbst erfüllte. Das zeigt sein Verhalten bei seiner Gefangennahme. Als Petrus sein Schwert zieht, um Jesus zu verteidigen, sagt Jesus zu ihm: „Steck dein Schwert weg! Wer Gewalt anwendet, wird durch Gewalt umkommen."

2. Welche Aussagen über Gewalt und Gegengewalt macht Jesus hier?
3. Gibt es Beispiele, die diese Auffassung belegen oder widerlegen?

Zeichen setzen gegen die Gewalt!

➤ Hinschauen:
Nutze deine Augen und schau nicht weg, wenn dir Gewalt begegnet.
Registriere alle Gewalt in deiner Umwelt.

➤ Handeln:
Nutze deine Hände und verhindere Gewalt in der Klasse, auf dem Schulhof, in deinem Umfeld. Je mehr ihr seid, umso stärker könnt ihr der Gewalt entgegentreten. Nehmt Verantwortung wahr und handelt.

➤ An die Öffentlichkeit gehen:
Nutze deinen Mund und mache auf die Gewalt in deiner Umgebung aufmerksam. Je mehr ihr seid, umso lauter könnt ihr anklagen.

4. Wählt euch in Kleingruppen jeweils ein Beispiel von Gewaltanwendung in eurer Umgebung aus. Sammelt mit Hilfe der drei Zeichen gegen Gewalt „Hinschauen", „Handeln", „An die Öffentlichkeit gehen" verschiedene Möglichkeiten, wie ihr gegen diese konkrete Gewalt vorgehen könnt.

5. Informiert euch über die gewaltlosen Aktionen von Martin Luther King und Mahatma Gandhi.

Technik

Darf der Mensch, was er kann?

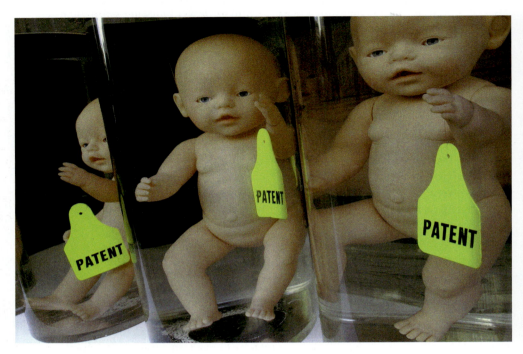

1. *Darf der Mensch, was er kann?* Was meint ihr? Sollten der menschlichen Entdeckerkraft Grenzen gesetzt werden oder sollte der Mensch das, was er sich ausdenken kann, mit seinen technischen Mitteln auch erschaffen können?

Umfrage: Was halten Sie für die wichtigste Erfindung?

Lars, 19: Eindeutig das Auto. Mit dem Auto ist man mobil und unabhängig. Das Auto gibt einem ein Stück Freiheit.

Rainer, 52: Als Schulleiter würde ich sagen: die Sommerferien. Aber Spaß beiseite: Ich finde Fax und E-Mail die wichtigsten Erfindungen. Alle Daten- und Informationsübermittlungen gehen so viel schneller und einfacher.

Max, 11: Ist doch klar: Playstation 2!

Nils, 24: Für mich ist die Glühbirne die wichtigste Erfindung. Hätte Thomas Edison sie nicht erfunden, wäre unser Leben heute so nicht denkbar. Wir wären immer noch von den Tageszeiten und vom Feuer abhängig. Die Glühbirne bildet eine wichtige Grundlage für viele andere Erfindungen.

Hanna, 64: Ich halte Medikamente und medizinische Neuentdeckungen für die wichtigsten Erfindungen der Menschheit. Man kann damit das Leiden und die Schmerzen der Menschen lindern und ein längeres Leben ermöglichen.

Regina, 16: Die wichtigste Erfindung für mich ist das Handy. Man kann mit jedem kommunizieren. Man steht mit allen in Verbindung und erfährt immer, was wo gerade los ist.

Timo, 20: Die größte Erfindung oder Entdeckung der Menschheit ist die Entschlüsselung der DNS. Damit kann der Mensch nicht nur Lebewesen klonen, sondern auch selbst welche künstlich herstellen.

Anna-Lena, 20: Waschmaschine und Trockner! Das erleichtert mir die Arbeit und spart mir Zeit für wichtigere Dinge.

1. Beurteilt die einzelnen Aussagen. Welche könnt ihr nachvollziehen, welche eher nicht?
2. Was hältst du für die wichtigste Erfindung? Begründe deine Entscheidung.
3. Was könnten in folgenden Bereichen die wichtigsten Erfindungen gewesen sein: Mobilität, Kommunikation, Haushalt, Arbeit, Freizeit, Medizin? Ordnet die Erfindungen jeweils in einer Zeitleiste.

Technik – Segen oder Fluch?

Menschliches Leben wird durch Technik erleichtert

1. Ordnet die Fotos in der richtigen zeitlichen Reihenfolge.
2. Beschreibt die technischen Fortschritte auf jeder Entwicklungsstufe.
3. Welche Vorteile haben sich jeweils für die Menschen ergeben?
4. Wie könnten die nächsten Entwicklungsschritte aussehen?
5. Was war früher schlechter, was war besser? Was ist heute schlechter, was besser?

⊕ größere Naturverbundenheit
⊖ wenig Freizeit

⊕ Maschinen erleichtern die Arbeit
⊖ der Mensch wird durch Maschinen ersetzt

⊕ Auswahl zwischen mehreren Kommunikationsmöglichkeiten
⊖ Gefahr der Isolierung vor dem Computer

⊕ vielfältige und interessante Freizeitangebote
⊖ „Freizeitstress"

⊕ längere Verweildauer in den einzelnen Berufen
⊖ längere Arbeitszeiten

⊕ mehr persönliche Kontakte
⊖ schnelle Hilfe z. B. bei Notfällen schwierig

6. Die Argumentationskärtchen machen die Veränderungen in den Bereichen „Kommunikation", „Arbeit" und „Freizeit" deutlich. Ordnet die Kärtchen diesen drei Bereichen zu und entscheidet, was zu „früher" und zu „heute" gehört.
7. Sammelt Beispiele für die einzelnen Argumente.
8. Gibt es noch weitere Bereiche, in denen die technische Entwicklung große Veränderungen im menschlichen Zusammenleben mit sich brachte?
9. Ist dein eigenes Leben durch technische Entwicklungen einfacher oder komplizierter geworden? Nenne Beispiele.

Die zwei Seiten des technischen Fortschritts

1. Betrachtet und vergleicht die beiden Bildpaare. Welche Gefühle lösen diese Bilder jeweils aus?
2. Die Bilder beschreiben jeweils „zwei Seiten einer Medaille". Was ist damit gemeint?
3. Sammelt weitere Beispiele für technische Entwicklungen, die leicht zu negativen Folgen führen können.

Der Turmbau zu Babel

Die Fassade steht. Von Ring zu Ring hebt sie sich über die Umgänge. Und die Arbeit kann sich sehen lassen. Sie zeugt von Klugheit, Kraft und zäher Ausdauer, von Geist auch und Schönheitssinn derer, die hier wirken. Aber: Sie neigt sich; kaum sichtbar neigen sich die Mauern nach links, wo die große Stadt liegt. Der Turm neigt sich über die Stadt. Die Macht neigt sich über die, die sie ausüben, und keine Befestigung gibt Sicherheit, wenn das eigene Werk über die Menschen stürzt.

Offenbar ist Wasser ausgebrochen aus dem Berg, auf dem der Turm sich erhebt. Irgendwer hat eine Quelle nicht beachtet. Irgendeiner hat die Gefahr übersehen. Nun reparieren sie. Und die Frage steht darüber: Wer ist schuld? Irgendeiner muss schuld sein. Du bist es gewesen, nein, du! Es ist abzusehen, wann von diesem Punkt aus der Zerfall der Gemeinschaft beginnt. Wenn sich nämlich herausstellt, dass sie oben weiterbauen können, solange sie wollen, dass der Zerfall von unten her sie immer wieder einholen wird.

Wie Ameisen klettern die Menschen an ihrem Werk auf und ab, kaum mehr als Menschen erkennbar. Aber wo sind die Menschen wichtig, wenn der Wille eines Herrschers, der Wille einer Ideologie sie treibt, sie schiebt, sie drängt? Wichtig ist das Werk, mit dem das so genannte größere Ganze sich einen Namen machen will. Sie vergessen zu leben, zu ruhen, sich zu freuen. Angespannt arbeiten sie vom Morgen bis zum Abend, als wäre dies die Absicht Gottes gewesen, als er den Menschen schuf.

Damals, als alle noch eine gemeinsame Sprache hatten, kamen Menschen von Osten und fanden eine Talebene im Land Schinar. Dort ließen sie sich nieder und fassten einen Entschluss. „Auf! Jetzt bauen wir uns eine Stadt mit einem Turm, dessen Spitze bis zum Himmel reicht!" schrien sie. „Dadurch werden wir in der ganzen Welt berühmt und können immer zusammenbleiben."

Da kam der Herr vom Himmel herab, um sich die Stadt und den Turm anzusehen, den sie bauten. Er sagte: „Wohin wird das noch führen? Was sie gerade tun, ist erst der Anfang. Wenn ihnen dieser Bau gelingt, werden sie alles versuchen, was ihnen in den Sinn kommt. Das ist nicht gut für sie. Ich werde deshalb ihre Sprache verwirren, damit keiner mehr den anderen versteht."

Und so geschah es. Die Menschen verstanden sich nicht mehr. Sie mussten den Bau des Turms und der Stadt abbrechen und gingen verschiedene Wege. Darum wird die Stadt Babel („Verwirrung") genannt, weil dort der Herr die Sprache der Menschheit verwirrte und sie über die ganze Erde zerstreute.

nach 1.Mose 11,1–9

1. Viele Menschen sprechen zwar dieselbe Sprache, aber verstehen sich doch nicht. Andererseits verstehen sich viele Menschen auch, ohne dass sie miteinander sprechen. Sammelt für beide Fälle Beispiele.

2. Die Menschen damals mussten erleben, dass ihnen all ihr technisches Wissen nichts nützte. Sie hatten große Pläne, die ihnen sinnvoll vorkamen, aber sie scheiterten, weil sie ihre Grenzen nicht erkannten. Letzten Endes ging es ihnen schlechter als zuvor.
Auch heute machen die Menschen immer neue Erfindungen. Sie nutzen alle technischen Möglichkeiten aus und versuchen, alles, was denkbar und machbar ist, auch zu machen. Sammelt Beispiele dafür.

3. „Alles, was denkbar und machbar ist, sollte auch gemacht werden!"
Was haltet ihr von dieser Aussage? Gibt es eurer Meinung nach Grenzen für das Handeln der Menschen? Wenn ja, wo? Wenn man die Geschichte vom Turmbau auf heute übertragen würde: wo wären die Gefahren?

4. a) Betrachtet das Bild in Ruhe. Beschreibt verschiedene Situationen, die ihr darauf erkennt.
b) Wählt eine Situation aus und versucht sie wie in den Beispielen von Jörg Zink zu deuten.
c) Zeichne einen Turm in dein Heft oder erstellt eine Collage, bei der zum einen die Allmachtsvorstellung der Erbauer deutlich wird, zum anderen aber schon erkennbar ist, dass sie scheitern werden.

> In der Geschichte vom Turmbau zu Babel erlebt der Mensch, dass ihm Grenzen gesetzt sind. Gott setzt eine Grenze zwischen Schöpfer und Geschöpf. Er schützt die Menschen dadurch vor sich selbst, vor ihren Allmachtsphantasien und vor Selbstzerstörung. Der Bibeltext vom Turmbau zu Babel ist eine Mahnerzählung gegen die maßlose Selbstüberschätzung der Menschheit und gegen menschlichen Machbarkeitswahn.

Schöpfer Mensch

Gentechnologie – Chancen und Risiken — TALK

Moderatorin: Guten Abend, meine Damen und Herren. Ich eröffne hiermit unsere Sendung „Fünf heiße Minuten", diesmal zu dem Thema „Gentechnologie – Chancen und Risiken". Ich begrüße Herrn Dr. Gelder von der Firma GenIndustry und Herrn Wehrmann von der Umweltorganisation Greenpeace.

Zunächst, meine Herren: Was ist eigentlich Gentechnologie?

Gelder: Heutzutage ist es möglich, Gene, d.h. das Erbgut bei Pflanzen, Tieren und Menschen zu verändern. Gentechnologie befasst sich mit den technischen Möglichkeiten, die sich aus diesen gezielten Veränderungen ergeben. Zur Zeit unterscheidet man in der Gentechnologie sechs Hauptforschungs- und Anwendungsgebiete: Genetisch veränderte Pflanzen, neue Lebewesen, Bakterien als Helfer, neue Medikamente, Früherkennung von Krankheiten und Reparatur von Erbanlagen.

Moderatorin: Bis dahin besteht ja noch Einigkeit. Ich greife das Stichwort „genetisch veränderte Pflanzen" auf. Warum sollen Pflanzen, die seit Millionen von Jahren von selbst gut gewachsen sind, nun plötzlich verändert werden?

Gelder: Wir wollen Pflanzen züchten, die größere Erträge abwerfen und gegen Kälte bzw. Hitze, Trockenheit, Gifte oder Schädlinge widerstandsfähig sind.

Moderatorin: Das klingt doch gut und kann vielleicht helfen, nicht mehr so viele giftige Chemikalien zu verwenden und die Ernährungsprobleme in der Dritten Welt zu lösen.

Wehrmann: Aber die Gefahren dabei werden übersehen. Immer wieder tauchen bei Gen-Pflanzen unerwartete, nicht erklärbare Eigenschaften und ungewollte Nebenwirkungen auf.

Moderatorin: Könnten Sie Beispiele dafür nennen?

Wehrmann: Genetisch behandelte Baumwollpflanzen werfen ihre Kapseln vor der Ernte ab, Pappeln blühen zum falschen Zeitpunkt, Kartoffeln werden ungewollt immer größer, die Farbe von Blättern und Blüten verändert sich auf nicht geplante Weise usw. Und auch die beabsichtigte größere Widerstandsfähigkeit gegenüber Schädlingen ist nicht unproblematisch.

Moderatorin: Weshalb?

Wehrmann: Ein Gen, das in den Pflanzen ein Gift gegen Insekten bilden soll, kann auch dafür sorgen, dass die Pflanze gegenüber anderen Schädlingen empfindlicher wird oder dass zusätzliche Stoffe gebildet werden, die Mensch und Umwelt schaden. So tötete Gen-Mais, d.h. genetisch veränderter Mais, nicht nur Schädlinge, sondern auch nützliche Insekten, sobald die sich über die vergifteten Schädlinge hermachten.

Moderatorin: Kommen wir mal zu den größeren Tieren. Herr Gelder, was wollen Sie denn da verändern? Rennpferde mit sechs Beinen?

Gelder: Möglich wäre das. Wir haben bereits einige neue Lebewesen geschaffen, z.B. die Riesenmaus oder das Rind-Schwein. Zur Zeit planen wir so genannte Einnutzungstiere z.B. Kühe, die besonders viel Milch produzieren oder deren Milch für den Menschen wichtige Spurenelemente enthalten. Und wir können Lebewesen mit denselben Genen beliebig oft reproduzieren, also klonen.

Wehrmann: Mit diesen Möglichkeiten stellt sich doch die Frage nach der Verantwortung des Menschen, Stichwort „Ehrfurcht vor dem Leben". Haben Sie mal untersucht, welche Schmerzen Tiere bei Ihren Versuchen empfinden? Ich erinnere nur an den Versuch, Schweine mit menschlichen Wachstumsgenen fetter und größer wachsen zu lassen. Die Schweine, die da gezüchtet wurden, waren so schwer, dass ihre Beine das eigene Körpergewicht nicht mehr tragen konnten.

Moderatorin: Ist das nur ein einzelner misslungener Versuch oder gibt es für diese Gefahren noch andere Beispiele?

Wehrmann: Wie wenig die Forscher die Folgen ihrer Experimente übersehen können, zeigt sich zur Zeit in Chile: Da greifen in Santiago Riesenratten Hühner und Ziegen an. Die Ratten sind so groß geworden, weil sie den Kot genmanipulierter Hühner fraßen.

Gelder: Dies sind doch nur einzelne Beispiele. Fortschritt kostet eben seinen Preis.

Wehrmann: Preis ist ein gutes Stichwort. Wem nützt denn die Gentechnik eigentlich? In erster Linie doch der Gentechnik-Industrie, denn diese erhofft sich große Profite. Sie will mit den Gen-Pflanzen die Herstellung unserer Nahrungsmittel kontrollieren. Vom Saatgut bis zum fertigen Produkt im Supermarkt, vom Acker bis auf unseren Teller. Schon heute wird die Landwirtschaft weltweit von fünf großen Agrarkonzernen beherrscht, und die wollen ihre Macht und ihre Profite durch die Gentechnik noch vergrößern.

Moderatorin: Und da sind sie schon wieder um, die „Fünf heißen Minuten". Ich bedanke mich bei meinen Gästen. Zumindest ein Unterschied sollte jetzt jedem klar geworden sein: Der, der abends müde vor dem Fernseher sitzt, ist kein Gen-Techniker, sondern ein Gähn-Techniker!

Gelder und Wehrmann gemeinsam: Hahaha!

1. Was versteht man unter Gentechnologie?
2. Welches sind die Hauptanwendungsgebiete der Gentechnologie?
3. Herr Gelder und Herr Wehrmann haben Argumente für und gegen die Gentechnologie genannt. Stellt diese in einer Tabelle gegenüber.
4. Welche Argumente haltet ihr für wichtiger? Diskutiert eure Meinungen.

Wunschkinder

1. Was bedeutet der Satz „Dann verzichten wir lieber"?

2. Genetische Untersuchungen können beim Embryo bereits im Mutterleib über jedes Merkmal Auskunft geben. Die Eltern können dann entscheiden, ob sie dieses Kind auch wollen, obwohl es z.B. nur 1,55 m groß werden oder nicht das Gymnasium schaffen wird. Welche Chancen und Gefahren ergeben sich aus diesen Möglichkeiten?

3. Wenn du eine werdende Mutter bzw. ein werdender Vater wärst, würdest du eine solche Untersuchung vornehmen lassen? Begründe deine Entscheidung.

4. Angenommen, es ist möglich und erlaubt, solche Kinder nach Wunsch herzustellen. Welche der folgenden Eigenschaften sollte dein Wunschkind haben? Erstelle eine Reihenfolge. Du kannst auch noch weitere Eigenschaften ergänzen.

- Vermeidung von Sehschwäche (keine Brillenträger)
- Idealer Körperbau
- Verhinderung von Erbkrankheiten, wie z.B. Heuschnupfen
- Geschlechtsauswahl
- Wunschgröße für Männer und Frauen
- Verhinderung körperlicher und geistiger Behinderungen
- Haar- und Augenfarbe nach Wunsch
- …

5. a) Würdest du gern selbst ein solches Wunschkind aus dem „Katalog" haben wollen?
   b) Wärst du gern ein solches geplantes Wunschkind?
   c) Hättest du gern ein solches geplantes Wunschkind zum Freund? Begründe jeweils deine Meinung.

Katalogkind von der Samenbank

Jodie Foster („Das Schweigen der Lämmer"), eine kluge und erfolgreiche Schauspielerin, suchte sich ein Kind aus dem Katalog aus. In einer Samenbank wählte sie einen anonymen Spender mit einem Intelligenz-Quotienten von über 160. Einsteinverdächtig. Der Mann, dessen wahre Identität das Kind nie erfahren wird, ist rund 40 Jahre, groß, sportlich und Verfasser mehrerer Bücher. Hollywoods Prominenz schüttelt den Kopf über diese kühl kalkulierte Vatersuche: „Das war so, als ob für eine Zuchtstute ein prämierter Hengst gesucht wird." Jodie Foster dazu: „Ich habe monatelang die Samenspenden in einer Klinik in Los Angeles durchsuchen lassen, um genau mein Idealbild eines Vaters zu finden. Er sollte die Eigenschaften haben, die auch mein Kind später haben soll. Denn ich wollte keinen echten Mann, der mir erzählt, wie ich ein Kind zu erziehen habe. Dafür bin ich zu freiheitsliebend. Ich wollte unbedingt ein kluges Kind, denn es ist einfacher, als intelligenter Mensch sein Leben zu meistern."

Super Spender – Super-Gene!!!

- 185 cm groß
- dunkler Typ
- IQ 160
- Dr.-Titel
- Uni-Wissenschaftler
- Buchautor

1. Warum wollte Jodie Foster die Natur überlisten?
2. Sie vertraut sich einer Samenbank an. Was haltet ihr von dieser Entscheidung? Welche Probleme könnten für das Wunschkind später entstehen?
3. „Ein intelligenter Mensch kann sein Leben besser meistern." Wie beurteilt ihr diese Aussage? Kennt ihr auch Gegenbeispiele?

GESUCHT UND GEFUNDEN
Kind mit Behinderung

Sunny Newman und Sharon Miller, ein lesbisches, gehörloses Paar in den USA, suchten sich gezielt einen Samenspender, um gehörlose Kinder zu bekommen. Die Familienplanung ging auf. Sunny und Sharon haben heute einen Sohn und eine Tochter, die beide taub sind.

Ging es in den Debatten bisher vor allem um den Wunsch nach einem Baby ohne Makel – und um die Folgen dieses Verlangens, so stellt sich jetzt die Frage, ob es richtig ist, wenn die Möglichkeiten der Gentechnik genutzt werden, um einem Kind Eigenschaften mitzugeben, die es im Leben benachteiligen.

4. Warum wünschen sich Sunny und Sharon ein Kind mit einer Behinderung?
5. Würdest du als Mediziner dem Wunsch von Eltern nach einem behinderten Kind entsprechen? Begründe deine Meinung.
6. Wie sollen sich Eltern entscheiden, die wissen, dass ihr Kind mit einer unheilbaren Behinderung auf die Welt kommen wird?

7. Betrachtet das Hochzeitsfoto eines Paares mit Down-Syndrom. Welchen Eindruck vermittelt das Foto? Was könnte das für die Diskussion zum Thema „Wunschkind" bedeuten?

Gott

Nach Gott fragen

Jugendliche reden über Gott

Ich halte mich an das, was ich sehe. Gott sehe ich nicht, also gibt es ihn für mich nicht.
(Tim, 15 Jahre)

Wenn es nicht so viel Unglück gäbe, Kriege, Erdbeben, Unfälle, Krebs und so, dann könnte ich an Gott glauben. So aber frag ich mich: „Warum tut er nichts dagegen, wenn es ihn gibt?"
(Sophia, 17 Jahre)

Ich kann mir Gott überhaupt nicht vorstellen. Ich glaube aber, dass es ihn gibt. Sonst wäre ja alles sinnlos.
(Marius, 16 Jahre)

Ob Gott wirklich existiert, weiß ich nicht. Ich würde es mir aber wünschen, denn manchmal brauche ich Gott ganz nötig.
(André, 18 Jahre)

Ich glaube an Gott. Irgendjemand muss doch das alles erschaffen haben. Und es gibt viele intelligente Leute, die glauben – die können sich doch nicht alle irren.
(Annika, 15 Jahre)

Wenn es den Menschen schlecht geht, glauben sie an Gott, sobald es ihnen gut geht, ist er vergessen.
(Patrick, 16 Jahre)

Es ist mir egal, ob es Gott gibt oder nicht. Ich bin sowieso nicht gläubig.
(Nils, 16 Jahre)

Gott ist für mich ein Freund, auf den ich mich immer verlassen kann. Das ist eine Freundschaft, die auch mit dem Tod nicht aufhört.
(Maria, 16 Jahre)

Was die Kirche so alles erzählt, ist Schwachsinn. Ich kann das nicht glauben. Ich glaube an mich.
(Benjamin, 17 Jahre)

Ich würde an Gott glauben, wenn er sich mal richtig zeigen würde.
(Hannah, 14 Jahre)

Ich glaube an ein höheres Wesen, das Menschen sich nicht vorstellen können.
(Martin, 17 Jahre)

1. Lest die Aussagen der Jugendlichen über Gott.
    a) Was denken die Einzelnen über Gott? Wie stellen sie sich Gott vor?
    b) Warum glauben manche nicht an Gott?
    c) Welche Aussage entspricht am ehesten deiner Vorstellung, welche überhaupt nicht?
    d) „Wie denken Sie über Gott?" Du sollst für eine Zeitungsumfrage ein Statement abgeben. Was würdest du sagen? Formuliere einen kurzen Text.

1. Wertet die verschiedenen Umfragen aus. Zu welchen Ergebnissen gelangen sie?
2. Wie könnte man sich die verschiedenen Ergebnisse erklären?
3. Wie hättet ihr bei den Umfragen geantwortet?
4. Plant eine Umfrage für eure Schule: Erarbeitet Fragen, führt die Umfrage durch und wertet sie inhaltlich und graphisch aus. Gestaltet ein Plakat mit den Umfrageergebnissen.

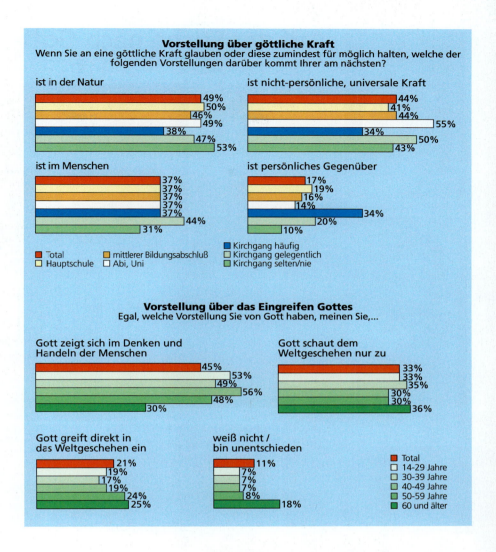

Gott in der Werbung

Wenn es einen Gott des Windes gibt, dann ist das sein Tempel.

5. a) Von Gott ist nicht nur im religiösen Bereich die Rede. Wo wird noch von oder über Gott gesprochen?
   b) Warum wird in diesen Bereichen von Gott gesprochen?
   c) Sammelt Beispiele aus der Werbung, aus Songtexten, aus Filmen usw., wo von Gott die Rede ist. Wie wird jeweils von Gott geredet?

Auf der Suche nach Gott

Wo ist Gott?

1. Was meint ihr: Auf welchen der Fotos könnte man Gottes Spuren in der Welt entdecken? Auf welchen eher nicht? Begründet eure Meinung.

„Gibt es Gott?"

Eine Zeitung hatte eine Seite eingerichtet, auf der Leserfragen von Fachleuten der Zeitung beantwortet wurden. Meistens waren es Fragen wie „Wie kann ich meine Heizölabrechung überprüfen?", „Wie funktioniert ein Atomkraftwerk?" oder „Wie viele Sprachen gibt es auf der Welt?". Eines Tages kam ein Brief mit der Frage: „Gibt es Gott?" Als sich niemand in der Redaktion zutraute, diese Frage zu beantworten, fragte man einen Pfarrer um Rat. Dieser schrieb folgende Antwort:

Unsere Leserfrage: Gibt es GOTT?

Bisher hat es kein Volk auf der Erde gegeben, das keine Religion gehabt hätte. Offenbar konnten die Menschen von Anfang an nicht leben, ohne zu fragen: Wer hat die Welt geschaffen? Wem bin ich mit meinem Leben verantwortlich? Welchen Sinn hat das Leben? Verschiedene Religionen haben unterschiedliche Antworten auf diese Frage gegeben. Sie haben die Existenz Gottes bis heute nicht beweisen können. Umgekehrt kann man aber auch nicht beweisen, dass es Gott nicht gibt.

Gott kann nur erfahren oder erlebt werden: in der Begegnung mit anderen Menschen, im Gebet, in einer Ansprache oder Predigt. Es gibt viele Möglichkeiten und Wege, Gott zu begegnen und sein Handeln zu erfahren.
In der Geschichte Israels und im Leben des Jesus von Nazareth ist erkennbar geworden, wie Gott ist und was er von den Menschen will: ein Gott voller Güte und Liebe, der will, dass sich die Liebe auch unter den Menschen durchsetzt.

1. Beantwortet schriftlich folgende Fragen:
    a) Welche Völker haben keine Religion?
    b) Es gibt Fragen, die die Menschen schon von Anfang an beschäftigten. Die verschiedenen Religionen versuchten diese Frage unterschiedlich zu beantworten. Welche Fragen sind das?
    c) Welche zwei Gottesbeweise konnten bisher noch nicht erbracht werden?
    d) Gott kann nicht bewiesen, sondern nur erfahren oder erlebt werden. Welche Möglichkeiten gibt es da?
    e) Mit welchen Worten kann man Gott beschreiben?
    f) Was will Gott von den Menschen?

Wo wohnt Gott?

Zu einem jüdischen Rabbi kommt ein Besucher und sagt zu ihm: „Ich gebe dir einen Gulden, wenn du mir sagst, wo Gott wohnt." Darauf entgegnet der Rabbi: „Und ich gebe dir zwei Gulden, wenn du mir sagst, wo Gott nicht wohnt."

2. Was will der Rabbi mit seiner Antwort sagen?

3. Wie würde der Rabbi die Frage beantworten, auf welchen Fotos Gott ist? Versucht Argumente zu finden, die die Meinung des Rabbis belegen.

Der Rabbi überrascht seine Freunde, die er bei sich zu Hause als Gäste eingeladen hat, mit der Frage: „Könnt ihr mir sagen, wo Gott wohnt?" Darauf beginnen die Freunde zu lachen: „Was soll die Frage, du weißt doch, dass Gottes Herrlichkeit überall ist." Aber der Rabbi entgegnet darauf: „Gott wohnt dort, wo man ihn einlässt."

4. Was will der Rabbi diesmal mit seiner Antwort sagen? Stehen beide Antworten in einem Widerspruch zueinander?

Wie handelt Gott?

Sara hat ein Problem

1. Klärt den genauen Sachverhalt. Was hat Sara versprochen?
2. Schreibe auf, wie du dich an Saras Stelle verhalten würdest. Begründe deine Meinung ebenfalls schriftlich.
3. Vergleicht eure Ergebnisse. Diskutiert die Gemeinsamkeiten und die Unterschiede, auch zwischen Mädchen und Jungen.

Sara ist eine junge Krankenschwester, die soeben ihre Abschlussprüfung mit Erfolg bestanden hat. Bevor sie in drei Monaten ihren Freund heiraten wird, unternimmt sie mit ihrem kleinen Auto eine Urlaubsreise nach Schweden.
Auf der Autofähre passiert es: Aufgrund eines technischen Defektes öffnet sich die Autoklappe, Wasser dringt in die Fähre und binnen Minuten versinkt das ganze Schiff. Sara und einige andere Passagiere schwimmen hilflos im eiskalten Wasser. Einer nach dem anderen versinkt im starken Sog. Sara weiß, dass sie keine Chance hat. Da beginnt sie zu beten. Sie fleht zu Gott um Hilfe und verspricht ihm, im Fall ihrer Rettung ihr ganzes Leben für kranke, hungernde Menschen in Afrika einzusetzen. Falls ihr Freund sie nicht begleiten will, wird sie ihn nicht heiraten.
Stunden später wird Sara von einem Rettungsschiff geborgen. Sie ist die einzige Überlebende des Schiffunglücks.
Nach ihrer Rückkehr wird ihr eine sehr gut bezahlte Stelle in einer Privatklinik angeboten. Aus 200 Bewerbern wurde sie aufgrund ihrer Fähigkeiten ausgewählt. Sara denkt an das Versprechen, das sie Gott gegeben hat. Sie weiß nicht, wie sie sich verhalten soll.

Verschiedene Stufen der Vorstellungen vom Wirken Gottes in der Welt

1. Gott regiert die Welt, wie er will.
Gott leitet, führt und steuert die Menschen.
Der Mensch kann nur darauf reagieren.
Gott bestraft und belohnt, wie er will.

2. Gottes Verhalten kann durch das Verhalten der Menschen beeinflusst werden.
Je nachdem, wie sich der Mensch verhält – gut oder schlecht –, reagiert Gott darauf mit positiven oder negativen Folgen.

3. Gott nimmt keinen direkten Einfluss auf die Welt.
Der Mensch ist in seinem Handeln frei und für sein Tun selbst verantwortlich. Der göttliche Bereich, wenn es ihn denn gibt, ist vom menschlichen Bereich getrennt.

4. Die Freiheit des Menschen ist die Grundbedingung für religiöses Handeln.
Die Freiheit des Menschen wird nicht mehr so verstanden, dass es eine Trennung zwischen Gott und der Welt im Sinne von zwei gegeneinander isolierten Bereichen gibt. In seiner Freiheit, die dem Menschen gegeben ist, fragt der Mensch nach Göttlichem und handelt danach im Umgang mit seinen Mitmenschen.

4. Die verschiedenen Vorstellungen vom Wirken Gottes sind durch graphische Darstellungen verdeutlicht. Erklärt die einzelnen Zeichnungen.

5. Übertragt die Zeichnungen in euer Heft und schreibt jeweils eine passende Überschrift dazu.

6. Die folgenden Antworten beziehen sich auf das Problem von Sara. Ordnet sie jeweils den vier Stufen zu.

Kai, 19 Jahre: An Saras Stelle würde ich gehen. Zum einen aus Dankbarkeit, dass Gott mich gerettet hat, aber auch, damit ich nicht von Gott bestraft werde. Wenn ich mich so verhalte, wie ich es Gott versprochen habe, wird er mir auch weiterhin helfen.

Jutta, 34 Jahre: Der Fehler besteht schon darin, dass Sara einen Handel mit Gott macht. Das finde ich kindisch in einer solchen Situation. Wenn Sara wirklich ihr Leben für die armen Menschen einsetzen will, dann soll sie das tun. Sie soll das machen, weil sie es selbst für richtig hält, und nicht, weil sie Gott irgendetwas versprochen hat.

Mona, 12 Jahre: Ja, Sara muss gehen. Gott hat sie ja auch gerettet. Er hat Sara bestimmt deshalb gerettet, weil Sara immer gut war. Wenn wir gut zu Gott sind, dann hilft uns Gott auch.

Eva, 24 Jahre: Sara sollte genau prüfen, warum sie das Versprechen Gott gegeben hat. Aus Angst oder um Gott gnädig zu stimmen? Dann bräuchte sie nicht zu gehen, denn so eng und klein ist Gott nicht, als dass er sich durch solche Verhandlungstricks beeinflussen lassen würde.
Vielleicht hat Sara aber auch in ihrer Aufregung etwas ausgesprochen, das sie schon lange mit sich herumtrug. Vielleicht hat Sara ja etwas Religiöses in sich, das ihr so noch gar nicht bewusst war. Und vielleicht hat sie sich deshalb schon lange vor dem Absturz mit dem Gedanken beschäftigt, bewusst oder unbewusst, dass sie ihre Gaben und Fähigkeiten für arme Menschen einsetzen könnte. Wenn es so wäre, dann sollte Sara gehen, nicht wegen des Versprechens, sondern weil sie, vielleicht wegen ihres christlichen Glaubens, es gut findet, armen Menschen zu helfen.

Marko, 18 Jahre: Sara soll machen, was sie denkt, dass für sie das Richtige ist. Ich bezweifle nicht, dass es Gott gibt, aber er wirkt nicht so direkt auf die Menschen ein.

Raimund, 27 Jahre: Sara braucht ihr Versprechen nicht zu halten, weil Gott die Angst der Menschen nicht ausnutzt. Gott liebt die Menschen. Er will, dass auch sie ihn lieben können und diese Liebe auch an andere weitergeben.

Regina, 12 Jahre: Es ist egal, was Sara macht. Gott macht sowieso, was er will.

Jan, 10 Jahre: Sara muss nach Afrika gehen, damit Gott sie nicht straft. Gott weiß schon, was er mit Sara vorhat.

7. Ordnet eure Antworten zu dem Sara-Problem den verschiedenen Stufen zu. Ihr könnt auch Zwischenstufen einführen.

Hiob – „Gott, warum?"

Hiob verzweifelt an Gott

In der Bibel wird im Buch Hiob die Frage nach dem Sinn menschlichen Leids diskutiert.
Hiob war ein reicher Grundbesitzer. Er hatte eine große Familie, sieben Söhne und drei Töchter. Er führte ein frommes und vorbildliches Leben und an Ansehen und Wohlstand übertraf er alle Nachbarn. Doch plötzlich traf den Gottesfürchtigen ein Schicksalsschlag nach dem anderen. Räuberbanden stahlen sein Vieh und erschlugen seine Knechte. Hiob verlor seinen gesamten Reichtum. Durch ein einstürzendes Haus kamen alle seine Kinder um. Doch damit nicht genug: Hiob selbst erkrankte schwer, er wurde von Lepra befallen.

Als Hiobs Freunde von seinem Unglück hörten, besuchten sie ihn, um ihn zu trösten. Entsetzt sahen sie ihn im Staub liegen, den Körper voller Geschwüre. Schweigend setzten sie sich zu ihm, sieben Tage und sieben Nächte.
Da brach Hiob schließlich das Schweigen und klagte: Warum gibt Gott den Menschen so viel Leid, warum gibt er ihnen ein Leben voller Bitterkeit und Mühe? Seine Freunde antworteten. Sie versuchten, Hiob sein Leid zu erklären.
1. Freund: „Denk einmal nach: Ging es je einem Menschen schlecht, der es nicht verdient hätte? Ist nicht jeder irgendwie selbst Schuld an seinem Schicksal?"
2. Freund: „Eigentlich könntest du glücklich sein. Gott straft dich zwar, aber er kümmert sich dadurch doch auch um dich. Er will dich mit seinen Strafen erziehen!"
Hiob: „Solche Ratschläge habe ich gerade noch gebraucht. Aber sagt mir doch, wenn ihr alles so gut wisst: Was habe ich denn falsch gemacht? Wo habe ich Schuld auf mich geladen? Was ist der Grund, dass Gott mich so bestraft? Sagt es mir doch!"
3. Freund: „Denkst du im Ernst, dass Gott etwas ohne Grund tut? Entweder es gibt einen Grund für dein Unglück, oder, wenn du wirklich schuldlos bist, wird Gott dir ganz gewiss zu Hilfe kommen. Du musst Geduld haben."
Hiob: „Was seid ihr doch für kluge Leute. Aber das sind immer noch keine Antworten auf meine Fragen: Was habe ich verbrochen, dass solches Leid über mich kam? Warum schickt Gott mir so viel Unglück?"
4. Freund: „Ich wünschte, dass Gott jetzt selber zu dir sprechen und dir die Antworten auf deine Fragen geben würde. Er könnte dir sein Handeln erklären, das für unser Wissen unbegreiflich ist."
Hiob: „Wenn ich nur wüsste, wo sich Gott befindet und wie ich dorthin gelangen kann. Ich würde ihn fragen, ich würde ihn anklagen, ich würde einen Streit mit ihm führen als einer, dem nichts vorzuwerfen ist."
Da sprach **Gott selbst** aus einem Sturm heraus: „Wer bist du, dass du meinen Plan anzweifelst? Du redest von Dingen, die du nicht verstehst. Wo warst du denn, als ich die

Erde erschaffen habe? Wenn du es weißt, dann sag es mir doch! Haben sich dir je die Tore des Todes aufgetan, dass du weißt, was nach dem Tode kommt? Kennst du des Himmels Ordnungen oder bestimmst du seine Herrschaft über die Erde? Wer gibt dir überhaupt die Weisheit, dass du nach verborgenen Dingen fragen kannst? Woher kommt überhaupt dein Verstand? Du weißt doch alles! Oder etwa nicht?"
Hiob antwortete Gott: „Herr, ich sehe es ein: Ich bin zu wenig. In meinem Unverstand habe ich von Dingen geredet, die mein Denken übersteigen. Ich erkenne, dass du alles vermagst, und nichts, das du dir vorgenommen hast, ist dir zu schwer. Ich kannte dich ja nur vom Hörensagen, jetzt aber hat mein Auge dich geschaut."

1. Die Freunde sitzen zunächst schweigend bei Hiob. Könnt ihr euch dieses Verhalten erklären? Inwieweit kann schweigende Anteilnahme helfen?
2. Welche Anklage bringt Hiob vor Gott?
3. Welche Klagen könntest du vor Gott bringen? Schreibe sie auf. Sammelt eure Klagen, vergleicht sie, sucht Oberbegriffe und ordnet ihnen die einzelnen Klagen zu.
4. Wie versuchen die Freunde Hiobs Leid zu erklären? Fasst die vier Antworten in Schlagworten zusammen.
5. Wie antwortet Gott auf Hiobs Anklagen? Was will Gott mit seiner Antwort sagen?
6. Wie reagiert Hiob auf die Antwort Gottes?
7. Der Künstler Hanns H. Heidenheim hat seinen Holzschnitt (S. 78) „Hiob" genannt. Erkläre, was Heidenheim mit dem Bild ausdrücken will.
8. Stellt einen Zusammenhang her zwischen Heidenheims Bild und dem Schlusswort Hiobs.

Vier Versuche, Hiobs Leid zu deuten:

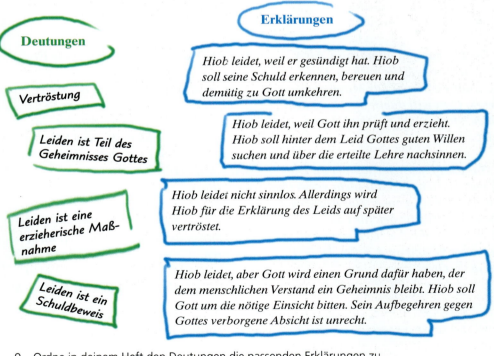

Das Buch Hiob zeigt, wie Menschen über Jahrtausende hinweg versucht haben, eine Antwort auf die Frage nach dem Leid zu finden, z. B.: Gott hat auch dunkle Seiten, er schickt Gutes und Böses und ist unbegreiflich. Aber auch: Er lässt den Menschen im Leid nicht verzweifeln, und: Gott kann man anklagen, mit ihm streiten.

9. Ordne in deinem Heft den Deutungen die passenden Erklärungen zu.
10. Welcher Antwort der Freunde Hiobs entsprechen sie jeweils?

Warum lässt Gott das Leid in der Welt zu?

Deutsche Urlauberin in USA ausgeraubt und **getötet**

Schwerer Unfall auf der A 8: Sechs Tote

Wieder Kämpfe in Somalia

Baby in Wohnung verbrannt

Beben in Japan fordert über 4000 Todesopfer

Tsunami-Flutwelle 300 000 Tote

1. Sammelt ähnliche Meldungen aus den letzten Tagen.
2. Versucht zu klären, ob es sich bei den Ereignissen um Unglücksfälle handelt,
   – die von Menschen verursacht wurden,
   – die nicht von Menschen verursacht wurden,
   – die hätten verhindert werden können.

Warum hat Gott das zugelassen?

Manche Menschen haben ihren Glauben an Gott verloren, weil sie in ihrem Leben viel persönliches Leid erfahren haben. Sie fragen: Warum hat Gott das zugelassen? Warum hat es gerade mich getroffen? Folgende vier Antworten haben Menschen auf diese Fragen zu geben versucht:

A. Gott ist gut und allmächtig. Alles, was geschieht, will er auch so. Das Böse, das Leiden ist nur Mittel zum Zweck: Gott will damit die Menschen prüfen, strafen und erziehen, damit sie sich bessern.

B. Was die Menschen einander an Leid zufügen, dürfen wir Gott nicht vorwerfen. Gott lässt es zu, denn er gibt den Menschen die Freiheit, sich für Gutes oder Böses zu entscheiden. Demnach sind die Menschen Schuld am Leid in der Welt und nicht Gott.

C. Gott ist stark, aber seine Stärke ist anders als die Macht von Menschen. Seine Kraft beendet Leid in der Welt nicht, aber sie verändert es: Gott ist immer auf der Seite derer, denen Leid und Unrecht geschieht. So sind wir auch im größten Leid nicht allein. Mit Gottes Hilfe können wir es bewältigen.

D. Wir können Gott nicht verstehen, und wir können das Leid auf der Welt nicht erklären. Wir wissen nicht, warum Gott das Leid zulässt. Wir können Gott aber fragen, und wir können uns bei ihm auch beklagen.

3. Welcher Antwort kannst du am ehesten zustimmen? Welcher nicht? Begründe deine Meinung.
4. Vergleicht eure Ergebnisse und diskutiert eure Meinungen.
5. Die verschiedenen Antworten führen zu unterschiedlichen Konsequenzen im Umgang mit Leid. Erklärt dies an Beispielen.

Schüleraussagen zu den vier Antworten auf die Frage nach dem Leid in der Welt:

1. Es leiden aber auch unschuldige Menschen.

2. Das stimmt. Wenn jemand mit mir ist, wird das Leid weniger.

3. Ich glaube das nicht, denn jeder Mensch hat bestimmt schon mal was Böses getan. Und viele Menschen brauchen deswegen nie zu leiden.

4. Wenn die Menschen Gott verstehen könnten, wäre er nicht Gott, dann wäre er wie ein Mensch. Gott ist mit dem menschlichen Verstand nicht zu begreifen.

5. Ja, das meiste Leid, das es auf der Welt gibt, wird von den Menschen selbst verursacht.

6. Wenn Gott dem Leidenden in seiner Not beisteht, warum kann er dann nicht den hindern, der das Leid verursacht?

7. Aber warum lässt Gott denn den Menschen die Freiheit, wenn er doch weiß, dass diese sie immer wieder missbrauchen? Und warum hilft er dann nicht wenigstens den Opfern?

8. Da machen es sich die Pfarrer leicht: Wenn sie für etwas keine Erklärung wissen, sagen sie einfach: Gottes Willen kann man nicht verstehen. Das ist doch keine Erklärung!

6. Ordnet diese Aussagen den vier Antworten auf die Frage nach dem Leid in der Welt zu.
7. Wenn ihr wollt, könnt ihr auch eigene Aussagen zu den vier Antworten sammeln.

> Pfarrer Dietrich Bonhoeffer, der im Konzentrationslager ermordet wurde, fasst die christliche Antwort auf die Frage nach dem Leid in der Welt in zwei Begriffen zusammen: Widerstand und Ergebung.
>
> **„Widerstand"** heißt, dass wir so viel aufhebbares Leid wie nur irgend möglich aus der Welt schaffen sollen, zumal wenn es sich um das Leid anderer handelt. **„Ergebung"** heißt, dass wir das eigene unaufhebbare Leid annehmen und es so verarbeiten sollen, dass wir auch anderen helfen können, wenn sie leiden. Dabei müssen wir uns allerdings bewusst sein, dass es menschliches Leid gibt, das wir weder aus der Welt schaffen noch einfach annehmen könne. Es ist ein scheinbar sinnloser Bestandteil unseres menschlichen Daseins.

8. Erklärt die Begriffe „Widerstand" und „Ergebung".
9. Wir sollen „so viel aufhebbares Leid wie nur möglich" aus der Welt schaffen. Sammelt Beispiele für dieses „aufhebbare Leid" in der Welt.
10. Sammelt Beispiele für menschliches Leiden, das wir weder aus der Welt schaffen noch annehmen können.

Gott begegnen

Die Geschichte des Kinderarztes Janusz Korczak

Dr. Janusz Korczak war Kinderarzt und wie viele gebildete Polen seiner Zeit ein weit gereister Mann. Nachdem er in Berlin, Paris und London als Arzt gearbeitet hatte, wollte er zurück nach Polen. In Warschau war er geboren, da war seine Heimat, und dort wollte er als Arzt in Kinderkrankenhäusern arbeiten.

Dr. Korczak hatte ein Auge für die Krankheiten und ein Herz für die Sorgen der Kinder. Schließlich gab er seinen Beruf auf und leitete ein Waisenhaus in Warschau. Dort lebten die Kinder, die am ärmsten dran waren und niemanden mehr hatten. Für sie war er Vater, Freund und Arzt.

1939 überfiel Hitler-Deutschland Polen. Warschau wurde besetzt. Nun begann eine Schreckensherrschaft. Polnische Männer wurden gefangen genommen und zur Zwangsarbeit in deutsche Fabriken verschleppt. Alle Juden in Warschau wurden aus ihren Wohnungen vertrieben und in einem winzigen Ghetto zusammengepfercht: Professoren, Frauen, Offiziere – und die Kinder! Alle mussten ins Warschauer Ghetto. Um das Ghetto wurde eine große Mauer errichtet. Keiner durfte heraus und hinein. Die deutschen Wachsoldaten kontrollierten die wenigen Tore streng.

Und wieder waren die Kinder, die niemand hatten, am ärmsten dran. Der Kinderarzt Dr. Janusz Korczak ging mit den jüdischen Waisenkindern ins Ghetto. Er kämpfte jeden Tag um ein bisschen Brot für seine Kinder. Dann wurden die Juden in Viehwaggons abtransportiert. Sie waren tagelang ohne Essen und Wasser. Wer außen stand, drohte zu erfrieren, die in der Mitte bekamen keine Luft. Viele starben unterwegs. Die Viehwaggons hielten im Konzentrationslager. Dort wurden die Juden, die die Fahrt überlebt hatten, in Gaskammern ermordet.

Schließlich kamen auch die Kinder dran. Sie sollten ins Vernichtungslager Treblinka transportiert werden. Dr. Janusz Korczak stand nicht auf der Liste für den Transport. Als berühmter Arzt bekam er einen Passierschein, er durfte das Ghetto verlassen. Keiner hätte ihn daran gehindert. Aber er wusste, was auf die Kinder wartete. Die 200 Kinder aus dem Waisenhaus wussten davon nichts. Dr. Korczak konnte seine Kinder nicht im Stich lassen. So fuhr er mit ihnen ins Vernichtungslager. Den Bewachern war es recht, dass der alte Doktor mitfuhr. Er war ja auch nur ein Jude. Und es beruhigte die Kinder, wenn er dabei war. Sie machten dann keine Scherereien.

Janusz Korczak erzählte den Kindern Geschichten auf der ganzen Fahrt. Welche Geschichten er erzählte, weiß niemand. Sie stehen in keinem Buch, denn alle, die sie gehört haben, wurden ermordet. Es waren die letzten Geschichten für diese Kinder.

Und die Kinder vergaßen, wo sie waren. Sie achteten nicht auf das Brüllen der SS-Bewacher. Sie weinten nicht, als sie sich ausziehen mussten. Sie gingen arglos in die Gaskammer. Und Janusz Korczak ging mit ihnen und erzählte Geschichten. Und die durch den Spion an der Stahltür guckten, sahen, dass die Kinder ganz ruhig standen, eng gepfercht wie Heringe. Keines weinte oder schrie, wie es sonst war, wenn sie Angst bekamen. Sie hingen an seinen Lippen. Bis sie zusammensanken, träumend von seinen Geschichten.

Janusz Korczak starb mit seinen Kindern. Das war das letzte, was er für sie tun konnte. Das war 1942 in Treblinka.

---

1. Die Geschichte von Janusz Korczak und seinen Waisenkindern kann man als Anklage gegen Gott, aber auch als Beispiel für das Handeln Gottes sehen. Sammelt Argumente für beide Sichtweisen.

Hat Gott geholfen?

Harry S. war nur knapp dem Tode entgangen. Er erzählte, wie er auf einer Eisscholle auf das offene Meer hinaustrieb. Er sei in größter Lebensgefahr gewesen und habe nur noch beten können. „Und, hat Gott geholfen?", wurde er gefragt. „Ach nein", antwortete er, „bevor Gott eingreifen konnte, kam die Küstenwache und hat mich gerettet."

1. Was haltet ihr von der Antwort Harrys?
2. Kennt ihr ähnliche Situationen?

Gott handelt

Manchmal geschieht es,
dass Menschen gut zu anderen sind
und für sie sorgen.
Da zeigt sich etwas von Gott.

Manchmal geschieht es,
dass Menschen einen Streit beenden
und sich wieder lieb haben.
Da zeigt sich etwas von Gott.

Manchmal geschieht es,
dass Menschen sich einsetzen für Schwächere,
denen Unrecht geschieht.
Da zeigt sich etwas von Gott.

Christine Reents

3. Beschreibt Situationen, in denen nach Christine Reents „sich etwas von (Gott)" Gottes Liebe zeigen könnte.
4. Schreibt nach dem vorgegebenen Aufbau weitere Strophen zu diesem Gedicht. Beginnt immer mit „Manchmal geschieht es, dass ..." und beendet die Strophe immer mit: „Da zeigt sich etwas von Gott."
5. Gestaltet mit euren Strophen ein Plakat mit der Überschrift „Wo Gott handelt".
6. Betrachtet die Fotos auf dieser Seite. Inwiefern könnte es sich dabei um Erfahrungen mit Gott handeln?

Sterben, Tod ... und dann?

1. Welche Geschichte könnte dieses Foto erzählen?
2. Hast du schon einmal einen toten Menschen gesehen?
3. Welche Erfahrungen hast du in deinem bisherigen Leben mit Tod und Trauer gemacht?
4. Was hältst du von den Schüleraussagen zum Tod? Was denkst du selbst über den Tod? Was stellst du dir vor, dass nach dem Tod passiert?

> Ich will leben und überhaupt nicht an den Tod denken. Da wird man nur depressiv.

> Ich glaube, dass meine Seele nach dem Tod in einem anderen Menschen weiterleben wird, dass mein Leben wieder von vorn beginnt.

> Ich stelle mir das so vor, wie wenn man einschläft. Man ist einfach weg.

> Meine Überzeugung ist, dass ich nur einmal lebe, und das auf Erden. Dieses Leben will ich mir so schön wie möglich machen.

> In der Bibel steht doch, dass Gott Jesus von den Toten auferstehen ließ. Ich glaube, dass das auch bei uns passiert. Irgendwie sind wir dann immer bei Gott, und es geht uns gut.

> Ich denke nicht, dass mit dem Tod alles aus ist. Ich glaube, dass ich nach dem Tod irgendwie anders weiterleben werde.

5. Hast du mit anderen (Eltern, Großeltern, Geschwister, Freunde, Freundinnen) über dieses Thema gesprochen? Wie denken die darüber?
6. Was könnten Gründe dafür sein, dass Menschen sehr häufig über den Tod nachdenken, aber kaum mit anderen darüber sprechen?
7. Kennt ihr Songs oder Songtexte, die sich mit dem Thema „Tod" beschäftigen? Wie gehen sie jeweils mit diesem Thema um?

Wenn ich noch ein Jahr zu leben hätte

> Ich würde keinem etwas davon sagen. Aber ich würde allen Leuten die Meinung sagen, wo ich mich bisher nicht so getraut habe. Die würden sich noch wundern!

> Alles, was mir bisher wichtig war, wäre auf einmal unwichtig, z. B. Schule, Streit mit Eltern oder Freunden, gute Ausbildung ... Ich würde nachdenken darüber, was nach dem Tod kommt und ob es Gott gibt. Ich würde mir wahrscheinlich Menschen suchen, die mir dabei helfen könnten. Sonst denkt man ja nicht so über den Tod nach. Man lebt halt so vor sich hin.

> Ich würde sofort mit der Schule aufhören, einen Kredit aufnehmen und eine Weltreise machen, nach Kanada, Hawaii, Australien, in die Südsee. Ich würde mir alles Schöne auf der Welt ansehen. Dann würde ich wiederkommen und ein riesiges Abschiedsfest für alle meine Freundinnen und Freunde geben.

> Ich glaube, ich würde öfters in die Kirche gehen. Ich würde ganz arg beten und viel Gutes tun. Ich würde alles machen, damit ich nach dem Tod in den Himmel komme.

1. Du erfährst von deinem Arzt, dass du höchstens noch ein Jahr zu leben hast. Was würdest du in diesem Jahr machen?
2. Die Beschäftigung mit dem Thema Tod hat viel mit unserem Leben zu tun. Was könnten die folgenden beiden Sätze dazu aussagen?

*Herr, lehre uns bedenken,
dass wir sterben müssen,
auf dass wir klug werden.*

 Psalm 90,12

HEUTE ist der erste Tag vom REST meines LEBENS!!!

Du kannst deine noch verbleibende Lebenszeit vor Fernsehen, Video, DVD etc. absitzen oder verschlafen oder mit langweiligem Kram vergeuden.
Dann wundere dich aber nicht, wenn du dich eines Tages erstaunt fragst: „Was, das soll alles gewesen sein?"
Du kannst mit deiner Zeit aber auch das tun, was du gern machst und was du für sinnvoll hältst.

3. Sammelt Beispiele dafür, wie ihr euer Leben verbringen könnt, damit ihr am Ende, wenn ihr zurückblickt, sagen könnt: „Ich habe all das gemacht, was ich mit meinem Leben erreichen wollte."

Tod – natürliches Ereignis oder Handeln Gottes?

Erhard Milch
Generalfeldmarschall
geboren am 30.3.1892
gestorben am 25.1.1972
meldet sich ab.
Die Beisetzung hat auf
Wunsch des Verstorbenen
in aller Stille stattgefunden.

Unser geliebter

Walter

ist nicht mehr.

Seit gestern.
Er wollte nur schnell seine Freundin nach Hause bringen.
Mit seinem frisierten Corsa.
Er wollte ihr mit seinen 18 Jahren und 90 PS nur
ein wenig imponieren.
In einer unübersichtlichen Kurve.
Als Mann und Draufgänger.
Er ging drauf dabei.
Deswegen haben wir zu beklagen:
Sein Leben.
Das seiner Freundin.
Und das von vier Personen, die im entgegenkommenden
Fahrzeug saßen:
Ein Ehepaar, der Mann 46, die Frau 42, Eltern von vier
Kindern, und die Mitfahrer, ein kinderloses Ehepaar (44).

Von Kranzspenden bitten wir abzusehen, da sich Vorfälle
dieser Art etwa fünftausend Mal pro Jahr ereignen.

Die trauernden Hinterbliebenen

† † †

Unsere liebe Mutter, Schwiegermutter,
Oma und Uroma

Lydia Zapper
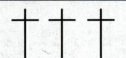
geborene Yndra

ist im Alter von 96 Jahren in die Ewigkeit
abberufen worden.
Die Angehörigen:
*Manfred und Anneliese Zapper
Siegfried und Hedwig Zapper
Ursula und Karl Helm
Susanne mit Chiara
Ingeborg und Normann mit Kevin
Markus und Elke mit Diana und Steffen*

1. Untersucht anhand der Todesanzeigen und Grabsteine die Einstellungen der Menschen zu Tod und Hoffnung:
   a) Gibt es Besonderheiten oder Auffälliges?
   b) Wo erfährt man etwas über die Todesursache oder über die besonderen Umstände des Todes?
   c) Wo erfährt man etwas über das Leben und den Charakter des Verstorbenen?
   d) Werden Symbole dargestellt? Wenn ja, welche und was bedeuten sie?
   e) Gibt es einen Spruch oder ein Gedicht? Was sind die Hauptaussagen darin?
   f) Mit welcher Redewendung wird zum Ausdruck gebracht, dass ein Mensch gestorben ist? Welche Einstellung zum Tod und zum Sterben kommt darin zum Ausdruck?
   g) Wo gibt es Formulierungen oder Symbole, die die Hoffnung auf ein Leben nach dem Tod ausdrücken?

Der HERR hat's gegeben,
der HERR hat's genommen,
der Name des HERRN sei gelobt.
(Hiob 1,21)

Plötzlich und unerwartet hat Gott meinen lieben Mann, unseren lieben Vater und Großvater

Karl-Heinz Nüssel

im Alter von 56 Jahren zu sich genommen.

Heidrun Nüssel
Thomas und Karin mit Jessica
Corinna
Michael

Thomas »Krümel«
21. April 1986 – 5. Mai 2004
Scheiß Motorrad!
Mach's gut, Alter!
Olli

Jesus Christus spricht:
Ich bin die Auferstehung und das Leben. Wer an mich glaubt, der wird leben, auch wenn er stirbt; und wer da lebt und glaubt an mich, der wird nimmermehr sterben.
Johannes 11, 25–26

Karl Ludwig
19.1.1929 – 15.2.2005

Gott hat ihn nach langer, schwerer Krankheit von seinem Leiden erlöst. Er darf nun schauen, was er geglaubt hat.

Lina Ludwig
Martina und Stefan mit Marlen

---

2. Ordnet in einer Tabelle die verschiedenen Redewendungen und Symbole den beiden Verstehensmöglichkeiten im Kasten rechts zu.

3. Gestalte in deinem Heft eine Todesanzeige oder einen Grabstein so, dass deine Einstellung bzw. deine Hoffnung zum Thema Tod und Sterben zum Ausdruck kommt.

4. Besucht gemeinsam einen Friedhof. Bearbeitet dabei auf einem Arbeitsblatt folgende Fragen:
   a) Was macht diesen Ort anders?
   b) Das gefällt mir:
   c) Das gefällt mir nicht:
   d) Das ist mir besonders aufgefallen:
   e) Diese Symbole habe ich auf den Grabsteinen entdeckt:
   f) Diese Inschrift ist mir besonders aufgefallen:
   g) Dieses Grab hat mir am besten gefallen:

Hinter diesen Redewendungen und Aussagen, so verschieden sie sind, stehen im Grunde zwei verschiedene Möglichkeiten (Weltanschauungen), den Tod zu verstehen:

• Tod als natürliches, biologisches oder schicksalhaftes Ereignis

• Tod als göttliches Handeln.

Verschiedene Vorstellungen vom Tod und dem Leben danach

Griechischer Glaube

Leib und Seele sind zweierlei. Der Leib verwest, die Seele ist unsterblich. Sie lebt als Schatten im Todesreich (Hades) weiter.

Indischer Glaube

Erfolgreiches Jagen war lebensnotwendig. Man stellte sich das Leben nach dem Tod deshalb in Ewigen Jagdgründen vor, wo es nie an Tieren und frischem Wasser mangelt.

Mein Glaube?

Jüdischer Glaube

Mit dem Tod des Körpers ist die Existenz eines Menschen nicht zu Ende. Die Seele ist unsterblich. Es gibt ein Paradies (Garten Eden) und eine leibliche Auferstehung der Toten zu einem unbestimmten Zeitpunkt.

Germanischer Glaube

Da die Menschen viel Zeit auf dem Rücken von Pferden verbrachten, stellte man sich vor, dass man auch im Totenreich ein Pferd braucht. Der Tote wurde deshalb zusammen mit seinem Pferd beerdigt.

Glaube der Hindus

Die Seele erscheint nach dem Tod in einem anderen Lebewesen (Seelenwanderung). Hat der Verstorbene ein gutes Leben geführt, wird er als Mitglied einer höheren Kaste geboren. Andernfalls steigt er ab, unter Umständen bis zum Wurm oder Insekt.

Glaube der Wikinger

Entsprechend den Lebensgewohnheiten stellte man sich ein Totenreich vor, in dem Wasser und Schiffe ein große Rolle spielen. Die Toten wurden deshalb in Booten ausgesetzt und dem Meer übergeben.

Glaube im Buddhismus

Der Mensch muss wiedergeboren werden, um immer weniger Wünsche und Begierden zu haben. Nur durch Entsagung kann der Mensch Zufriedenheit und Glück erlangen und zur höchsten Erlösung, dem Nirwana, vordringen.

Islamischer Glaube

Das Leben geht für die gesamte menschliche Persönlichkeit nach dem Tod auf einer anderen Ebene weiter. Maßstab dafür, ob ich schnell über die Brücke des Todes gehen kann oder zu den Verdammten abstürze, ist die Befolgung der fünf Säulen bzw. Pflichten dieser Religion.

Ägyptischer Glaube

Die wahre Existenz beginnt erst nach dem Tod. Damit der Verstorbene die Reise in das Reich der Toten unbeschadet übersteht, wird der tote Körper als haltbare Mumie präpariert. Verschiedene Grabgaben wie z.B. Nahrung, Waffen, Haushaltsgeräte und Schmuck, sollen dem Verstorbenen die Reise erleichtern (Totenkult).

1. Ordnet den Überschriften und Texten die jeweils richtigen Symbole zu.
2. Übertrage die Symbole in dein Heft und schreibe jeweils einen erklärenden Satz dazu.

Religion	Bild	Erklärung
Griechischer Glaube		

Vier aktuelle Positionen zum Thema „Tod und Leben danach"

Wenn man sich mit Menschen über das Thema „Tod und wie es danach weitergeht" unterhält, kann man vor allem vier Positionen unterscheiden:

1. Der Körper zerfällt, die Seele ist unsterblich. In ihrem irdischen Dasein war die Seele im Körper wie in einem Gefängnis eingekerkert. Der Tod macht sie nun frei und führt sie in die Ewigkeit einer körperlosen oder göttlichen Welt.

2. Ein Leben nach dem Tod gibt es nicht. Der Tod ist das natürliche und unwiderrufliche Ende eines jeden Menschen. Ein Weiterleben, wenn man das überhaupt so sagen kann, findet höchstens in der Erinnerung bei anderen Menschen statt.

3. Da der Tod alle unsere Lebensbeziehungen abbricht, sind wir erfüllt von Angst, Zorn und Trauer. Weil Jesus Christus für uns gestorben und auferstanden ist, gibt es aber auch für uns die Hoffnung auf Auferstehung und Überwindung des Todes.

4. Die Seele existiert unabhängig vom Körper. Im Tod verlässt die Seele ihre vergängliche Hülle und findet auf Erden einen neuen Körper. Diese „Reinkarnationen" ermöglichen die Vervollkommnung des Einzelnen und damit auch der gesamten Menschheit.

Nach Hartmut Rupp

3. Was haltet ihr von diesen vier Positionen?
4. Welche Position steht dir nahe, welche eher nicht? Begründe deine Einstellung.
5. Was ist deine eigene Position zum Thema „Tod und Leben danach"? Formuliere einen kurzen Text zu deinen Vorstellungen. Welches Bild könnte deine Vorstellung verdeutlichen?

Die christliche Auferstehungshoffnung

Gibt es eine Hoffnung über den Tod hinaus?

Nach einer kurzen, aber schweren Krankheit ist Tinas Mutter mit 42 Jahren gestorben. Tina (16 J.) ist völlig verzweifelt. Sie hatte allein mit ihrer Mutter gelebt und weiß nun nicht, wie es weitergehen soll. Sie weint oft und will mit niemandem reden. Sie kann nicht glauben, dass ihre Mutter plötzlich nicht mehr da ist, dass sie sie nie mehr wiedersehen wird. Wenn nach dem Tod nun alles vorbei ist, so überlegt sie, was hat denn das alles dann für einen Sinn? Wozu sollte man arbeiten, heiraten, Kinder kriegen?
Jesus fällt ihr ein. Der soll doch auferstanden sein, so jedenfalls hieß es im Religionsunterricht. „Und darum können auch wir auf eine Auferstehung hoffen", hatte der Religionslehrer gesagt. Tina hat da große Zweifel. Wie sollte das denn gehen? Würde ihre Mutter auch wie Jesus das Grab verlassen und plötzlich wieder bei ihr im Wohnzimmer stehen? Schon der Gedanke daran war lächerlich!
Tina erinnert sich, dass auch im Konfirmandenunterricht über Tod und Auferstehung gesprochen worden war. Damals hatte sie nur mit halbem Ohr zugehört, weil es sie nicht interessierte. Jetzt macht sich Tina viele Gedanken darüber: Was passiert, wenn man tot ist?
Gibt es ein Weiterleben nach dem Tod?
Wie sollte das denn aussehen?
Tina entschließt sich, den Pfarrer zu fragen. Als sie schließlich in seinem Arbeitszimmer sitzt, bringt sie nur stotternd ihre Fragen vor. Der Pfarrer hört aufmerksam zu. Nach einer Weile sagt er: „Du stellst eine ganz wichtige Frage, die die meisten Menschen irgendwann in ihrem Leben beschäftigt. Einige besprechen dies dann auch mit mir. Ich begegne dabei ganz unterschiedlichen Einstellungen: Manche denken, dass es kein Leben nach dem Tod geben kann. Andere glauben, dass es ein Weiterleben nach dem Tod in der Erinnerung gibt. Sie gehen davon aus, dass der Mensch zwar stirbt, dass er aber im Gedächtnis der Angehörigen und Freunde weiterlebt. Wieder andere sind der Meinung, dass der Gestorbene Teil der Natur wird und in der Natur weiterlebt. Manche stellen sich auch eine Seelenwanderung vor, bei der die menschliche Seele immer wieder einen neuen Körper findet. Ich als Christ glaube jedoch, dass es nach dem Tod die Auferstehung und ein Leben bei Gott gibt. So wie Jesus auferstanden ist und damit gezeigt hat, dass Gott über Leben und Tod herrscht, so werden eines Tages alle Men-

schen auferstehen. Wann das sein wird und wie wir uns die Auferstehung vorzustellen haben, das wissen wir jedoch nicht. Dass Jesus tatsächlich auferstanden ist, dafür gibt es in der Bibel viele Hinweise und Augenzeugen, vor allem die, die der Apostel Paulus in seinem ersten Brief an die Korinther aufzählt."

Hier unterbricht Tina den Pfarrer: „Sie glauben also, dass auch meine Mutter auferstehen wird?" Der Pfarrer nickt. „Ganz bestimmt glaube ich das. Genauso wie du und ich nach unserem Tod auferstehen werden. Dann wird ein ganz neues, ein für uns unvorstellbares Leben beginnen."

Als Tina dies gehört hat, geht sie zwar nachdenklich, aber doch irgendwie getröstet und zuversichtlich nach Hause. Wenn man das so sieht, könnte ihr Leben – trotz des Todes der Mutter – vielleicht doch einen Sinn haben.

1. Der Pfarrer nennt verschiedene Möglichkeiten, wie Menschen sich ein Leben nach dem Tod vorstellen. Welche sind das?
2. Die Antwort des Pfarrers macht deutlich, woran Christen glauben. Fasst diese christliche Auferstehungshoffnung kurz zusammen.
3. Warum geht Tina trotz des Todes ihrer Mutter zuversichtlich nach Hause?

Der Apostel Paulus bezeugt die Auferstehung von Jesus

In einem Brief an die Gemeinde in Korinth nennt Paulus Augenzeugen für die Auferstehung Jesu (1. Korinther 15,3–8). Dieser Text ist ein Glaubensbekenntnis:

4. Ordnet die Satzteile richtig zusammen und übertragt den Text in euer Heft.

- Darauf hat er sich Petrus gezeigt, dann dem ganzen Kreis der Jünger.
- Er wurde begraben.
- Ganz zuletzt aber ist er auch mir erschienen, obwohl ich das am allerwenigsten verdient hatte.
- Und am dritten Tag ist er vom Tod auferstanden, wie es in den heiligen Schriften vorausgesagt war.
- Christus ist für unsere Sünden gestorben, wie es in den heiligen Schriften vorausgesagt war.
- Später sahen ihn über 500 Brüder auf einmal. Einige sind inzwischen gestorben. Aber die meisten leben noch.
- Dann erschien er Jakobus und schließlich allen Aposteln.

5. Welche Aussagen macht Paulus über Jesus Christus? Versucht vier zentrale Sätze zu formulieren.
6. Wer ist laut Paulus dem auferstandenen Jesus begegnet?

> **Die christliche Auferstehungshoffnung**
> 1. Jesus Christus hat den Tod überwunden. Er ist gestorben und vom Tod wieder auferstanden.
> 2. Christen glauben, dass sie wie Jesus Christus auferstehen.
> 3. Christen glauben, dass es ein neues Leben ohne Sterben und Tod geben wird.
> 4. Über den Zeitpunkt und die Art des neuen Lebens können Menschen keine Aussagen machen.

Bilder für die Auferstehung

Die Geschichte von den zwei Knaben

Es geschah, dass in einem Schoß Zwillingsbrüder empfangen wurden. Die Wochen vergingen und die Knaben wuchsen heran. In dem Maß, in dem ihr Bewusstsein wuchs, stieg die Freude: „Sag, ist es nicht wunderbar, dass wir empfangen wurden? Ist es nicht wunderbar, dass wir leben?!"
Die Zwillinge begannen ihre Welt zu entdecken. Als sie aber die Schnur fanden, die sie mit ihrer Mutter verband und die ihnen die Nahrung gab, da sangen sie vor Freude: „Wie groß ist die Liebe unserer Mutter, dass sie ihr eigenes Leben mit uns teilt!"
Als aber die Wochen vergingen und schließlich zu Monaten wurden, merkten sie plötzlich, wie sehr sie sich verändert hatten. „Was soll das heißen?", fragte der eine. „Das heißt", antwortete der andere, „dass unser Aufenthalt in dieser Welt bald seinem Ende zugeht." „Aber ich will gar nicht gehen", erwiderte der eine, „ich möchte für immer hier bleiben."
„Wir haben keine andere Wahl", entgegnete der andere, „aber vielleicht gibt es ein Leben nach der Geburt!"
„Wie könnte dies sein?", fragte zweifelnd der erste, „wir werden unsere Lebensschnur verlieren, und wie sollten wir ohne sie leben können? Und außerdem haben andere vor uns diesen Schoß hier verlassen, und niemand von ihnen ist zurückgekommen und hat uns gesagt, dass es ein Leben nach der Geburt gibt. Nein, die Geburt ist das Ende!"
So fiel der eine von ihnen in tiefen Kummer und sagte: „Wenn die Empfängnis mit der Geburt endet, welchen Sinn hat dann das Leben im Schoß? Es ist sinnlos. Womöglich gibt es gar keine Mutter hinter allem." „Aber sie muss doch existieren", protestierte der andere, „wie sollten wir sonst hierher gekommen sein? Und wie könnten wir am Leben bleiben?"
„Hast du je unsere Mutter gesehen?", fragte der eine. „Womöglich lebt sie nur in unserer Vorstellung. Wir haben sie uns erdacht, weil wir dadurch unser Leben besser verstehen können."
Und so waren die letzten Tage im Schoß der Mutter gefüllt mit vielen Fragen und großer Angst.
Schließlich kam der Moment der Geburt. Als die Zwillinge ihre Welt verlassen hatten, öffneten sie ihre Augen. Sie schrien. Was sie sahen, übertraf ihre kühnsten Träume.

Klaus Berger

1. „Auferstehung" oder „auferstehen" kann man sich schwer vorstellen. Noch schwerer ist es, dies mit Worten zu beschreiben. Die Geschichte von den zwei Knaben versucht diese Vorstellung von Auferstehung in einem Bild-Wort zu fassen. Erklärt die Geschichte.

2. Mit welchem Ereignis in unserem Leben kann man die Geburt der Zwillinge vergleichen?

3. Vieles von dem, was die Zwillinge vor ihrer Geburt denken und fühlen, kann man mit unseren Gedanken, Zweifeln und Hoffnungen zu Tod und Sterben vergleichen. Übertragt die Gedanken der Zwillinge auf unsere Vorstellungen.

4. Inwiefern kann diese Geschichte uns Hoffnung und Zuversicht vermitteln, wenn wir über Sterben und Tod nachdenken?

5. Auch die Bilder auf dieser Doppelseite sagen etwas über Tod und Auferstehung aus. Deutet diese.

Sterbehilfe – Euthanasie

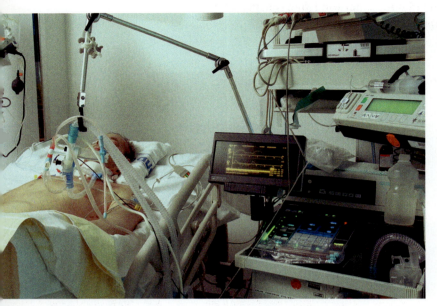

Ein 38-jähriger Versicherungskaufmann leidet immer wieder und immer öfter unter schlimmen Angstzuständen und heftigen Depressionen. Er kann seinen Beruf nicht mehr richtig ausüben und auch seine Freunde ziehen sich immer mehr von ihm zurück. In einer akuten Depressionsphase sucht er seinen Hausarzt auf und bittet ihn um Tipps, wie ein Selbstmord sicher und schmerzfrei auszuführen sei.

Harry M. (18 J.) hatte einen schweren Autounfall. Nicht angeschnallt war er mit hoher Geschwindigkeit gegen einen Brückenpfeiler geprallt. Als er nach fünf Tagen wieder zu Bewusstsein kommt, hat er Lähmungserscheinungen, die immer schlimmer werden. Sein Mund ist schon schief. Rechtsseitig ist er ganz gelähmt. Die Bewegungsfähigkeit des linken Beins lässt immer mehr nach, trotz täglicher Krankengymnastik. Er weiß, dass er seine Gesichtsmuskeln nicht mehr unter Kontrolle hat, sein Speichel tropft ständig. Er kann nicht mehr selbstständig essen. Es gibt keine Aussicht auf Besserung. Für Harry hat das Leben so keinen Sinn mehr. Er bittet den Arzt, ihm eine Spritze zu geben, die den Tod herbeiführt.

Ein 67-jähriger Patient hat Leberkrebs, Metastasen in der Lunge und wird künstlich beatmet. Der Patient, der bei vollem Bewusstsein ist, will so nicht mehr weiterleben. Er drängt seinen Arzt, das Beatmungsgerät abzuschalten. Der Arzt ist unsicher. Schließlich hat er einen Eid geleistet, dass für ihn als Arzt die Pflicht zur Erhaltung des Lebens über alles andere geht.

Eine 59-jährige Patientin hat Dickdarmkrebs im Endstadium. Es gibt keine Hoffnung mehr. Sie leidet unter starken Schmerzen. Der Arzt überlegt, ob er die Morphiumdosis gegen die Schmerzen erhöhen soll. Die Patientin könnte dann allerdings vorzeitig sterben.

Ein Arzt findet bei einem Routinebesuch **eine 78-jährige schwerkranke Patientin** bewusstlos auf. Neben ihr liegt ein Zettel, auf dem sie mitteilt, dass sie Tabletten genommen hat, um zu sterben. Sie bittet nichts zu ihrer Rettung zu tun und sie in Ruhe sterben zu lassen.

1. Stell dir vor, du bist jeweils der Arzt bzw. die Ärztin. Wie würdest du dich in den einzelnen Fällen entscheiden? Begründe deine Entscheidung.

Aktive Sterbehilfe
Aktive Sterbehilfe bedeutet die bewusste und gezielte Lebensverkürzung bei einem Sterbenden oder auch bei einem schwerstkranken Menschen, wenn dieser es verlangt. Es geschieht z. B. durch die Verabreichung einer tödlichen Spritze oder Infusion. Strafrechtlich handelt es sich dabei immer um eine – rechtswidrige – Tötung auf Verlangen (§ 216 StGB).

Indirekte Sterbehilfe
Bei indirekter Sterbehilfe werden einem Sterbenden Schmerzmittel verabreicht, die zwar die Schmerzen lindern, bei denen aber auch eine Verkürzung des Lebens als Nebenwirkung bewusst in Kauf genommen wird. Strafrechtlich kann dies, je nachdem wie gezielt die Nebenwirkung einkalkuliert wird, als vorsätzliche Tötung (§ 211 StGB) gewertet werden.

Passive Sterbehilfe
Passive Sterbehilfe meint den Verzicht auf lebensverlängernde Maßnahmen bei Sterbenden, aber auch bei Menschen, die nicht notwendig sterben, wie z. B. Koma-Patienten oder Querschnittsgelähmten mit Atemlähmung. Wenn dies gegen den Willen des Patienten erfolgt, ist es rechtlich als unterlassene Hilfeleistung (§ 323 StGB) oder als Tötung durch Unterlassung (§ 211 StGB) zu werten.

Euthanasie
Für „Sterbehilfe" gibt es auch die Bezeichnung „Euthanasie". Das Wort „Euthanasie" kommt aus dem Griechischen und bedeutet „schönes Sterben". Die Nationalsozialisten missbrauchten diesen Begriff als Tarnbezeichnung für den Massenmord an geistig und körperlich Behinderten.

1. Welche drei Arten von Sterbehilfe kann man unterscheiden? Übertragt die Definitionen in euer Heft.
2. Wie sind diese Arten jeweils strafrechtlich zu bewerten?
3. Um welche Art der Sterbehilfe geht es bei den Fallbeispielen auf S. 94 jeweils?
4. Vergleicht eure Entscheidungen zu den Fallbeispielen. Mit welchen strafrechtlichen Konsequenzen hättet ihr jeweils zu rechnen?
5. Was bedeutet Euthanasie? Warum ist dieser Begriff in Deutschland vorbelastet?
6. Diskutiert folgende Fragestellungen:
   a) Darf ein Arzt auf eine lebensverlängernde Maßnahme, wie z.B. künstliche Beatmung oder künstliche Ernährung, verzichten, um den Tod nicht unnötig hinauszuschieben?
   b) Darf ein Arzt einem unheilbar Kranken eine tödliche Spritze geben, wenn es der Kranke verlangt? Oder wenn ein Angehöriger oder jemand anders es verlangt?
   c) Darf ein Arzt einem unheilbar Kranken ein schmerzlinderndes Mittel geben, wenn er weiß, dass dieses Mittel das Leben verkürzen kann?
   d) Muss ein Arzt um jeden Preis Leben verlängern?
   e) Darf man schwerstbehinderte Menschen, die sich selbst nicht mehr äußern können, auf den Wunsch der Angehörigen hin töten?
7. „Wenn aktive Sterbehilfe erlaubt werden würde, wo wären dann die Grenzen zwischen Sterbehilfe und Mord? Die Grenzen würden sich schnell verschieben. Zunächst ist es die arme Oma, die mit einem Schlaganfall im Bett liegt, dann vielleicht der Opa, den man mit 60 sterben lässt. Dem Missbrauch würde Tür und Tor geöffnet." Was meint ihr zu dieser Befürchtung?

Nach christlichem Verständnis ist das Leben des Menschen ein Geschenk Gottes. Nur Gott kann dem Leben ein Ende setzen. Für Christen kommt deshalb eine aktive Sterbehilfe nicht in Frage.
Hinter dem Wunsch zu sterben steckt häufig ein Hilferuf nach mehr menschlicher Nähe. Deshalb geht es bei Sterbehilfe im christlichem Verständnis zunächst und vor allem um helfende Begleitung und nicht um die Beendigung eines körperlichen Schmerzes.

Der Weg Jesu

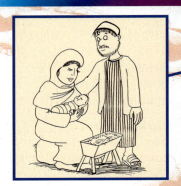

a Jesus will mit seinen Jüngern in Jerusalem das Passafest feiern. Wie ein König wird er von den Menschen in Jerusalem begrüßt.

b Jesus wird im Jordan von Johannes dem Täufer getauft.

c Jesus wird in Bethlehem geboren.

d Jesus wird wegen Gotteslästerung und politischem Aufruhr gefangengenommen und zum Tode verurteilt.

e Jesus ist Wanderprediger. Durch Worte und Taten erzählt Jesus den Menschen von Gott.

f Jesus wächst in Nazareth auf.

g Bei der Hochzeit in Kana tritt Jesus zum ersten Mal an die Öffentlichkeit.

1. Beschreibt anhand der Stationen den Lebensweg Jesu.
2. Ordnet den Stationen jeweils den passenden Text zu.
3. Schreibt die Lebensstationen Jesu in der richtigen Reihenfolge in euer Heft.

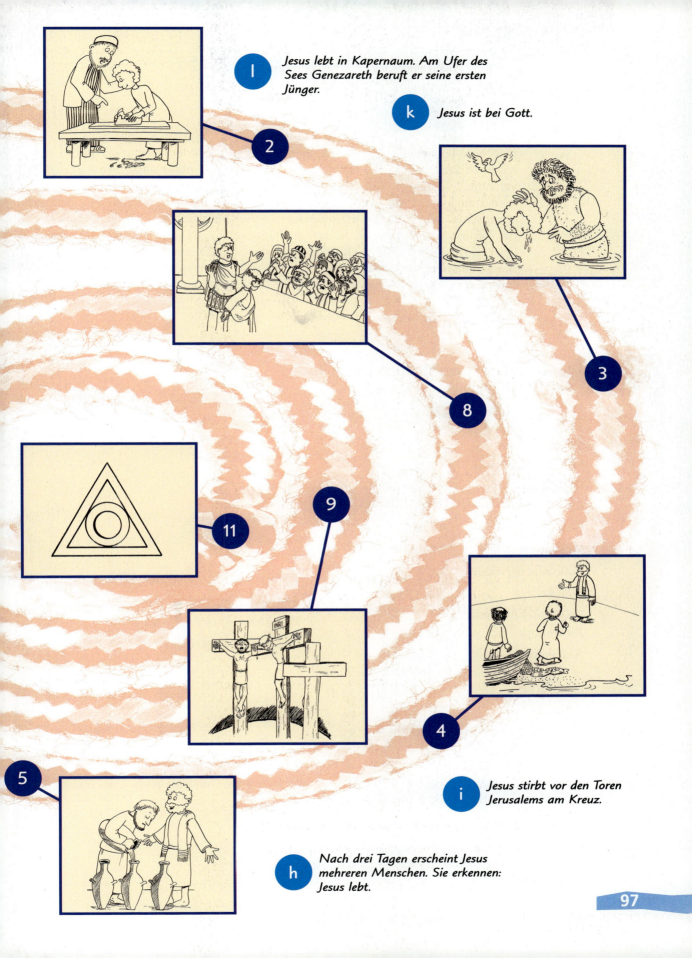

Was wissen wir über Jesus?

Vier Evangelien berichten von Jesus

Das Neue Testament berichtet uns über Jesus. Jesus hat selbst nichts Schriftliches hinterlassen. Seine Worte, Geschichten und Taten sind erst später von seinen Anhängern gesammelt und aufgeschrieben worden. Der Evangelist **Markus** hat sie dann um das Jahr 70 zum ersten Mal in einem fortlaufenden Bericht, einem Evangelium (griechisch *eu-angelion* = Gute Nachricht) zusammengestellt. **Matthäus** (80 n.Chr.) und **Lukas** (90 n. Chr.) erweitern das Markusevangelium unabhängig voneinander durch zusätzliche Worte und Taten Jesu. Das **Johannes**evangelium ist um das Jahr 100 n.Chr. entstanden und eine ganz selbstständige Fassung. Vor allem im Johannesevangelium stehen auch Worte, die das, was Jesus gewollt hat, zusammengefasst haben.

1. Erstellt eine Zeitleiste zur Entstehung der Evangelien.

„Personalbogen" von Jesus

Name:	Mk 1,9	**Wie er sonst noch genannt wurde:**	Mk 7,28; 8,27 ff.; 14,61–62; Mt 27, 11+29; Lk 23,38
Geburtsdatum:	Lk 2,1–4; Mt 2,1		
Geburtsort:	Mt 2,1	**Verhaftet durch:**	Mk 14,43–44
Eltern:	Mt 1,18	**Verurteilt von:**	Mk 15,15
Geschwister:	Mk 6,3	**Gründe für die Verurteilung:**	Mk 15,26; Mt 26, 65–66; Lk 23,14
Heimatort:	Mk 6,1–3		
Volkszugehörigkeit:	Lk 23,38	**Todestag:**	Mk 15,42
Tätigkeit:	Mk 1,39; 4,34	**Todesart:**	Mk 15,24+37
Beginn des öffentlichen Auftretens:	Lk 3,23	**Hinrichtungsort:**	Mt 27,33
Anhänger:	Mk 3,16–19; Lk 6,14–16; 8,1–3	**Ereignisse nach seinem Tod:**	Mk 16,1–8
Gegner:	Mk 2,6–7; 2,16; 3,2 ff.; Mt 16,1 ff.		

2. Erstellt mit Hilfe der angegebenen Bibelstellen aus den Evangelien einen „Personalbogen" für Jesus.

Bilder von Jesus

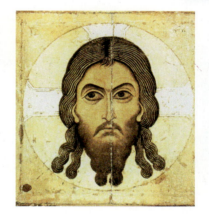

1. Warum gibt es so viele verschiedene Jesus-Bilder?
2. Was wollten die Künstler mit den einzelnen Bildern wohl über Jesus sagen?
3. Welches Bild von Jesus gefällt dir am besten? Begründe deine Wahl.

Aussagen über Jesus

Jesus hat Liebe gepredigt.

Bei Jesus fühle ich mich geborgen.

Jesus hat vielleicht gelebt, aber für heute hat er keine Bedeutung.

Jesus leidet mit denen, die gequält werden.

Jesus tröstet mit seiner Botschaft die Leidenden und Unterdrückten aller Völker und Rassen.

Jesus war ein Mensch wie wir, deshalb kann er uns verstehen.

Was Jesus gelehrt hat, verändert die Welt.

Jesus ist gescheitert, da die Menschen nicht nach seinen Vorstellungen leben.

4. Welchen Aussagen kannst du zustimmen, welchen eher nicht? Warum?
5. Ordnet die Bilder den einzelnen Aussagen zu.

Jesus wird getauft

Johannes der Täufer

Die Römer und ihre jüdischen Helfer mussten ständig auf der Hut sein vor Aufrührern, vor allem wenn das Volk in diesen Führern den von Gott verheißenen Messias sah.

Um die Jahre 27/28 n.Chr. kam ein solcher Aufrührer aus der Wüste an den Jordan. Er trug ein Fell aus Kamelhaar und ernährte sich von Heuschrecken und wildem Honig. Radikal waren seine Sprache und seine Botschaft, alle rief er auf zur Umkehr: Arme und Reiche, Fromme und Gottlose, Mächtige und Ohnmächtige. Er predigte: „Tut Buße, denn das Himmelreich, d. h. die Zeit Gottes, ist nahe herbeigekommen!" Johannes sammelte eine feste Schar von Anhängern um sich, die nach ihrer Taufe streng nach seinen Forderungen lebten.

Jesu Taufe

Undesbegabsichzuderzeitdassjesusausnazarethingaliläakamundließsichtaufenvonjohannesimjordanundalsbaldalserausdemwasserstiegsaherdasssichderhimmelauftatunddergeistwieeinetaubeherabkamaufihnunddageschaheinestimmevomhimmeldubistmeinliebersohnandirhabeichwohlgefallen.

Markus 1,9–11

1. Lies den Text.
2. Schreibe ihn in korrekter Rechtschreibung und mit Satzzeichen in dein Heft.
3. Beschreibe das Geschehen am Jordan mit deinen eigenen Worten.
4. Was bedeutet „Sohn Gottes"?
   a) Gott nimmt Maria und Josef ihren Sohn weg.
   b) Jesus darf sich ab jetzt nicht mehr so viel erlauben, weil Gott besonders auf ihn achtet.
   c) Jesus ist eng mit Gott verbunden und zeigt durch sein Leben den Menschen, wie Gott ist.
   d) Gott gibt sich als der leibliche Vater von Jesus zu erkennen.
   e) Jesus ist sowohl der Sohn von Maria und Josef, als auch der Sohn Gottes.

5. Worin unterscheiden sich die beiden Texte von dem Bild? Worin stimmen sie überein? Was könnten die Gründe dafür gewesen sein, dass der Maler von dem biblischen Text abgewichen ist?

6. Was bedeutet es, „dass sich der Himmel auftat"?

7. Warum fügte der Maler einen Engel ein?

8. Wer von euch weiß etwas über seine eigene Taufe? Wisst ihr, warum euch eure Eltern taufen ließen, oder warum nicht?

9. Wie unterscheiden sich heutige Taufen von der Taufe Jesu?

Die neue Botschaft von Jesus

Johannes der Täufer hatte verkündigt: Es ist höchste Zeit für eine radikale Umkehr und Besserung, denn das Reich Gottes ist nahe. Wenn ihr euch nicht bessert, wird Gott euch fürchterlich bestrafen.
Jesus' neue Botschaft dagegen lautet: Gott ist barmherzig. Er liebt die Menschen, auch wenn sie viel Schuld auf sich geladen haben. Er verzeiht ihnen, wenn sie darum bitten. Die Umkehr zu Gott ist wichtig, aber Gott liebt die Menschen auch schon, bevor sie sich gebessert haben, mit all ihren Fehlern. Deshalb müssen die Menschen keine Angst vor Gott haben, sondern sie können sich freuen. Jesus teilt den Menschen also eine frohe Nachricht, d. h. das Evangelium, mit.

10. Worin unterscheidet sich die Botschaft Jesu von der des Johannes?

11. Ordnet die folgenden Aussagen in eurem Heft entweder Jesus oder Johannes zu und ergänzt jeweils eine eigene Aussage:

Jesus erzählt Gleichnisse und vollbringt Wunder

Das Gleichnis von der kostbaren Perle

Wer in das Reich Gottes will, muss handeln wie ein Kaufmann, der auf der Suche nach kostbaren Perlen ist. Er entdeckt eine Perle von unschätzbarem Wert. Deshalb verkauft er alles, was er hat, um sie zu besitzen.

Matthäus 13,45–46

1. Lest das Gleichnis und beschreibt danach die einzelnen Szenen der Bildergeschichte.
2. Was könnte Jesus seinen Zuhörerinnen und Zuhörern mit diesem Gleichnis sagen wollen:
   a) über das Reich Gottes?
   b) darüber, wie man zum Reich Gottes gehören kann?

Jesus spricht vom Reich Gottes in Gleichnissen

Wenn Jesus vom Reich Gottes spricht, erzählt er häufig Gleichnisse. Ein Gleichnis ist eine anschauliche, erfundene Geschichte. In ihr wird ein Vergleich oder ein Bild aus dem gewöhnlichen Alltag der Menschen zu einer Erzählung ausgeweitet, in der oft Außergewöhnliches oder Unerwartetes geschieht. Jesus vergleicht in seinen Gleichnissen oft das unbekannte und kaum vorstellbare Reich Gottes mit etwas Bekanntem, um es verständlich zu machen. Bei allen Gleichnissen gibt es eine Bildhälfte und eine Sachhälfte. Jesus spricht das, was er sagen will, durch ein Bild aus. Die Zuhörer sind eingeladen, das Bild zu deuten. Sie sollen herausfinden, worauf es im Gleichnis ankommt.

1. Warum erzählt Jesus Gleichnisse?
2. Wie spricht Jesus vom Reich Gottes?
3. Woher nimmt Jesus seine Vergleiche und Bilder?
4. Lest die folgenden Gleichnisse und erklärt jeweils die Bild- und die Sachhälfte. Was könnte jeweils die zentrale Aussage sein?

Gleichnis	Zentrale Aussage
Lk 10,29–37 • Vom barmherzigen Samariter	
Mt 18,23–35 • Vom ungerechten Verwalter	
Mt 25,1–13 • Von den zehn Jungfrauen	
Mt 13,24–30 • Vom Unkraut unter dem Weizen	
Lk 15,11–32 • Vom verlorenen Sohn und seinem barmherzigen Vater	
Lk 15,4–7 • Vom verlorenen Schaf	

Jesus Christus

Wundergeschichten von Jesus

1. a) Die Handlung auf diesem Bild vollzieht sich auf einem breiten, diagonalen Mittelstreifen. Beschreibt, was ihr auf dieser Diagonalen seht.
   b) Was könnte die Gestik der einzelnen Personen bedeuten?
   c) Erklärt die Farbsymbolik des Bildes und bedenkt dabei, dass blau für Himmel, Weite, Ferne und für himmlische Bereiche, rot für göttliche Liebe, Gold für Gott, grün, die Farbe der Pflanzenwelt, für Hoffnung steht.

Jesus heilt einen Aussätzigen
Einmal kam ein Aussätziger zu Jesus, fiel vor ihm auf die Knie und bat ihn um Hilfe. „Wenn du willst", sagte er, „kannst du mich gesund machen!" Jesus hatte Mitleid mit ihm, streckte die Hand aus und berührte ihn. „Ich will", sagte er, „sei gesund!" Im selben Augenblick war der Mann von seinem Aussatz befreit.

 Markus 1,40–44

2. Beschreibt das Leben des Aussätzigen vor seiner Heilung. Spielt verschiedene Szenen aus seinem Leben vor der Heilung.

3. Was bewirkt die Heilung des Aussätzigen?

4. Wie verändert sich das Leben des Aussätzigen durch die Heilung? Spielt vergleichbare Szenen aus seinem Leben nach der Heilung.

5. Findet die richtige Überschrift zum entsprechenden Wunderbericht. Wenn nötig, nehmt die nebenstehenden Begriffe zu Hilfe.

   Die Heilung des ... (Mk 5,1–20)
   Die Speisung ... (Mt 14,13–21)
   Die Heilung der ... (Mt 8,14–15)
   Der Gang Jesu ... (Mk 6,45–52)
   Die Heilung eines ... (Mt 8,1–4)
   Die Heilung eines ... (Mt 9,1–8)
   Die Auferweckung ... (Mk 5,21–43)
   Die Heilung eines Mannes ... (Mt 12,9–14)
   Die Heilung von zwei ... (Mt 9,27–31)
   Die Heilung eines ... (Mk 7,31–37)

   Aussätzigen, Taubstummen, am Sabbat, Besessenen von Gerasa, Schwiegermutter des Petrus, Blinden, Gelähmten, der Tochter des Jaïrus, der 5000, auf dem Wasser

   Das Neue Testament berichtet, dass Jesus Wunder tat. Diese Wundergeschichten von Jesus wollen deutlich machen, dass im Reich Gottes, d.h. in der Zeit, die mit Jesus anbricht, unser alltägliches Leben grundlegend anders werden kann. Jesus zeigt uns in seinen Wundern, dass Ängste, Leiden, Krankheiten, ja sogar der Tod, nicht das letzte Wort haben, sondern durch Jesus aufgehoben werden können. Jesus ermöglicht allen Menschen die Hoffnung auf ein neues Leben. Zugleich fordern die Wundergeschichten auf, uns wie Jesus anderen Menschen zuzuwenden.

Jesu Weg in den Tod

Stationen der Leidensgeschichte Jesu:

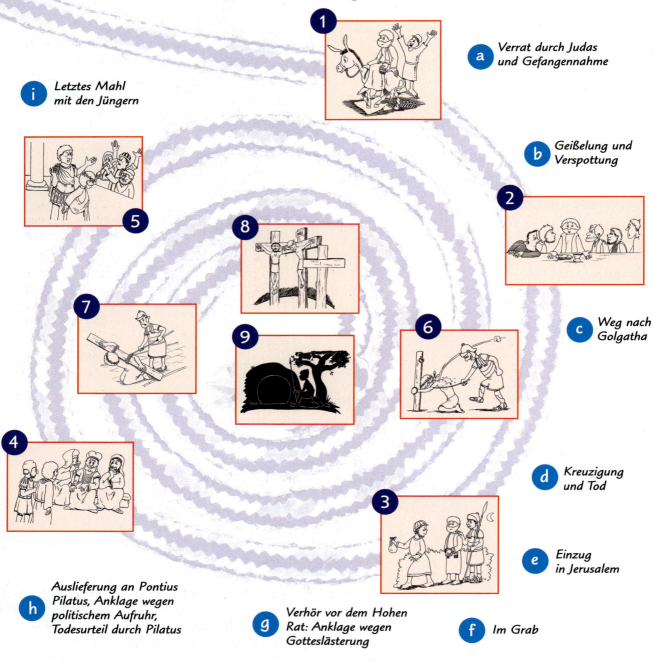

1. Ordnet die Texte den Bildern zu.
2. Erzählt den Leidensweg Jesu anhand der Stationen und übertragt ihn in euer Heft.
3. Was sind die Gründe für die Verhaftung und Verurteilung Jesu?

1. Betrachtet das Bild in Ruhe. Was fällt euch alles auf?
2. Welche Personen oder Personengruppen erkennt ihr?
3. Was entstammt der Realwelt, was einer Fantasiewelt?
4. Welche Farben kommen vor, welche fehlen?
5. Wie sind jeweils Hell und Dunkel verteilt? Sind Lichtquellen erkennbar?
6. Wer oder was steht im Mittelpunkt des Bildes? Wie ist dies hervorgehoben?
7. Was hat das Bild zu bedeuten? Was will der Künstler mit diesem Bild aussagen?
8. Wie gefällt dir das Bild? Was findest du gut, was stört dich?

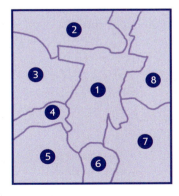

9. Beschreibt die verschiedenen Elemente des Bildes und versucht sie zu deuten.
10. Übertragt die Skizze in euer Heft und ordnet die folgenden Erklärungen den einzelnen Bildelementen zu:

- Die Ahnen, d. h. die Urväter und Urmütter des jüdischen Volkes, z. T. mit Gebetsriemen und Gebetsmantel, schauen erschrocken auf das jüdische Leid.
- Vernichtung jüdischer Siedlungen: Erinnerung an die Pogrome in Russland durch den Zaren und an die Zerstörungen während des spanischen Bürgerkriegs.
- Der gekreuzigte Jesus.
- Zerstörung von Synagogen und jüdischer Geschäfte in der Reichskristallnacht 1938 in Deutschland.
- Juden auf der Flucht mit Flüchtlingsgepäck und Baby. Das Baby kann als Bekenntnis zu neuem Leben gedeutet werden.
- Brennender siebenarmiger Leuchter als Zeichen der Hoffnung und des Trostes.
- Juden auf der Flucht. Das einzige, das sie retten konnten, ist die Tora-Rolle, d. h. ihren Glauben.
- Juden fliehen von dem Ort ihres Leidens und wandern nach Amerika aus.

Neues Leben

Das Grab ist leer: Jesus lebt

Ganz früh am Sonntagmorgen gingen die Frauen mit den Salben, die sie zubereitet hatten, zum Grab. Der Stein, mit dem man es verschlossen hatte, war zur Seite gerollt. Zögernd betraten sie die Grabhöhle. Sie war leer. Verwirrt überlegten sie, was sie jetzt tun sollten. Da traten zwei Männer in glänzend weißen Kleidern zu ihnen. Die Frauen erschraken und wagten nicht, die beiden anzusehen. „Warum sucht ihr den Lebenden bei den Toten?", wurden sie von den Männern gefragt. „Er ist nicht hier; er ist auferstanden! Habt ihr vergessen, was er euch in Galiläa gesagt hat: ‚der Menschensohn muss den Gottlosen ausgeliefert werden. Sie werden ihn kreuzigen, aber am dritten Tag wird er von den Toten auferstehen.'"
Da erinnerten sich die Frauen an diese Worte Jesu. So schnell sie konnten, liefen sie in die Stadt zurück, um den elf Jüngern und den anderen Freunden Jesu zu berichten, was sie erlebt hatten. Zu den Frauen gehörten Maria aus Magdala, Johanna und Maria, die Mutter von Jakobus. Aber den Jüngern erschien das alles so unwahrscheinlich, dass sie den Frauen nicht glaubten.
Nur Petrus sprang auf und lief zum Grab. Als er hineinschaute, fand er außer den Leinentüchern nichts. Nachdenklich ging er in die Stadt zurück.

Lukas 24,1–12

1. Vergleicht die Erzählungen vom leeren Grab in den vier Evangelien.
   a) Bildet vier Arbeitsgruppen und lest jeweils einen der folgenden Bibeltexte:
      • Mt 27,57–28,8 • Mk 15,42–16,9
      • Lk 23,50–24,12 • Joh 19,38–20,9
   b) Beantwortet zu jedem Bibeltext die folgenden Fragen:
      • Wer sorgt für die Bestattung Jesu?
      • Was wird über die Grabstelle gesagt?
      • Wer kommt zuerst zum Grab?
      • Warum kommen die Betreffenden jeweils zum Grab?
      • Was war mit dem Verschlussstein?
      • Was sehen die Besucher bzw. die Besucherinnen am Grab?
      • Welche Aussagen über Jesus werden gemacht?
      • Was tun die Besucher bzw. die Besucherinnen?

2. Vergleicht die Erzählungen anhand der oben genannten Fragen. Worin unterscheiden sich die vier Evangelien, worin stimmen sie überein? Was könnten jeweils Gründe dafür gewesen sein?

Der ungläubige Thomas

An diesem Sonntagabend hatten sich alle Jünger versammelt. Aus Angst vor den Juden ließen sie die Türen fest verschlossen. Plötzlich war Jesus bei ihnen. Er trat in ihre Mitte und grüßte sie: „Friede sei mit euch!" Dann zeigte er ihnen die Wunden in seinen Händen und an seiner Seite. Als die Jünger ihren Herrn sahen, freuten sie sich sehr.

Thomas, einer der zwölf Jünger, war nicht dabei gewesen, als dies geschah. Deshalb erzählten sie ihm: „Wir haben den Herrn gesehen!" Aber Thomas entgegnete zweifelnd: „Das glaube ich erst, wenn ich seine durchbohrten Hände gesehen habe. Mit meinen Fingern will ich sie fühlen und meine Hand will ich in die Wunde an seiner Seite legen. Eher werde ich es nicht glauben."

Acht Tage später hatten sich die Jünger wieder versammelt. Diesmal war Thomas bei ihnen. Und obwohl sie die Türen wieder abgeschlossen hatten, stand Jesus auf einmal in ihrer Mitte und grüßte sie: „Friede sei mit euch!" Dann wandte er sich an Thomas: „Lege deine Finger auf meine durchbohrten Hände! Gib mir deine Hand und lege sie in die Wunde an meiner Seite! Zweifle nicht länger, sondern glaube!" Thomas antwortete nur: „Mein Herr und mein Gott!" Doch Jesus sagte zu ihm: „Du glaubst, weil du mich gesehen hast. Selig sind die, die nicht sehen und trotzdem glauben."

 Johannes 20,24–29

1. Sammelt Gründe, warum Thomas den Bericht der Jünger anzweifelt.
2. Welche Beweise fordert Thomas?
3. Was kann Thomas schließlich überzeugen?
4. Welche Antwort gibt Jesus Thomas, als dieser ihn erkannt hat?
5. Etwas zu glauben, was man nicht sieht – sammelt Beispiele dafür.
6. Es gibt weitere Auferstehungsgeschichten: die Jünger auf dem Weg nach Emmaus (Lukas 24,13–35), die Erscheinung vor allen Jüngern (Lukas 24,36–49), die Erscheinung am See Tiberias (Johannes 21,1–13) und das folgende Gespräch mit Petrus (Johannes 21,15–19). Lest diese Geschichten und arbeitet die Gemeinsamkeiten und die Unterschiede dieser Erzählungen heraus.
7. Durch die Begegnung mit dem auferstandenen Jesus verändert sich das Leben von Maria und das der Jünger völlig. Beschreibt, worin diese Veränderungen bestehen könnten.
8. Auch heute noch kann Jesus das Leben von Menschen verändern. Kennt ihr solche Menschen? Auch in diesem Buch wird von vielen Menschen berichtet, deren Leben durch Jesus verändert wurde. Tragt diese Beispiele zusammen und beschreibt jeweils die Veränderung.

> Die Evangelien berichten übereinstimmend, dass Jesus nicht im Tod geblieben ist, sondern vom Tod auferweckt wurde. Wie das passiert ist, darüber geben sie keine Auskunft, sie berichten nur, dass es passiert ist. Wissenschaftlich kann man dies weder beweisen noch widerlegen. Mit Sicherheit haben die Anhänger Jesu fest daran geglaubt, dass Jesus lebt und dass sie dem Auferstandenen begegnet sind.

Bergpredigt

Jesus spricht Klartext

Ich hätte so gern ein bisschen mehr Geld, damit meine Kinder nicht hungern müssen und ein größeres Haus, damit wir alle darin wohnen können. Kannst du mir da helfen?

Mein Nachbar beleidigt mich immer. Darf ich mich da wehren oder muss ich mir alles gefallen lassen?

Alle Gebote zu kennen und einzuhalten ist so schwer. Gibt es nicht eine einfache Regel, nach der ich leben könnte?

Wie bete ich richtig?

Was muss ich tun, damit ich in das Reich Gottes komme?

Es gab doch schon viele Propheten wie dich. Woran kann man denn die richtigen erkennen?

Ich mache mir große Sorgen um meine Zukunft. Kannst du mir helfen?

Die Römer sind doch die größten Verbrecher hier im Land. Findest du auch, dass wir sie wegjagen sollten?

Ich würde gern auch zu deinen Jüngern gehören. Was muss ich da machen?

Wie geht es im Reich Gottes zu?

1. Worin unterscheiden sich die Fragen der Zeitgenossen Jesu und die Fragen der Menschen heute?

2. Welche Probleme haben die Zeitgenossen Jesu? Welche Probleme haben die Menschen heute mit der Botschaft Jesu?

3. Ihr wisst schon viel von Jesus. Versucht in Kleingruppen die einzelnen Fragen oder Bemerkungen so zu beantworten, wie ihr es von Jesus erwartet.

Der wichtigste Text des Christentums

In einem kleinen Kloster auf der nördlichsten Insel Japans lebte ein religiöser Meister des Buddhismus. Nie hatte er eine Schule besucht, er konnte nicht schreiben und lesen, war aber durch sein meditatives Leben zu großen religiösen Einsichten gelangt. Andere Religionen als den Buddhismus kannte er nicht, bis er einige Mönche über das Christentum reden hörte. Der Lehrer bat einen der Mönche, der studiert hatte, das Christentum zu erläutern. Der Mönch kaufte eine Bibel und übergab sie dem Meister. „Ein dickes Buch", sprach dieser, „lies mir daraus vor!" Der Mönch überlegte lange und las schließlich die Bergpredigt vor. Je mehr er las, umso mehr war der Buddhismus-Lehrer beeindruckt. Nachdem der Mönch zu Ende gelesen hatte, versenkte sich der Meister in Meditation. Nach einer Weile sprach er: „Ich weiß nicht, wer dies aufgeschrieben hat, aber es war ein Erleuchteter, ein Buddha. Was du mir vorgelesen hast, ist der Kern von dem, was ich euch hier beizubringen versuche."

> **Reich Gottes**
> Jesus spricht oft vom Reich Gottes. Er meint damit ein Reich, in dem Gottes Gesetze und Regeln gelten. In diesem Reich gibt es weder Kummer noch Sorgen, weder Armut noch Krankheit. Das Reich Gottes kommt aber nicht erst in der Zukunft oder nach dem Tod, sondern es ist mit Jesus Christus, seinen Worten und Taten bereits bei uns auf der Erde angebrochen. Wenn wir so leben, wie Jesus es uns gezeigt hat, dann tragen wir dazu bei, dass das Reich Gottes sich hier bei uns immer mehr ausbreitet.

Ich bemühe mich, so zu leben, wie du es gesagt hast. Aber es gelingt mir ganz oft nicht. Habe ich trotzdem eine Chance bei dir?

Du hast recht! Deine Forderungen sind die einzig mögliche Antwort auf die Probleme unserer Gegenwart.

Wenn man deine Friedfertigkeit und Gewaltlosigkeit heute leben würde, würde man ausgelacht werden und untergehen.

Kannst du mir einen Menschen nennen, der heute so lebt, wie du es gefordert hast?

Wenn es nach dir geht, müsste das ganze Militär abgeschafft werden. Aber wie sollte man dann Diktatoren und Menschenrechtsverletzungen Einhalt gebieten?

Was du sagst, gilt vielleicht für Pfarrer, normale Menschen können so nicht leben!

1. Der Meister bat den Mönch, ihm aus der Bibel vorzulesen. Was meint ihr, warum wählt der Mönch aus der dicken Bibel mit den vielen Geschichten ausgerechnet die Bergpredigt?
2. Was sagt diese Geschichte über die Bergpredigt aus?
3. Was sagt diese Geschichte über das Verhältnis zwischen Christentum und Buddhismus aus?

> Die Bergpredigt besteht aus einer Sammlung von Worten, die Jesus bei verschiedenen Anlässen gesprochen hat. Der Evangelist Matthäus hat sie zur Bergpredigt zusammengestellt.
>
> In der Bergpredigt verkündet Jesus die neue Ordnung für sein Gottesvolk. Sie ist so etwas wie das Regierungsprogramm von Jesus. Mit der Bergpredigt ermutigt uns Jesus, unser Leben zu verändern und ihm in Worten und Taten „nachzufolgen".

Der Aufbau der Bergpredigt
(Matthäusevangelium, Kapitel 5–7)

- Die neue Gerechtigkeit (Mt 5,21–7,11)
- Die goldene Regel (Mt 7,12)
- Die Aufgabe der Christen in der Welt (Mt 5,13–16)
- Wer sich freuen darf (Mt 5,3–12)
- Den Willen Gottes ernst nehmen (Mt 5,17–20)
- Das Gleichnis vom Hausbau (Mt 7,24–28)
- Vom Handeln nach Gottes Willen (Mt 7,13–23)

Das Evangelium nach Matthäus

Die Bergpredigt

5 ¹ Als Jesus die Menschenmenge sah, stieg er auf einen Berg. Nachdem er sich gesetzt hatte, traten seine Jünger zu ihm. Da redete er zu ihnen und begann sie zu lehren.

Die Seligpreisungen
⁴ Freuen dürfen sich die Traurigen, denn Gott wird sie trösten.
⁵ Freuen dürfen sich die, die auf Gewalt verzichten, denn sie werden die ganze Erde besitzen.
⁶ Glücklich sind die Barmherzigen, denn Gott wird auch mit ihnen barmherzig sein.

Salz der Welt
¹³ Ihr seid das Salz, das die Welt vor dem Verderben bewahrt. Aber so, wie das Salz nutzlos ist, wenn es seine Kraft verliert, so seid auch ihr nutzlos, und man wird über euch hinweggehen, wenn ihr eure Aufgabe in der Welt nicht erfüllt.

Licht der Welt
(14/16b) Ihr seid das Licht, das die Welt erhellt. An euren Taten sollen sie euren Vater im Himmel erkennen und ihn auch ehren.

Gottes Wort gilt
(17/19b) Meint nur nicht, ich bin gekommen, das Gesetz und das, was Gott durch die Propheten gesagt hat, aufzuheben. Im Gegenteil, ich werde beides voll zur Geltung bringen und erfüllen. Wer aber anderen Gottes Gebote weitersagt und sich selbst danach richtet, der wird im Reich Gottes viel bedeuten.

Die Antithesen
(21/22a) Ihr wisst, dass es im Gesetz unserer Vorfahren heißt: „Du sollst nicht morden. Wer einen Mord begeht, soll vor Gericht gestellt werden." Ich aber sage euch: Schon wer auf seinen Bruder oder auf seine Schwester zornig ist, gehört vor Gericht.

In seinen sechs Antithesen setzt sich Jesus mit den damals geltenden Rechtsauffassungen (Thesen) auseinander. Diesen Thesen stellt er seine eigenen anderen Sichtweisen (Antithesen) gegenüber. Diese Antithesen sollen den Willen Gottes im Unterschied zur geltenden Meinung verdeutlichen.

Wertloser Gottesdienst

6 ¹ Hütet euch davor, nur deshalb Gutes zu tun, damit die Leute euch bewundern. So könnt ihr von eurem Vater im Himmel keinen Lohn erwarten.

Wie man beten soll
⁶ Wenn du beten willst, geh in dein Zimmer, schließe die Tür hinter dir zu, und bete zu deinem Vater. Und dein Vater, der selbst deine geheimsten Gedanken kennt, wird dich erhören.

Reichtum, der seinen Wert nicht verliert
¹⁹ Häuft in dieser Welt keine Reichtümer an! Sie verlieren schnell ihren Wert oder werden gestohlen. Sammelt euch vielmehr Schätze im Himmel, die nie ihren Wert verlieren und die kein Dieb mitnehmen kann. Wo nämlich eure Schätze sind, da zieht es euch hin.

Gott gehört der erste Platz
²⁴ Niemand kann gleichzeitig zwei Herren dienen. Wer dem einen richtig dienen will, wird sich um die Wünsche des andern nicht kümmern können.

Sorgt euch nicht
²⁶ Seht die Vögel an! Sie säen nicht, sie ernten nicht und sammeln auch keine Vorräte. Euer Vater im Himmel versorgt sie. Meint ihr nicht, dass er sich um euch noch viel mehr kümmert?

Andere nicht verurteilen

7 ¹ Urteilt nicht über andere, damit Gott euch nicht verurteilt. Denn so wie ihr jetzt andere verurteilt, werdet auch ihr verurteilt werden. Und mit dem Maßstab, den ihr an andere legt, wird man euch selber messen.

Beten hilft
⁷ Bittet Gott, und er wird euch geben. Sucht, und ihr werdet finden! Klopft an, dann wir euch die Tür geöffnet!

Eine einfache Grundregel
¹² So wie ihr von den Menschen behandelt werden möchtet, so behandelt sie auch. Das ist – kurz zusammengefasst – der Inhalt der ganzen Heiligen Schrift.

Warnung vor falschen Propheten
(15a/18/20) Nehmt euch in Acht vor denen, die falsche Lehren verbreiten. Ein guter Baum wird keine schlechten Früchte tragen, genauso wenig wie ein kranker Baum gute Früchte hervorbringt. Ebenso werdet ihr auch einen Menschen an seinen Taten erkennen.

Feste Fundamente
²⁴ Wer meine Worte hört und danach handelt, der ist klug. Man kann ihn mit einem Mann vergleichen, der sein Haus auf felsigem Grund baut.

---

1. Lest die Auszüge aus der Bergpredigt und bewertet sie. Stellt euch vor, ihr hättet mehrere Farbpunkte: grüne für Zustimmung, rote für Ablehnung und weiße für eine neutrale Haltung. Begründet, wie ihr die verschiedenen Farbpunkte den einzelnen Texten zuordnen würdet.

2. Jesus geht in der Bergpredigt auf viele Fragen seiner Mitmenschen ein. Versucht die Fragen auf S. 108f. mit Hilfe der Texte aus der Bergpredigt zu beantworten.

3. Welche Aussagen werden den Lehrer des Buddhismus (vgl. S. 109) wohl am meisten beeindruckt haben?

4. Ordnet die Texte den großen Überschriften zu. Achtet dabei auf die Kapitel und Versangaben. Schreibt den Aufbau der Bergpredigt, d.h. die großen Überschriften mit den dazugehörenden kleineren Unterthemen, in euer Heft.

Die Seligpreisungen – Wer sich bei Jesus freuen kann

Die Seligpreisungen in der Übersetzung Martin Luthers

Selig sind, die da geistlich arm sind,
denn ihrer ist das Himmelreich.
(Mt 5,3)

Selig sind, die da Leid tragen,
denn sie sollen getröstet werden.
(Mt 5,4)

Selig sind die Sanftmütigen,
denn sie werden das Erdreich besitzen.
(Mt 5,5)

Selig sind, die da hungert und dürstet
nach der Gerechtigkeit,
denn sie sollen satt werden.
(Mt 5,6)

Selig sind die Barmherzigen,
denn sie werden Barmherzigkeit erlangen.
(Mt 5,7)

Selig sind, die reinen Herzens sind,
denn sie werden Gott schauen.
(Mt 5,8)

Selig sind die Friedfertigen,
denn sie werden Gottes Kinder heißen.
(Mt 5,9)

Selig sind, die um der Gerechtigkeit
willen verfolgt werden,
denn ihrer ist das Himmelreich.
(Mt 5,10)

Die Worte „selig" und „glückselig" werden in der Bibel verwendet, wenn ein Mensch glücklich zu preisen, zu beglückwünschen ist. Im Neuen Testament hängen Heil und Glückseligkeit der Menschen unlösbar zusammen mit der Herrschaft Gottes, die mit Jesus auf Erden angebrochen ist. (Glück-)selig ist also, wer Jesus und sein Wort aufnimmt und wer an ihn glaubt.

Schüler einer 10. Klasse haben begonnen, die Seligpreisungen in die heutige Sprache zu „übersetzen":

- Freuen können sich die, die bei Ungerechtigkeiten nicht ruhig bleiben, sondern sich überall für gerechte Verhältnisse einsetzen, denn Gott wird ihnen das nicht vergessen.
- Freuen können sich die, die etwas Schlimmes erlebt haben, denn Gott selbst wird sie trösten.
- Freuen kann sich der, der etwas nicht so gut kann, denn dafür wird Gott gut zu ihm sein.
- Freuen können sich die, die sich um Benachteiligte kümmern, denn Gott wird sich besonders um sie kümmern.

1. Welche Seligpreisungen haben die Schülerinnen ind Schüler jeweils übersetzt?
   Ordnet die Schülerformulierungen den jeweiligen Seligpreisungen und Bibelstellen zu.
   Formuliert zu den übrigen Seligpreisungen ähnliche eigene Übersetzungen. Übertragt die „Übersetzungen" unter der Überschrift „Die Seligpreisungen heute" mit Angabe der entsprechenden Bibelstellen in euer Heft.

2. In den Seligpreisungen nennt Jesus diejenigen, die sich bei ihm freuen können und die bei ihm glücklich sein werden. Bei welcher der Seligpreisungen könntest du dich angesprochen fühlen?

Salz der Erde? Licht der Welt?

Jesus sagt zu seinen Anhängern in der Bergpredigt:
„Ihr seid das Salz, das die Welt vor dem Verderben bewahrt! Ihr seid das Licht, das die Welt erhellt! An euren Taten sollen sie euren Vater im Himmel erkennen und ihn auch ehren."

 nach Matthäus 5,13.14

1. Mit den Salz- und Lichtworten sagt Jesus etwas über den Auftrag der Christen in der Welt aus. Beschreibt diesen Auftrag mit eigenen Worten.

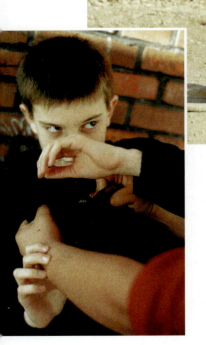

2. Erklärt, warum die dargestellten Situationen „Licht" brauchen könnten.
3. Sammelt weitere solcher „lichtbedürftiger" Situationen.
4. Erklärt den Satz: „Es gilt nicht über das Dunkel in der Welt zu klagen, sondern ein Licht anzuzünden."
5. Beschreibt bei den dargestellten Situationen und bei den von euch gefundenen, wie jeweils „Licht" in die Situation gebracht werden könnte.
6. Kerzen, Lampen brauchen ihrerseits Energie, Wärme, um leuchten zu können. Was könnte Menschen Kraft geben, für andere Licht zu sein?

„Ihr seid das Salz der Erde, ihr seid das Licht der Welt", sagt Jesus in der Bergpredigt. Ohne Salz schmeckt das Essen fad, im Dunkeln sterben Pflanzen, Mensch und Tier. Salz gibt Würze, Licht gibt Kraft. Salz verändert, Licht erleuchtet. Jesus meint, wir Christen sollen das Leben verändern, die Welt erleuchten, den faden Alltag würzen, und er traut uns zu, dass wir dies auch leisten können.

Auf Gewalt verzichten!

Sich nicht alles gefallen lassen

Wir wohnten im dritten Stock mitten in der Stadt und hatten uns nie etwas zuschulden kommen lassen, auch mit den Dörflers von gegenüber verband uns eine jahrelange Freundschaft, bis die Frau unsere Bratpfanne auslieh und nicht zurückbrachte. Meine Mutter ärgerte das sehr und sie sagte auf der Treppe zu Frau Muschg, die im vierten Stock wohnte, Frau Dörfler sei eine Schlampe. Irgendwer muss das den Dörflers erzählt haben, denn am nächsten Tag überfielen Klaus und Achim unseren Jüngsten, den Hans, und prügelten ihn windelweich. Ich stand gerade in der Haustür, als Hans ankam und heulte. In diesem Moment trat Frau Dörfler drüben aus der Haustür, ich lief über die Straße, packte ihre Einkaufstasche und stülpte sie ihr über den Kopf.
Sie schrie aufgeregt um Hilfe, als sei sonst was los, dabei schnitten ihr nur die Glasscherben ein bisschen in den Kopf, weil sie ein paar Milchflaschen in der Tasche gehabt hatte. Vielleicht wäre die Sache noch gut ausgegangen, wenn da nicht gerade Herr Dörfler mit dem Wagen angefahren gekommen wäre. Ich zog mich sofort zurück, doch Elli, meine Schwester, die mittags immer zum Essen heimkommt, fiel Herrn Dörfler in die Hände. Zunächst fuhr er sie mit dem Auto an, dann stieg er aus, schlug ihr ins Gesicht und zerriss dabei ihren Rock. Das Geschrei lockte meine Mutter ans Fenster, die sofort begann, mit Blumentöpfen nach Herrn Dörfler zu werfen.
Von da an herrschte erbitterte Feindschaft zwischen den Familien.

Am nächsten Tag schossen die Dörflers mit einem Luftgewehr herüber, ich schoss mit einer Kleinkaliberbüchse zurück. An diesem Abend ging unser Volkswagen unten im Hof in die Luft. Selbst wenn wir gewollt hätten, konnten wir nun nicht mehr zurück, verfolgte doch die gesamte Nachbarschaft gebannt den Fortgang des Streits.

Am nächsten Morgen wurde die Straße durch ein mörderisches Geschrei geweckt. Wir lachten uns halbtot: Herr Dörfler, der als erster das Haus verließ, war in eine tiefe Grube gefallen, die sich vor der Haustür erstreckte. Er zappelte ganz schön in dem Stacheldraht, den wir gezogen hatten, nur mit dem linken Bein zappelte er nicht, das hielt er fein still, das hatte er sich nämlich gebrochen. Bei alledem konnte der Mann noch von Glück sagen – denn für den Fall, dass er die Grube bemerkt und umgangen hätte, war der Zünder einer Plastikbombe mit dem Anlasser seines Autos verbunden. Damit ging kurze Zeit später Achim, der älteste Sohn Dörflers hoch, der den Arzt holen wollte.

Es ist bekannt, dass die Dörflers schnell beleidigt sind. So gegen 10 Uhr begannen sie unsere Hausfront mit einer Panzerfaust zu beschießen. Als zwei Granaten in unserer guten Stube explodierten, robbten wir auf den Dachboden hoch und rissen die Tarnung von der Atomkanone. Es lief alles wie am Schnürchen. Mutter kniff als Richtkanonier das rechte Auge fachmännisch zusammen. Als wir das Rohr genau auf Dörflers Küche eingestellt hatten, sah ich drüben gegenüber ein gleiches Rohr blinzeln, das hatte freilich keine Chance mehr. Elli, unsere Schwester, die den Verlust ihres Rockes nicht verschmerzen konnte, hatte zornroten Gesichts das Kommando „Feuer" erteilt. Mit einem unvergleichlichen Fauchen verließ die Atomgranate das Rohr, zugleich fauchte es auch auf der Gegenseite. Die beiden Geschosse trafen sich genau in der Straßenmitte.

Natürlich sind wir nun alle tot, die Straße ist hin, und wo unsere Stadt früher stand, breitet sich jetzt ein graubrauner Fleck aus.

Aber eins muss man sagen, wir haben das Unsere getan, schließlich kann man sich nicht alles gefallen lassen.

Gerhard Zwerenz

1. Beschreibt den Konflikt der beiden Familien.
2. In welchen Stufen entwickelt sich der Konflikt? Stellt die Verhaltensweisen der beiden Familien gegenüber.
3. Überlegt, an welcher Stelle und auf welche Weise der Konflikt hätte beigelegt werden können.

Jesus sagt in der Bergpredigt:

Wenn dich jemand auf die rechte Backe schlägt...
Ihr habt gehört, dass gesagt worden ist: „Auge um Auge, Zahn um Zahn." Ich aber sage euch, dass ihr euch dem Bösen nicht widersetzen sollt, sondern wenn dich jemand auf deine rechte Backe schlägt, dann halte die andere auch hin.

 Matthäus 5,38.39

Liebt eure Feinde
Es heißt bei euch: Liebt eure Freunde und hasst eure Feinde! Ich aber sage euch: Liebt eure Feinde und betet für alle, die euch hassen und verfolgen! Auf diese Weise handelt ihr nämlich als Kinder eures Vaters im Himmel.

Matthäus 5,43.44

4. In welchem Teil der Bergpredigt stehen diese Jesus-Worte?
5. Was Jesus sagt, steht in vollkommenem Gegensatz zu „Sich nicht alles gefallen lassen!" Sammelt Argumente für und gegen die Position von Jesus.
6. Wie würde sich die Situation in „Sich nicht alles gefallen lassen" verändern, wenn sich eine der Konfliktparteien an die Weisungen der Bergpredigt halten würde?

So könnte nach den Worten Jesu ein Streit enden:

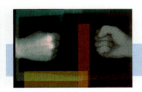 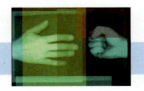 

7. Was kann ein Verhalten im Sinne Jesu bewirken? Erklärt dies anhand der Graphik.
8. Zeichnet die Hände in euer Heft und schreibt jeweils einen erklärenden Satz dazu.

Leben nach der Bergpredigt

Martin Luthers Meinung als Bildergeschichte:

1. Beschreibt die Handlung der Bildergeschichte.
2. Wann oder warum setzt sich der Vater zur Wehr?
3. Die Bildergeschichte setzt um, wie Martin Luther die folgende Antithese von Jesus interpretiert hat: „Ich aber sage euch, dass ihr euch dem Bösen nicht widersetzen sollt, sondern wenn dich jemand auf deine rechte Backe schlägt, dann halte die andere auch hin." Versucht die Aussage Martin Luthers zu formulieren.

- Für einen Christen persönlich gilt die Bergpredigt.
- sich gegen Böses zur Wehr zu setzen
- Die Nächstenliebe kann es erfordern,
- und selber Gewalt mit Gewalt abzuwehren.
- Aber jeder Christ ist auch für andere verantwortlich.

4. Die Satzstreifen fassen die Interpretation Martin Luthers zusammen. Setzt sie sinnvoll zusammen und schreibt den Text in euer Heft.

Test: Bist du ein Bergpredigt-Typ?

Ergänze die folgenden Sätze:

Wenn mich jemand schlägt, dann
a. schlage ich zurück.
b. frage ich, warum er das tut.
c. laufe ich davon.
d. hole ich Hilfe.

Wenn ich beobachte, wie jemand verprügelt wird, dann
a. halte ich Abstand.
b. versuche ich zu schlichten.
c. mache ich mit.
d. helfe ich aktiv dem Unterlegenen.

Wenn mich jemand beleidigt, dann
a. spreche ich kein Wort mehr mit ihm.
b. sage ich ihm, dass ich mich beleidigt fühle.
c. beleidige ich ihn noch viel schlimmer.
d. haue ich ihm ein paar rein.

Wenn sie in der Gruppe jemanden ärgern, dann
a. halte ich mich fern.
b. mache ich halt mit.
c. stehe ich dem Geärgerten bei.
d. will ich mit dieser Gruppe nichts mehr zu tun haben.

Wenn mir jemand etwas wegnimmt, dann
a. soll er es behalten.
b. hole ich es mir mit Gewalt zurück.
c. schenke ich ihm noch etwas dazu.
d. bitte ich ihn um Rückgabe.

1. Wertet eure Antworten aus und überlegt euch die Konsequenzen für alle Reaktionsmöglichkeiten.
2. Überlegt euch, welche der Reaktionen dem Geist der Bergpredigt entsprechen und vergebt dafür jeweils Punkte. Legt fest, wie viele Punkte man erreichen muss, um ein Bergpredigt-Typ zu sein.
3. Macht den Test mit weiteren Personen. Besprecht mit ihnen das Testergebnis und erklärt die Vergabe der Punkte.

11 Regeln: Gewaltfrei gegen Gewalt

1. **Wenn möglich, innerlich darauf vorbereiten!**
2. **Ruhig bleiben!**
3. **Aktiv werden!**
4. **Verhalte dich nicht wie ein Opfer!**
5. **Tue das Unerwartete!**
6. **Suche das Gespräch!**
7. **Nicht drohen oder beleidigen!**
8. **Vermeide den Körperkontakt mit dem Gegner!**
9. **Hol Hilfe!**
10. **Weiche der Gewalt aus!**
11. **Sei menschlich und vertrauenswürdig!**

Diese Regeln sind keine Erfolgsgarantie, Gewalt ist aber erst recht keine.

4. Was leuchtet dir ein? Was sollte man streichen? Was sollte man ergänzen?
5. Inwieweit entsprechen diese Regeln der Bergpredigt?

Verantwortung in der Welt übernehmen

Lieber Gott,
wir danken dir für die ruhige Nacht.
Und wir danken dir,
dass es uns so gut geht.
Deshalb haben wir auch nur eine Bitte:
Lass alles so bleiben, wie es ist.
Amen.

Alles E-Gal?

Laubenheimer Zeit

„Alles E-Gal"?

Ursprünglich war es als dekorative Aufschrift für T-Shirts gedacht. Doch in Jugendkreisen ist das „E-Gal"-Logo zum Ausdruck eines neuen Zeitgeistes geworden: Politik und Engagement sind out. Einmischen und Verantwortung übernehmen – völlig uncool. Alles was interessiert, ist der eigene Spaß. Wenn der „Fun-Faktor" stimmt, ist der Rest „E-Gal". Und wer will es den Jugendlichen verdenken? Angesichts der täglichen Flut von Schreckensnachrichten, erscheint der Rückzug ins Private als gesunde Reaktion. Die ungewöhnliche Schreibweise hat übrigens keinen tieferen Sinn. Wen interessiert schon Groß- und Kleinschreibung, wenn eh alles E-Gal ist – oder?

Krieg unvermeidlich
Nach dem Scheitern der Verhandlungen ist der Kriegsausbruch unvermeidlich.

Neonazis auf dem Vormarsch
Überraschender Wahlerfolg der rechtsextremen NSDAL. Anscheinend haben die ausländerfeindlichen Parolen

Steigende Kriminalität
Wiederum sind die Gewalttaten in Deutschland im vergangenen Jahr um rund drei Prozent gestiegen. Besorgniserregend ist dabei besonders

Klimakatastrophen nehmen zu
Tsunami in Asien, Hunger und Dürre in Afrika, Wirbelstürme in Deutschland

Jugend ohne Perspektive
Fehlende Lehrstellen, zerrüttete Familien, Drogenmissbrauch und ein erneuter Anstieg der Jugendkriminalität

Fünfjährige sexuell missbraucht
„Er hat sich immer so rührend um meine Tochter gekümmert", gab die geschockte Mutter der Polizei zu Protokoll ...

Immer mehr Armut in Deutschland
Aufgrund hoher Arbeitslosigkeit und drastischer Kürzungen von Sozialleistungen müssen immer mehr Menschen ums Überleben kämpfen

Bluttat an Schule
Wie viel Hass muss sich in Toni G. (17 J.) aufgestaut haben, als er am Montag Morgen mit einer Pump-Gun seine Schule betrat ...

1. „Der heutigen Jugend ist alles egal!" – Was haltet ihr von dieser Aussage?
2. An welche Schlagzeilen der letzten Tage erinnert ihr euch? Unterscheidet zwischen guten und schlechten Nachrichten. Was fällt euch auf?
3. Welche Schlagzeilen könnten in 50 Jahren auf der Titelseite einer Zeitung stehen, welche in 100 Jahren?
4. Marcel trägt ein „E-Gal"-Logo auf seinem T-Shirt. Was verrät das über seine Einstellung?
5. Entwirf ein eigenes Logo, das deiner Einstellung zum Leben entspricht.

– Mir nicht!

An die Redaktion
der Laubenheimer Zeitung
Abteilung: Leserbriefe

Prof. Dr. theol. Petrus Himmelreich
Im Niederfeld 24
69110 Laubenheim

Sehr geehrte Redaktion,

**In der Wochenendausgabe haben Sie in einer Überschrift die Frage gestellt: „Alles E-Gal?"
Darauf möchte ich erst einmal klar antworten: Mir nicht!!!**

Mit Erschrecken habe ich Ihren Artikel unter der Überschrift „Alles E-Gal"? gelesen. Ihr Verständnis für die Gleichgültigkeit der Jugendlichen kann ich nicht teilen. Es kann keinem von uns „E-Gal" sein, was auf dieser Welt geschieht! Als Christ sind für mich vor allem zwei Gründe entscheidend:
1. Die Welt gehört uns nicht. Sie ist mit allen ihren Tieren und Pflanzen Gottes Schöpfung. Und Gott hat uns den Auftrag gegeben, diese Schöpfung zu bewahren, d. h. uns um sie zu kümmern und Verantwortung für unsere Welt zu übernehmen.
2. Jesus hat uns gezeigt, wie Menschen miteinander leben sollen. Jesus waren die anderen Menschen nicht egal. Ganz im Gegenteil: Wenn er einen Menschen in Not gesehen hat, ist er hingegangen und hat ihm einfach geholfen – ohne Wenn und Aber. Und so sollen wir es auch machen. Jesus zeigt uns eine Welt, in der es keine Kriege, keinen Hass und kein Unrecht mehr gibt, in der alle Völker friedlich miteinander leben. Diese Welt wird jedoch nie mehr sein als ein schöner Traum, wenn wir nicht bereit sind, konsequent Verantwortung füreinander zu übernehmen.

Ich weiß natürlich, wie schnell man angesichts von so viel Leid und Elend in der Welt den Eindruck gewinnt, ohnmächtig zu sein. Aber das stimmt nicht. Gemeinsam können Menschen viel bewegen. Es gibt unzählige Organisationen und Einrichtungen, die wertvolle Arbeit leisten. Und im Grunde würde es ja schon reichen, wenn jeder Mensch nur die Augen für das offen hält, was um ihn herum passiert. Wo einer für den anderen Sorge trägt, sind alle versorgt.

Mit freundlichen Grüßen

Dr. Himmelreich

1. Aus welchen zwei Gründen kann einem Christen nicht egal sein, was auf der Welt passiert? Welche biblischen Geschichten könnte Dr. Himmelreich als Beleg für diese beiden Gründe jeweils anführen?

2. Informiert euch über Organisationen oder Einrichtungen, die sich für die Beseitigung von Missständen bei uns einsetzen, und stellt diese in eurer Klasse vor.

3. Schreibe einen eigenen Leserbrief an die Redaktion der „Laubenheimer Zeitung", in dem du darlegst und begründest, warum es für dich wichtig ist, dass Menschen in dieser Welt Verantwortung übernehmen.

„Jeder ist sich selbst der Nächste"?

> Liebe Frau Schümrig,
> bitte lesen Sie diesen Brief ihrer Klasse vor:
>
> An die Mitschüler von Klaus Schümann!
>
> Vielleicht ist euch aufgefallen, dass Klaus seit über einer Woche nicht mehr in der Schule ist. Seitdem ist er nämlich in einer geschlossenen Anstalt – er hatte einen Nervenzusammenbruch und ist selbstmordgefährdet. Und schuld seid ihr! Klaus ist ja nicht nur gehänselt worden, er würde auch vor allen gedemütigt und geschlagen. Er müsste „Schutzgeld" zahlen, damit er nicht gequält, damit sein Kopf nicht wieder in die Kloschüssel gesteckt würde. Das hat er nicht mehr ausgehalten.
> Ich weiß, dass an diesen Untaten nur einige wenige von euch aktiv beteiligt waren. Aber mitbekommen habt ihr es doch alle! Warum hat ihm denn keiner geholfen? Warum hat denn keiner etwas gesagt? Warum hat denn keiner Hilfe geholt? Warum ist euch denn alles egal?
> Ich möchte eine Antwort von euch!
>
> S. Schümann

Ph! Ich lass mir kein schlechtes Gewissen machen. Jeder ist sich selbst der Nächste. Ich kann nichts dafür, wenn der durchdreht.

Blödsinn! Wenn drei auf einen losgehen, hat keiner eine Chance. Ich hab' darum schon ein schlechtes Gewissen, dass ich nie dazwischen gegangen bin. Wir alle haben ja gesehen, was da abging.

Wie hättest du denn „dazwischen gehen" wollen? Du hättest doch überhaupt keine Chance gehabt. Wer einem Außenseiter hilft, gerät schnell selbst ins Abseits. Der Klaus hatte so viele gegen sich. Stell dir vor, die wären alle auf dich los!!

Wir hätten uns ja zusammentun und gemeinsam helfen können. Und vielleicht wäre es gar nicht einmal falsch gewesen, die Klassenlehrerin oder den Direktor einzuschalten.

1. Kennt ihr ähnliche Beispiele aus eurem Bekanntenkreis?
2. Hat die Mutter Recht: Sind die Schüler schuld an dem, was passiert ist?
3. Wer hätte wie helfen können?

Genau. Du rennst ja sowieso wegen jeder Kleinigkeit zur Lehrerin. Du bist eigentlich nicht die Klassensprecherin, sondern die Klassenpetzerin.

Es wäre doch gar nicht ums „Petzen" gegangen, sondern darum, Hilfe zu holen. Feige ist nur, wer gar nichts macht. Du hast ja auch nur Angst vor dem, was die anderen sagen.

Ich hab keinen Bock mehr auf das Thema. Wenn dir Klaus so am Herzen liegt, kannst du ihn ja mal besuchen gehen. Vielleicht werdet ihr ja „Freunde"?

Freunde – die hätte Klaus von Anfang an gebraucht. Dann wäre er vermutlich nie zur Zielscheibe geworden und wenn doch, hätte er das Ganze viel besser verkraftet.

4. a) Lest das Gespräch zwischen Marcel und Nadine mit verteilten Rollen. Mit welchen Argumenten entschuldigt Marcel sein Nichtstun? Was meint ihr dazu?
   b) Welche Hilfsmöglichkeiten nennt Nadine? Welche Möglichkeiten gäbe es noch?

Verantwortung

Blaindstetten: Drei Stunden lag ein Fahrradfahrer hilflos am Rande der B 13 mit gebrochenem Fuß und angebrochener Rippe, bis ein Taxifahrer anhielt und ihn in das nächste Krankenhaus fuhr. Beim Überholmanöver eines LKW war der Fahrradfahrer von der Straße abgekommen und in den Straßengraben gestürzt. Vergeblich versuchte er, Autofahrer durch Winken auf sich aufmerksam zu machen. Die meisten hätten nur weggeschaut, ein paar wenige sogar zurück gewinkt.

Numbstadt: Ein schwerer Fall von Kindesmisshandlung ist dank eines anonymen Hinweises ans Licht gekommen. Eine Anruferin hatte die Polizei über wiederholte Schreie aus einer Hochhauswohnung im Stadtteil Plattenburg informiert. Als die Polizei in die Wohnung eindrang, fand sie drei Kinder in völlig verwahrlostem Zustand vor. Unterernährt und mit zahlreichen Verletzungen wurden sie in das städtische Klinikum eingeliefert. Die Misshandlungen müssen über mehrere Monate erfolgt sein. Gegen die Eltern wurde Haftbefehl erlassen. Gegen die Nachbarn wird wegen unterlassener Hilfeleistung ermittelt.

Schweigen-Braunau: Schwer verletzt ist am Sonntagabend ein Asylbewerber im städtischen Krankenhaus eingeliefert worden. Eine Gruppe Jugendlicher hatte ihn zuvor durch die Fußgängerzone gejagt. Nachdem sie ihn auf Höhe des Marktplatzes eingeholt hatten, traten und schlugen sie minutenlang auf ihr hilflos am Boden liegendes Opfer ein. Zahlreiche Sonntagsspaziergänger sahen tatenlos zu. Die Polizei sucht dringend Zeugen.

1. In all diesen Fällen haben Mitmenschen auf offensichtliche Leidenssituationen von Mitmenschen nicht reagiert. Was könnten jeweils die Gründe dafür gewesen sein?
2. Spielt Zeugenverhöre durch die Polizei, in denen die Zuschauenden jeweils versuchen, ihre Untätigkeit zu begründen.
3. Wie hätte jeweils geholfen werden können?
4. Stellt euch vor, den Opfern wäre jeweils sofort geholfen worden. Schreibt die einzelnen Artikel entsprechend um.
5. Die drei Affen sind ein altes Sinnbild für die Verantwortungslosigkeit von Menschen gegenüber anderen. Ordne jeweils einen Affen einem Zeitungsartikel zu.

„Die machen ja doch, was sie wollen ...

Mit „Golfer's Paradise" in eine goldene Zukunft!

Der Stadtrat Laubenheim plant die Errichtung einer 18-Loch Golfanlage in den Gewannen Froschtümpel, Wiesengrund und Niederfeld. Das Projekt verspricht folgende Vorteile:

1) Schaffung neuer Arbeitsplätze

2) Vorteile für Gastronomie und Einzelhandel durch neue Gäste

3) Prestigegewinn für die Stadt Laubenheim

Laubenheim = Golfer's Paradise!

Weitere Vorteile ergeben sich aus dem Bebauungsplan (siehe rechts):

Der Abriss der Sozialwohnungen beseitigt einen optischen Schandfleck unserer Stadt. An ihrer Stelle ist ein Sicherheitsparkplatz für Golftouristen geplant.

Der unansehnliche Froschtümpel wird in einen schmucken Zierteich mit bunten Goldfischen verwandelt.

Das Jugendzentrum weicht einem kleinen Sommerpavillon als Ruheoase für erschöpfte Sportler. Dann ist Schluss mit lärmenden Halbstarken, Motorradgeheul, Alkohol und besprayten Wänden.

1. Erstelle eine Tabelle: Trage in die linke Hälfte die genannten Argumente für die Golfanlage ein. Formuliere in der rechten Hälfte Gegenargumente. Beachte dabei auch die Informationen aus dem Bebauungsplan.

2. Bestimme, wer von dem Plan profitieren wird und wer Nachteile zu erwarten hat.

3. Gestaltet ein Rollenspiel: Auf einer öffentlichen Sitzung des Stadtrates wird das Projekt diskutiert. Drei Stadträten (die das Projekt durchsetzen wollen) sitzen drei Bürgerinnen bzw. Bürger gegenüber, die das Projekt verhindern wollen.

– aber nicht mit uns!"

Atze: Das mit dem Golfplatz ist echt ätzend. Aber was sollen wir tun? Die machen ja doch nur, was sie wollen!

Sylvia: Die machen, was sie wollen, solange wir nicht dazwischenfunken. Und darum müssen wir was tun. Unser Vorteil ist, dass bald wieder Kommunalwahlen sind.

Mike: Was nützen uns Wahlen, wenn wir noch nicht wählen dürfen?

Sylvia: Aber wir können den Leuten klar machen, warum das mit dem Golfplatz eine ganz miese Nummer ist. Ich schlage vor, wir schreiben Leserbriefe oder sammeln Unterschriften.

Marcel: Ach wie niedlich. Und wen interessiert das? Ne richtig fette Demo, das wär' mal was. Oder irgend eine andere Aktion, die Schlagzeilen bringt. Wie wär's, wenn wir heute Nacht mit ein paar Spraydosen die Autos der Stadträte verschönern?

Nadine: Typisch Marcel! Der Vorschlag kann ja nur von dir kommen. Wir dürfen uns keine Feinde schaffen, sondern müssen den Leuten klar machen, warum für die Stadt ein Jugendzentrum wichtig ist.

Sylvia: JUZ hin, JUZ her – Ihr habt wohl vergessen, dass von den Plänen noch andere Menschen betroffen sind. Der Abriss der Sozialwohnungen ist der eigentliche Skandal. Immer trifft's die Ärmsten.

Nadine: Das mit dem Froschtümpel ist genauso schlimm. Da gibt's seltene Vögel und Insektenarten. Ich weiß von vielen Leuten, die hier ein Naturschutzgebiet fordern.

Mike: Die Insekten sind mir egal. Aber die Liegewiesen hinter dem Tümpel sind der Anziehungspunkt für Familien zum Picknicken und Grillen. Es gibt sonst keine gescheiten Grünflächen.

Atze: Wenn ich es so überlege, gibt es 'ne ganze Menge Leute, mit denen wir uns zusammentun könnten.
Also: Wie gehen wir vor?

1. Lest den Text mit verteilten Rollen.
2. Sammelt Gründe, warum es für eine Stadt wichtig ist, ein Jugendzentrum, ein Naturschutzgebiet oder Sozialwohnungen zu haben.
3. Notiert die von den Jugendlichen angesprochenen Möglichkeiten, gegen einen solchen Golfplatz Stimmung zu machen. Bewertet ihre Wirksamkeit mit den Punkten 0 (keine Wirksamkeit) bis 5 (sehr wirksam).
4. Stellt in Kleingruppen einen Plan für das weitere Vorgehen auf.
5. Bastelt in Gruppen Flugblätter, Buttons und Demoplakate gegen den Golfplatz bzw. für den Erhalt von Jugendzentrum, Sozialwohnungen und Froschtümpel.

Billig …

!!! Billig !!! Billig !!! Billig !!!
Top-Angebote aus ihrem Billig-Discount-Markt Laubenheim

- ✓ Big-Frutti-Bananen (kg)   1,49 €
- ✓ Radieschen (500 gr)   0,99 €
- ✓ preiswerte Jeans   29,99 €
- ✓ Star-Kaffee (500 gr)   2,70 €
- ✓ Pfälzer Kartoffeln (kg)   0,99 €
- ✓ edle Pelzmäntel   ab 99,- €
- ✓ Thunfisch in Öl (250 gr)   0,99 €
- ✓ Bio-Äpfel aus Baden (kg)   1,29 €
- ✓ Gartenmöbel aus Edelholz   ab 29,- €

Guten Appetit!
Millionen Fische und Delfine verenden jährlich qualvoll in Treibnetzen, die zum Thunfischfang eingesetzt werden.

Für die Schönheit gehäutet
Für Tierpelze leiden allein in den skandinavischen Ländern jährlich zig Millionen Nerze und Füchse in viel zu engen Käfigen.

Kahlschlag
Weil Tropenhölzer als Edelholz begehrt sind, blüht der Raubbau am Regenwald. Folgen sind u. a. Artensterben und Klimaveränderung.

Kinder machen Mode
Millionen Kinder werden in Indien als billige Arbeitskräfte in der Textilindustrie ausgebeutet. Viele zahlen mit ihrer Gesundheit, bleiben ohne Schulbildung und ohne Perspektive.

Die Krönung!
In Lateinamerika verdienen große Konzerne u. a. am Kaffee- und Bananenhandel, weil sie Kleinbauern für Billigstlöhne arbeiten lassen, die kaum zum Überleben reichen.

Für 1 € mit Ryan Air nach Mailand …
… und die Zeche zahlen wir. Die immer zahlreicher werdenden Billigflüge belasten die Umwelt in noch unabsehbarem Maße. Die scheinbar billigen Angebote für den Einzelnen erfordern Unsummen zur Regulierung der Umweltschäden von uns allen.

1. Einige der Angebote des Billig-Discount-Markts sind bedenklich, wenn man die Herkunft der Waren betrachtet. Welche könnten das sein?
2. Informiert euch über die Situation in den jeweiligen Herkunftsländern.
3. Welche Folgen hat es jeweils, wenn man diese Billig-Produkte trotzdem kauft?
4. Nehmt euch in Gruppen einen der genannten Themenbereiche vor (z. B. Kinderarbeit oder Pelztierhaltung) und versucht über das Internet an weitere Informationen zu kommen. Präsentiert euer Ergebnis der Klasse.
5. Formuliere einen Brief, in dem du den Filialleiter des Discount-Marktes überzeugen könntest, warum er ein Produkt deiner Wahl aus dem Regal nehmen soll.

– aber nicht um jeden Preis!

Liebe/r **KLARTEXT**-*LeserIn;*

bei den letzten Projekttagen zum Thema „Gerechtigkeit" haben wir viel darüber erfahren, wie auf dieser Erde Menschen ausgebeutet werden, nur damit wir billigen Kaffee und andere billige Waren kaufen können. Darum haben wir (Sylvia, Klaus und ich) beschlossen, in der Schule einen Eine-Welt-Laden aufzuziehen, an dem ihr Waren kaufen könnt, die garantiert aus fairem Handel kommen. Solche Waren tragen ein „TransFair"-Siegel. Das Siegel zeigt an, dass die Kleinbauern, die z. B. Kaffee anbauen, für ihre Arbeit angemessen bezahlt werden und auch sozial abgesichert sind, wenn sie z. B. einmal krank werden. Darum sind die Produkte auch teurer als zum Beispiel im Billig-Discount-Markt. Dafür aber müsst ihr beim Kauf kein schlechtes Gewissen haben.

Ganz im Gegenteil: Ihr helft ja nicht nur den Arbeitern, sondern auch ihren Familien. Wenn ausreichend Geld vorhanden ist, können die Kinder in die Schule gehen und erhalten mit der Bildung bessere Chancen für die Zukunft. Nur so kann der Teufelskreis der Armut durchbrochen werden. Darüber hinaus garantiert das Siegel einen ökologisch verträglichen Anbau, so dass ihr auch noch der Umwelt helft.

Darum: Kauft, Leute!!!

Ab nächster Woche findet ihr unseren „Laden" jeden Mittwoch nach der 6. Stunde in der Aula. In unserem Sortiment findet ihr neben Kaffee und Tee auch Kakao, Süßigkeiten, Bananen und Orangensaft. Weitere Helferinnen und Helfer sind herzlich willkommen.

Tschüß, Eure Nadine

1. Was haltet ihr von diesem Aufruf in der Schülerzeitung?
2. Was bedeutet der TransFair-Siegel auf einer Ware?
3. Was ist mit dem „Teufelskreis der Armut" gemeint?
4. Würdet ihr an einem solchen Stand etwas kaufen? Begründet eure Meinung.
5. „Ich bin doch nicht blöd!" Marcel lehnt den Kauf ab. Sammle aus dem Aufruf alle Argumente, mit denen Nadine Marcel widersprechen kann.
6. Gestaltet die gezeichnete Szene als Rollenspiel zwischen Marcel und Nadine.
7. Findet heraus, wo in eurer Nähe TransFair-Produkte verkauft werden.
8. Erkundigt euch, welcher Kaffee im Lehrerzimmer getrunken wird. Wenn es sich nicht um TransFairkaffee handelt, startet eine Aktion, das zu ändern. Ob eure Aktion gut war, entscheidet der Erfolg.

*Die Völker werden ihre Schwerter zu
Pflugscharen und ihre Spieße zu
Sicheln schmieden. Es wird kein Volk
mehr gegen das andere eine Waffe
erheben, und sie werden nicht mehr lernen,
Krieg zu führen.*
Das Buch Micha

*Ich träume von einer Erde
mit klarer Luft,
sauberen Meeren,
grünen Bäumen und
Menschen, die im Einklang
mit der Natur leben.
Kein Tier darf mehr gequält
oder sinnlos getötet werden.*
Jennifer

*Kein Kind wird mehr hungern und
kein alter Mensch in Einsamkeit sterben.
Keine Frau wird mehr misshandelt und
kein Fremder mehr verfolgt.
Außenseiter gibt es nicht mehr, weil alle
einander achten.*
Klaus

*Ich sehe einen neuen Himmel und eine
neue Erde. Und Gott wird bei den
Menschen wohnen und alle Tränen von
ihren Augen abwischen. Und der Tod wird
nicht mehr sein, weder Leid noch Geschrei
noch Schmerz wird mehr sein.*
Offenbarung des Johannes

*Imagine no posession,
I wonder if you can,
No need for greed or hunger,
A brotherhood of man,
Imagine all the people
Sharing all the world ...*
John Lennon

1. a) Die fünf Visionen von einer besseren Welt stammen aus der Bibel, von einem berühmten Musiker und von normalen Jugendlichen. Beschreibt die einzelnen Visionen. Worin unterscheiden sie sich?
   b) Wie sieht deine Vision von einer besseren Welt aus? Schreibe einige Sätze in dein Heft, die mit „Ich träume von ..." beginnen.
2. a) Über Laubenheim ist es Nacht geworden. Morgen beginnt ein neuer Tag. Wie müssten sich die Situationen auf S. 118 f. verändern, damit eine bessere Welt entstehen kann?
   b) Was kann ein einzelner Mensch, was kannst du selbst dazu beitragen, dass solche Missstände beseitigt werden?
3. a) Vergleiche das Gebet auf der linken Seite mit dem Gebet auf S. 118. Worin unterscheiden sie sich?
   b) Nicht alle Missstände kann der Mensch beseitigen. Welche Rolle kann da ein Gebet wie das obige spielen?

Unbequeme Christen

Große Helden – kleine Helden?

1 Dorothee Sölle
1929–2003

2 Mutter Teresa
1910–1997

3 Moritz
16 Jahre

4 Desmond Tutu
geb. 1931

5 Hermann Gmeiner
1919–1986

1. Bei der Foto-Ausstellung „Menschen, die sich für andere einsetzen" sind die Namenskärtchen vertauscht worden. Welche Namenskarte gehört zu welchem Bild?

2. Schreibt die Namen der Menschen in der Reihenfolge ihres Geburtsjahres in euer Heft und ergänzt jeweils den passenden Zusatz:
   - Erzbischof in Kapstadt, Gegner der Apartheid (Strikte Trennung von Weißen und Schwarzen in der Gesellschaft)
   - Kämpferin für Kinderrechte, Mitglied bei Amnesty International
   - Politische und feministische Theologin
   - Pfarrer an der Nikolaikirche in Leipzig, trug mit den Friedensgebeten in seiner Kirche zum Sturz des DDR-Regimes bei
   - Missionarin und Helferin der Ärmsten in Kalkutta
   - Priester, Kämpfer gegen die Unterdrückung in Nicaragua
   - Missionsarzt in Lambarene in Afrika
   - Ehemalige Millionärsgattin und Gründerin eines Cafés für Straßenkinder
   - Kämpfer für die Bewahrung der Schöpfung, Gründer eines „Vereins zum Schutz verliebter Kröten", aktives Mitglied bei Greenpeace
   - Gründer der SOS-Kinderdörfer
   - Indianerin, kämpft für die Rechte ihres unterdrückten Volkes in Guatemala
   - Pfarrer und Widerstandskämpfer gegen die Nationalsozialisten

6
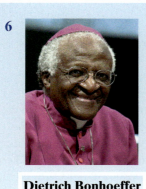
Dietrich Bonhoeffer
1906–1945

7

Rigoberta Menchú
geb. 1959

8

Sabine Ball
geb. 1925

9

Albert Schweitzer
1875–1965

10

Mareike
17 Jahre

11

Ernesto Cardenal
geb. 1925

12

Christian Führer
geb. 1943

3. Sucht euch eine dieser Personen aus und informiert euch näher über sie. Stellt sie euren Mitschülern und Mitschülerinnen vor. Achtet auf eine angemessene Präsentationstechnik.

4. a) Du darfst einen Menschen vorschlagen, der auch in diese Galerie aufgenommen wird. Wen würdest du vorschlagen? Begründe deinen Vorschlag.
   b) Einigt euch zu zweit auf einen Vorschlag.
   c) Einigt euch in einer Gruppe auf einen Vorschlag.

5. In dreißig Jahren sollst du in die Galerie „Menschen, die sich für andere einsetzen" aufgenommen werden. Was könntest du bis dahin gemacht haben, dass dich jemand vorschlägt?

Dietrich Bonhoeffer

Zur Person

Dietrich Bonhoeffer wurde am 4. Februar **1906** in Breslau geboren. Im Jahr **1912** zog die Familie nach Berlin.
1923 machte Bonhoeffer sein Abitur und begann in Tübingen Theologie zu studieren.
In den Jahren **1924** bis **1930** studierte und arbeitete Dietrich Bonhoeffer in Rom, Barcelona, New York und Berlin. Er wurde Doktor und Professor der Theologie. **1931** wurde er Dozent und Hilfsprediger in Berlin. **1933**, nach Hitlers Machtantritt, beteiligte sich Bonhoeffer am Aufbau einer kirchlichen Opposition gegen das nationalsozialistische Regime. Im Oktober **1933** übernahm er ein Pfarramt in London. Als er **1935** nach Deutschland zurückkehrte, wurde er Leiter des illegalen Predigerseminars der Bekennenden Kirche in Finkenwalde bei Stettin. **1936** wurde ihm die Lehrerlaubnis für die Universität entzogen. Als **1937** das Predigerseminar durch die Gestapo geschlossen wurde, arbeitete Bonhoeffer im Untergrund weiter.
Im Sommer **1939** folgte Bonhoeffer einer Einladung nach New York. Bereits sechs Wochen später kehrte er nach Deutschland zurück. Der Gedanke, dass er in den USA in Sicherheit leben konnte, während seine Familie und seine Freunde in Deutschland gegen den Nationalsozialismus Widerstand leisteten und dabei in großer Gefahr waren, war ihm unerträglich.

Nachdem **1939** der Zweite Weltkrieg ausgebrochen war, begann Bonhoeffer **1940** seine konspirative Tätigkeit als Kurier der Widerstandsgruppe in der Spionageabwehr um Admiral Canaris. Im gleichen Jahr noch erhielt er Redeverbot in der Öffentlichkeit. Ab **1941** war ihm verboten, etwas zu drucken und zu veröffentlichen. Bonhoeffer hielt sich nicht an diese Verbote und arbeitete aktiv in der Widerstandsbewegung weiter mit dem Ziel, Hitler zu ermorden.
Im Januar **1943** verlobte Bonhoeffer sich mit Maria von Wedemeyer, im April wurde er von der Gestapo verhaftet.

Am 9. April **1945**, nur wenige Tage vor Kriegsende, wurde Dietrich Bonhoeffer im KZ Flossenbürg erhängt.

Seiner Verlobten, Maria von Wedemeyer, schrieb Bonhoeffer viele Briefe aus der Haft.

Eine Schlafbaracke im KZ Flossenbürg.

> **Bekennende Kirche:**
> Die „Bekennende Kirche" war eine Oppositionsbewegung innerhalb der evangelischen Kirche gegen die Bewegung „Deutsche Christen", die mit den Nationalsozialisten sympathisierte. Führende Vertreter der Bekennenden Kirche waren u. a. Dietrich Bonhoeffer, Martin Niemöller und Karl Barth.

1. Erstelle in deinem Heft einen tabellarischen Lebenslauf für Dietrich Bonhoeffer:

   Lebenslauf von Dietrich Bonhoeffer
   1906:   Dietrich Bonhoeffer wird am 4. Februar in Breslau geboren.
   1912:   …

2. Dietrich Bonhoeffer war einer der führenden Vertreter der Bekennenden Kirche. Informiert euch genauer über diese Widerstandsbewegung innerhalb der evangelischen Kirche. Erarbeitet ein Projekt.

Darf sich ein Christ, der seinen Glauben ernst nimmt, an einem Mordanschlag auf Hitler beteiligen?

Im Gefängnishof des Militärgefängnisses Berlin-Tegel.

Bonhoeffers Zelle im Militärgefängnis Berlin-Tegel.

Bei einem Rundgang im Gefängnishof Tegel wurde Dietrich Bonhoeffer von einem Mitgefangenen gefragt, wie er es als Christ und Theologe verantworten könne, am aktiven Widerstand gegen Hitler teilzunehmen und sogar dessen Mord zu planen. In der Kürze der Zeit und unter den Augen der Aufseher antwortete Bonhoeffer mit einem Bild.

Er sagte:
„Wenn ein betrunkener Autofahrer mit hoher Geschwindigkeit den Kurfürstendamm hinunter rast, kann es nicht die einzige und wichtigste Aufgabe eines Pfarrers sein, die Opfer des Wahnsinnigen zu beerdigen und deren Angehörige zu trösten. Viel wichtiger ist es, dem Betrunkenen das Steuerrad zu entreißen."

1. „Übersetze" dieses Bild. Was will Bonhoeffer in Wirklichkeit damit sagen?

Bild	Bedeutung in Wirklichkeit
Ein betrunkener Autofahrer	Adolf Hitler
rast den Kurfürstendamm hinunter und wird einen Unfall mit vielen Opfern verursachen.	
Es ist nicht die wichtigste Aufgabe eines Pfarrers, die Opfer des betrunkenen Autofahrers zu beerdigen und seine Angehörigen zu trösten.	
Dem Betrunkenen soll das Steuerrad entrissen werden.	

2. Warum beteiligt sich Bonhoeffer am aktiven Widerstand gegen Hitler? Übersetze die Antwort Bonhoeffers so, wie er es in Wirklichkeit gemeint hat.

Ernesto Cardenal

Zur Person

Ernesto Cardenal wurde am 20. Januar **1925** in Granada/Nicaragua geboren. Er studierte Literatur und Philosophie in Managua (Nicaragua) und von **1942** bis **1946** in Mexiko. In dieser Zeit entstanden seine ersten literarischen Arbeiten („Gebet für Marilyn Monroe").
Nach Beendigung seines Studiums **1947** bis **1949** in New York verbrachte er noch ein Jahr in Europa. **1950** kehrte Cardenal nach Nicaragua zurück und war dort als Herausgeber und Autor tätig. **1954** beteiligte er sich an der so genannten April-Revolution gegen das Unrechtsregime des Diktators Somoza.
1956 fasste Cardenal, dem alle Möglichkeiten einer glänzenden Hochschulkarriere offen standen, einen völlig überraschenden Entschluss: Er trat in das Kloster Gethsemani in Kentucky/USA ein.
Nachdem er das Kloster **1959** aus Gesundheitsgründen verlassen musste, studierte er in Mexiko Theologie. **1961** übersiedelte er nach Kolumbien, um die Studien fortzusetzen und um als Lehrer in einem Priesterseminar zu arbeiten. In dieser Zeit entstanden seine „Psalmen", die ihn in der ganzen Welt bekannt machten.
1966 gründete Cardenal auf der Inselgruppe Solentiname eine christliche klosterähnliche Gemeinschaft. Solentiname wurde als Ort der Besinnung, der Poesie und der Solidarität mit den Ärmsten weltberühmt. Cardenal wurde zur Symbolfigur für die Verbesserung der Lebensumstände der Menschen auf der ganzen Welt. Ernesto Cardenal gilt als Begründer der sozialkritischen Befreiungstheologie.
In der Folgezeit beteiligte sich Cardenal immer aktiver am Kampf gegen das Unrechtsregime in seinem Land. Schließlich wurde er verfolgt. Um einer Verhaftung zu entgehen, floh Cardenal **1977** ins Exil nach Costa Rica. Von dort aus arbeitete er in enger Verbindung mit der Sandinistischen Befreiungsbewegung weiter im Widerstand gegen das Somoza-Regime seines Landes.
1979 hatte die Bewegung Erfolg: Somoza musste das Land verlassen. Die Sandinisten bildeten die neue Regierung Nicaraguas. Cardenal wurde Kulturminister, bis **1987** das Ministerium aus Kostengründen aufgelöst werden musste.
1980 wurde Cardenal der Friedenspreis des Deutschen Buchhandels verliehen.

> **Befreiungstheologie:**
> Von katholischen Theologen entwickelte Bewegung in Lateinamerika. Die Befreiungstheologie versteht das Evangelium als Aufforderung und Wegweiser, die Menschen der Entwicklungsländer aus Hunger, Armut und politischer Unterdrückung zu befreien. Die traditionelle katholische Kirche steht dem politischen Anspruch der Befreiungstheologie kritisch gegenüber.

1. Erstelle in deinem Heft einen tabellarischen Lebenslauf für Ernesto Cardenal:

   Lebenslauf von Ernesto Cardenal
   1925:   Ernesto Cardenal wird am 20. Januar in Granada/Nicaragua geboren.
   1942–1946: …

2. Ernesto Cardenal war einer der Begründer der Befreiungstheologie. Informiert euch genauer über diese Bewegung. Erstellt eine Projektarbeit.

3. Informiert euch über das Leben der Gemeinschaft in Solentiname. Auch hier ist eine Projektarbeit möglich.

Gebet für Marilyn Monroe

Herr, nimm dieses Mädchen auf.
Alle Menschen kannten sie unter dem Namen Marilyn Monroe,
obwohl das nicht ihr wirklicher Name war.
Doch du kennst ihren Namen,
den des Waisenkindes, das vergewaltigt wurde mit 9 Jahren,
den Namen der Verkäuferin, die mit 16 versuchte, ihrem Leben ein Ende zu machen,
und die jetzt vor dir steht
ohne Make up,
ohne ihren Manager,
ohne Fotografen,
die keine Autogramme mehr gibt,
die einsam ist wie ein Astronaut vor der Nacht des Universums.

Der Film ist aus – doch es gibt kein Happy End.
Man fand sie tot in ihrem Bett, den Hörer in der Hand.
Und die Detektive wussten nicht, mit wem sie sprechen wollte.
Es war, wie wenn jemand die Nummer der einzigen Freundesstimme wählt
und eine Stimme vom Tonband hört, die schnarrt: Wrong Number.
Herr, wer es auch sei, den sie anrufen wollte und nicht erreichte,
vielleicht war es niemand
oder jemand, dessen Nummer nicht im Telefonbuch von Los Angeles steht,
nimm du den Hörer ab.

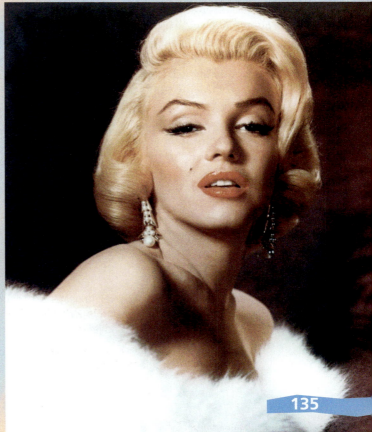

1. Was wisst ihr über Marilyn Monroe?
2. Warum formuliert Ernesto Cardenal ein Gebet für die Schauspielerin? Was will er damit sagen? Wem will er damit etwas sagen?
3. Was meint Cardenal, wenn er Gott bittet: „Nimm du den Hörer ab"?
4. Wen würdest du anrufen, wenn du in allertiefster Not wärst?
Was würdest du machen, wenn du niemanden erreichen könntest?

Sabine Ball

Zur Person

Sabine Ball wird **1925** in Königsberg geboren.
1945 verlässt sie zusammen mit ihrem Bruder Ostpreußen und zieht nach Dresden. Das Bombeninferno, das die Stadt am 13. Februar 1945 in Schutt und Asche legt, überlebt sie nur durch einen glücklichen Zufall. **1949** wandert sie nach Amerika aus.

Zunächst arbeitet Sabine Ball als Hausmädchen in New York City, lässt sich später aber zur Hotelfachfrau ausbilden. In einem exklusiven Yachtclub in Miami, dessen Managerin sie bald wird, lernt sie viele einflussreiche Menschen kennen, darunter Richard Nixon, den späteren Präsidenten der Vereinigten Staaten von Amerika, sowie Conrad Hilton, den Gründer der Hilton-Hotels. Dort begegnet sie auch dem sehr wohlhabenden Cliff Ball. **1953** heiraten die beiden und bekommen zwei Söhne. Sabine Ball führt das schöne Leben einer Millionärsgattin – Luxusyacht, Villa, schnelle Autos, edle Garderobe.

Doch nach zehn Jahren scheitert ihre Ehe, u. a. an den Alkoholproblemen ihres Mannes. Nach ihrer Scheidung findet sie Anschluss an die Hippie-Bewegung in San Francisco – junge Menschen mit langen Haaren, bunten Kleidern und ebenso bunten Gedanken. Viele von ihnen nehmen Drogen. **1968** kauft Sabine Ball in Kalifornien ein Stück Land und gründet eine Hippie-Kommune, um diese jungen Menschen von den Drogen weg zu bekommen. Gemeinsam teilt man die Sehnsucht nach einem anderen Leben. In dieser Phase der persönlichen Suche nach einem Sinn des Lebens findet sie **1972** Antwort im christlichen Glauben. Fortan stellt sie ihr Leben in den Dienst für junge Menschen.

1993 kehrt Sabine Ball nach Dresden zurück. Auch dort haben es ihr die jungen Menschen angetan, denen sie helfen will. Gegen viele Widerstände und Bedenken baut sie einen Treffpunkt für Kinder und Jugendliche auf, die nicht wissen, wo sie hin sollen: das Café stoffwechsel. Nicht nur für ihr leibliches Wohl wird dort gesorgt, auch die Seele wird nicht vernachlässigt. Aus Sabine Ball wird bald eine ‚Ersatzmutter' für die Dresdner Straßenkinder. Mit vielen freiwilligen Helfern steht sie denen zur Seite, die nicht das Glückslos gezogen haben. Und sie freut sich riesig, wenn jemand sein Leben wieder in den Griff bekommt – mit ihrem Einsatz, aber vor allem, wie Sabine Ball immer wieder betont, mit Gottes Hilfe.
2002 zieht der Treffpunkt stoffwechsel in größere Räumlichkeiten, nachdem die Arbeit stark angewachsen ist. Sabine Ball hat sich aus der Kinderarbeit zurückgezogen und ist heute im ganzen Land unterwegs. Sie hält Vorträge in Schulen, Gefängnissen, auf Konferenzen sowie in Kirchengemeinden.

---

1. Erstelle in deinem Heft für Sabine Ball einen tabellarischen Lebenslauf:

   Lebenslauf von Sabine Ball
   1925:   Sabine Ball wird in Königsberg geboren.
   1945:   …

2. a) Stell dir vor, in deiner Umgebung würde jemand wie Sabine Ball eine Anlaufstelle für Kinder und Jugendliche einrichten. Welche Angebote sollte es dort geben?
   b) Kennst du jemand, den du dorthin mitnehmen würdest?

3. Überlegt mit eurer Lehrerin oder eurem Lehrer: Was könnt ihr gemeinsam für Kinder mit Problemen in eurer Schule/Stadt tun?

Sabine Ball – „Mutter Teresa von Dresden"

Rico, 8 Jahre
- wurde im stoffwechsel von einer Meute Halbstarker fast totgeprügelt
- war ohnmächtig geworden und hatte einige Zähne verloren
- der Notarzt hatte ihn ins Krankenhaus gebracht
- Sabine Ball besucht ihn, sooft es ihre Zeit erlaubt
- Rico geht es langsam wieder besser

Mo, 18 Jahre
- zwei kleine Kinder von verschiedenen Männern
- beide Väter haben sie verlassen
- ein Liebhaber hat Drogen in ihrem Kühlschrank versteckt
- die Mafia bedroht sie deshalb
- Gestern konnte sie gerade noch ins stoffwechsel fliehen
- Sabine Ball brachte sie an einen sicheren Ort

Marion, 14 Jahre
- mit 12 J. von ihrem Onkel vergewaltigt
- wohnt jetzt bei 30-jährigem Freund
- ist todunglücklich, aber kommt nicht raus aus dem Milieu

Frau Ball
- nimmt sich jeden Morgen Zeit zum Gebet für die Kinder
- „Gott hat mich hierher gerufen. Es ist seine Kraft und Liebe, die ich hier weitergebe. Ohne Gott wäre ich sicher ein selbstsüchtiger Mensch geblieben. Nur durch Jesus bin ich zu einem neuen Mensch geworden."

1. Zwei Neuntklässler einer Dresdener Reli-Klasse haben Sabine Ball für die Schülerzeitung interviewt. Die Notizzettel von dem Gespräch findet ihr auf dieser Seite. Schreibt zu zweit einen Artikel aus den Informationen.

Christian Führer, Pfarrer der Nicolaikirche in Leipzig

Zur Person

Christian Führer wurde **1943** in Leipzig geboren. Von **1961** bis **1966** studierte er an der Universität in Leipzig Theologie und arbeitete danach als Pfarrer in verschiedenen Gemeinden in der ehemaligen DDR. Seit **1980** ist er Pfarrer an der Nicolaikirche in Leipzig. Pfarrer Führer gab mit seinen Friedensgebeten, zu denen er jeden Montag in seine Kirche einlud, den Anstoß zur ersten friedlichen Revolution in der deutschen Geschichte.
Die Friedensgebete in der Nicolaikirche waren Ausgangspunkt der Leipziger Montagsdemonstrationen. Am **4. September 1989** gingen nach dem Montagsgebet in Leipzig zum ersten Mal Menschen auf die Straße. Dies wiederholte sich nun jeden Montag. Mit dem Ruf „Wir sind das Volk" meldeten sich Woche für Woche Hunderttausende DDR-Bürger zu Wort. Der Versuch der DDR-Sicherheitskräfte, diese Montagsdemonstrationen – zum Teil mit brutaler Gewalt – zu verhindern, blieb erfolglos. Die Leipziger „Montagsdemos" wurden zum Signal und zum Impuls für die gesamte Revolution in der DDR. Bald fanden überall im Land nach Gottesdiensten mächtige Protestdemonstrationen statt. Unter diesem Druck der Bevölkerung fiel am **9. November 1989** die Mauer in Berlin, die DDR-Diktatur war zu Ende.

Führer ist seitdem als „Wendepfarrer" in ganz Deutschland bekannt. Für seine Initiative und seinen Einsatz in der friedlichen Revolution ist Führer vielfach ausgezeichnet worden. **1991** bekam er den Theodor-Heuss-Preis verliehen.

1. „Die Friedensgebete Pfarrer Führers veränderten die Welt." Beschreibt, wie es dazu gekommen ist, und haltet die einzelnen Stationen in eurem Heft fest.

2. Informiert euch genauer über die Rolle der evangelischen Kirche beim Umsturz in der DDR. Erarbeitet ein Projekt.

3. Stellt euch vor: Bei einer Podiumsdiskussion zu dem Thema „Christen müssen sich einmischen" sitzen sich auf der einen Seite Christian Führer und Sabine Ball gegenüber, auf der anderen Seite Dietrich Bonhoeffer und Ernesto Cardenal. Worin sind sich die vier wahrscheinlich einig, worin unterscheiden sie sich? Wie sind diese Unterschiede zu erklären? Spielt das Gespräch.

Unbequeme Christen

Frieden stiften – jeden Tag

– Gedanken und Anstöße –

Montag

Das Gegenteil von Krieg ist nicht Friede, sondern Friedensdienst!

Eugen Rosenstock-Huessey

Dienstag

Wir werden vor Gott treten, um beurteilt zu werden, und Gott wird uns fragen: „Wo sind eure Wunden?" Wir werden erwidern: „Wir haben keine Wunden." Daraufhin wird Gott uns fragen: „Gab es nichts, wofür es wert gewesen wäre zu kämpfen?"

Allan Boesak

Mittwoch

Wer für das Schreien eines Armen nur taube Ohren hat, der bekommt keine Antwort, wenn er selbst um Hilfe ruft.

Sprüche 21,13

Donnerstag

Wer angesichts ungerechter Zustände neutral bleibt, hat die Seite der Unterdrücker gewählt. Hat ein Elefant seinen Fuß auf dem Schwanz einer Maus und du sagst, du wärst neutral, wird die Maus deine Neutralität nicht schätzen.

Bischof Desmond Tutu

Freitag

Was ist der Mensch?
Hoffnung, die zu Staub wird.
Nein.
Was ist der Mensch?
Staub, der zu Hoffnung wird.

Elie Wiesel

Samstag

An allem Unfug, der passiert, sind nicht etwa nur die schuld, die ihn tun, sondern auch die, die ihn nicht verhindern.

Erich Kästner

Sonntag

Wer die Schwachen unterdrückt, beleidigt ihren Schöpfer.
Wer dem Hilflosen beisteht, ehrt ihn.

Sprüche 14,31

1. Lest den Gedankenanstoß für den heutigen Wochentag. Welche Gedanken gehen euch dabei durch den Kopf?
2. An welchem Wochentag bist du geboren, oder an welchem Wochentag hast du in diesem Jahr Geburtstag? Lies den Spruch zu diesem Tag. Denke zwei Minuten darüber nach, was er dir ganz persönlich sagen könnte.
3. „Beten heißt vor Problemen fliehen, und bringt nichts!" Was haltet ihr von diesem Vorwurf?
4. Albert Schweitzer hält dagegen: „Gebete ändern nicht die Welt. Aber Gebete ändern die Menschen und Menschen ändern die Welt." Was meint Albert Schweitzer mit diesem Satz?
5. Formuliert oder sucht einen vergleichbaren Text. Tauscht eure Gedanken zu diesen Texten aus. Sammelt die Gebete an einer „Gebetswand".

Mareike, aktives Mitglied bei Amnesty International

Zur Person

Mareike ist 17 Jahre alt. Seit vier Jahren ist sie Mitglied bei Amnesty International (ai). Sie arbeitet in einer Gruppe, die sich intensiv um den politisch Verfolgten Bayazid Midhat kümmerte, der seit 1998 spurlos in Marokko verschwunden war. Und jetzt passierte, was kaum jemand zu hoffen wagte: Bayazid Midhat wurde freigelassen. Ohne Anklage oder Gerichtsverfahren war er acht Jahre lang völlig isoliert inhaftiert gewesen – etliche Jahre davon in dem berüchtigten marokkanischen Haftlager Tazmamert. Mareike hatte mit ihrer Gruppe immer wieder Briefe, E-Mails oder Faxe an Zeitungen und Botschaften geschrieben und in vielen Anfragen von den marokkanischen Behörden Auskunft über den Verbleib von Bayazid Midhat verlangt. Dies hatten auch andere ai-Gruppen gemacht. So wurde eine Öffentlichkeit hergestellt, deren Druck sich die marokkanische Regierung nicht mehr erwehren konnte. Dies hatte schließlich den Ausschlag für die Freilassung von Bayazid Midhat gegeben.

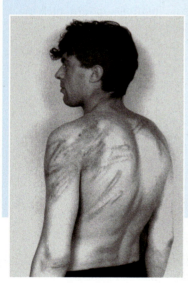

Amnesty International versucht Gefangene zu befreien und hilft Folteropfern wie diesem jungen Mann.

Mit zahlreichen Aktionen tritt amnesty an die Öffentlichkeit.

Unbequeme Christen

Interview mit Mareike für die Schülerzeitung „Durchblick" (DB):

DB: Du hast mitgeholfen, dass Bayazid Midhat wieder frei ist.
Mareike: Eigentlich nicht ich, sondern Amnesty International ist dafür verantwortlich. Ich habe mich lediglich mit meiner ai-Gruppe dafür eingesetzt.
DB: Habt ihr nach der Freilassung schon Kontakt zu Bayazid Midhat gehabt?
Mareike: Ja, er hat an ai geschrieben und berichtet, dass nach seiner Freilassung der Regent ihm eine riesige Kiste voller Briefe zeigte und fragte: „Wie ist es möglich, dass ein Gewerkschaftler wie Sie so viele Freunde auf der ganzen Welt hat?"
DB: Was ist Amnesty International eigentlich?
Mareike: ai ist eine internationale Menschenrechtsorganisation mit 1,2 Millionen Mitgliedern in über 140 Ländern.
DB: Was macht ai?
Mareike: Das große Ziel von ai ist die Wahrung der Rechte und Freiheiten, wie sie in der Allgemeinen Erklärung der Menschenrechte festgelegt sind.
DB: Was heißt das konkret?
Mareike: ai setzt sich für die Freilassung von Menschen ein, die aus politischen, weltanschaulichen, rassischen oder ethnischen Gründen in Haft sind oder in ihren grundlegenden Rechten unterdrückt werden. Allerdings nur, wenn sie keine Gewalt angewandt haben. ai wendet sich gegen jegliche Form der Folter und tritt für die weltweite Abschaffung der Todesstrafe ein.
DB: Aber das macht ihr doch ziemlich lasch. Ihr schreibt doch immer nur Briefe.
Mareike: Was heißt „nur"? Immerhin machen wir überhaupt was und oft haben wir ja damit auch Erfolg.
DB: Wie denn?
Mareike: So wie jetzt z. B. bei Bayazid Midhat. ai wird in der Öffentlichkeit gehört und von menschenrechtsverletzenden Regierungen gefürchtet. Unsere sehr ausdauernd geführten Kampagnen, die unzähligen Protestschreiben, die permanenten Appelle an die unterdrückenden Regierungen sind für die Machthaber eine stetige Mahnung, dass die internationale Öffentlichkeit ihr Tun wachsam verfolgt.
DB: Habt ihr Kontakt zu anderen ai-Gruppen?
Mareike: Ja, da arbeiten wir sehr gut zusammen. Es gibt immer wieder die sogenannten urgent actions, d. h. Eilaktionen, bei denen alle Gruppen und Mitglieder Informationen über dringende Menschenrechtsverletzungen bekommen, zu denen dann möglichst viele möglichst schnell Briefe, Faxe, E-Mails an die betroffenen Regierungsstellen schicken.
DB: Kommt so eine Freilassung wie bei Bayazid Midhat oft vor?
Mareike: Sehr oft nicht. Aber immer wieder erfahren wir, dass Gefangene, für die Aktionen gestartet wurden, anschließend besser behandelt wurden, einen Arzt oder Anwalt sehen durften oder sogar frei kamen.
DB: Wie bist du zu ai gekommen?
Mareike: Durch den Religionsunterricht. Da gab es mal eine Einheit „Menschen, die sich für andere einsetzen" und da habe ich zum ersten Mal von ai und auch von Greenpeace gehört. Ich habe dann mit Mitschülern eine Projektarbeit zu ai gemacht. So kam der Kontakt zustande.
DB: „Für andere einsetzen" – Willst du mal eine Mutter Teresa oder Mutter Mareike werden?
Mareike: Ich mach das nicht nur für die anderen. Ich merke, wie gut diese Arbeit auch für mich ist. Ich merke, gemeinsam mit anderen kann ich etwas bewirken. Das ist ein super Gefühl.
DB: Wie kann man sich über ai informieren?
Mareike: Wer sich für die Arbeit von ai interessiert, kann einfach mal zu einem unserer Treffen kommen, oder sich übers Internet informieren: www.amnesty.de. Unsere Homepage ist sehr gut.
DB: Vielen Dank für das Interview!

1. Was ist Amnesty International? Stellt diese Organisation, ihre Ziele und Arbeitsweisen in einem kurzen Text vor.

2. Informiert euch genauer über ai und Greenpeace. Dies kann auch in einer Projektarbeit geschehen. Präsentiert eure Ergebnisse. Ihr könnt auch eine weitere Hilfsorganisation vorstellen.

3. Rechercheaufgaben:
   a) Wann und von wem wurde ai gegründet?
   b) In welchem Jahr bekam ai den Friedensnobelpreis?

4. Was haben diese Organisationen mit dem Religionsunterricht zu tun?

5. Könnt ihr euch vorstellen, in einer solchen Organisation mitzuarbeiten oder Geld dafür zu spenden? Was spricht dafür, was dagegen?

6. Angenommen, du bist Chef einer Firma und hast über die Einstellung eines bzw. einer Auszubildenden zu entscheiden. Im Vorstellungsgespräch erfährst du, dass sich ein Bewerber in seiner Freizeit aktiv bei ai oder Greenpeace engagiert. Inwieweit könnte dies deine Entscheidung beeinflussen?

Juden und Christen

Erinnerung und Neuanfang

Nein, wie ist mir das peinlich! Am liebsten würde ich im Erdboden verschwinden!!! Ich heiße Janina, gehe in die 10. Klasse und fühle mich da eigentlich sehr wohl. Und jetzt das, und auch noch ausgerechnet in meinem Lieblingsfach, in Geschichte. Wir sprechen da gerade über den Nationalsozialismus und den Holocaust. Und unser Lehrer will wissen, ob jemand in Wirklichkeit oder aus Filmen etwas über die Gräueltaten aus dieser Zeit weiß. Keiner sagt was, doch plötzlich meldet sich Kevin: „Die Janina müsste das doch wissen. Die ist doch Jüdin!" Ich werde knallrot. Alle schauen mich an. Was soll ich jetzt sagen? Woher weiß Kevin das überhaupt? Ich bringe nur ein paar Worte heraus: „Ich weiß nicht viel darüber. Ich bin vor 16 Jahren hier in Deutschland geboren. Bei uns ist das heute eigentlich kein Thema mehr." In der Klasse habe ich nie darüber gesprochen, dass ich Jüdin bin. Ich wollte das auch gar nicht, schließlich bin ich eine von ihnen, ich bin Deutsche.

Ich frage ja auch niemanden: Bist du evangelisch, bist du katholisch oder bist du Moslem? Das ist doch auch grad egal. Wichtig ist, dass wir uns als Menschen gut verstehen. Das andere kann man sich ja persönlich erzählen, wenn man möchte. Meiner Freundin Katja habe ich ja gesagt, dass ich Jüdin bin. Mir ist das Ganze jetzt unheimlich peinlich. Zum Glück melden sich einige Mitschüler. Sedat: „Was bedeutet „Antisemitismus" eigentlich genau?" Meine Freundin Katja: „Warum soll denn Janina darüber was wissen? Warum fragt man denn nicht uns Christen, was unsere Großeltern oder was die Kirchen damals gemacht haben? Oder was haben denn eigentlich deine Großeltern damals gemacht? Erzähl doch mal, Kevin!" Timo: „Wieso uns Christen fragen? Was haben die Christen denn mit den Juden zu tun? Nichts! Die Ausschreitungen gegen die Juden waren doch alle politisch und nicht religiös." Anna: „Immer die alten Geschichten. Die interessieren doch heute keinen Menschen mehr. Was soll denn das bringen? Wir sollten besser über etwas sprechen, das uns heute betrifft." Erich: „Ich finde das Thema schon interessant, aber das mit der Judenfeindlichkeit hat doch schon viel früher angefangen. Wann und warum überhaupt?" Gott sei Dank wurde durch diese Fragen die Aufmerksamkeit etwas von mir abgelenkt. Aber ich habe doch noch Angst. Wie werden die anderen jetzt darauf reagieren, dass ich Jüdin bin? Wie soll ich mich verhalten? Ich finde es schrecklich!

1. Welches Problem hat Janina? Warum empfindet sie das alles so peinlich?
2. Was befürchtet Janina?
3. Wie soll sich Janina verhalten?
4. Ihre Mitschüler stellen viele Fragen. Versucht diese im Einzelnen zu beantworten.
5. Auf dieser Doppelseite findet ihr viele Bilder, die mit dem Judentum zu tun haben. Ordnet die Bilder den drei Bereichen „Religiöse Gegenstände", „Jüdisches Leben in Deutschland heute" und „Ausschreitungen gegenüber Juden" zu und erklärt sie jeweils.
6. Was wisst ihr über das Judentum? Woran glauben Juden? Was sind ihre Feste und Bräuche? Welche Gegenstände sind für die Ausübung ihrer Religion wichtig?

Juden auf dem Scheiterhaufen

Seminar an der Hochschule für Jüdische Studien in Heidelberg.

Jüdische Kindertagesstätte in Potsdam

Sederteller mit symbolischen Speisen

Die „Neue Synagoge" in Berlin.

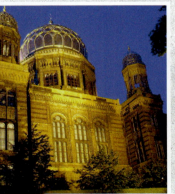

Brennende Synagoge 1938

Gebetsutensilien

Jüdischer Dichter im Mittelalter

Torarolle

Lagerzaun des ehemaligen KZ Auschwitz

143

Was hat denn das Christentum mit dem Judentum zu tun?

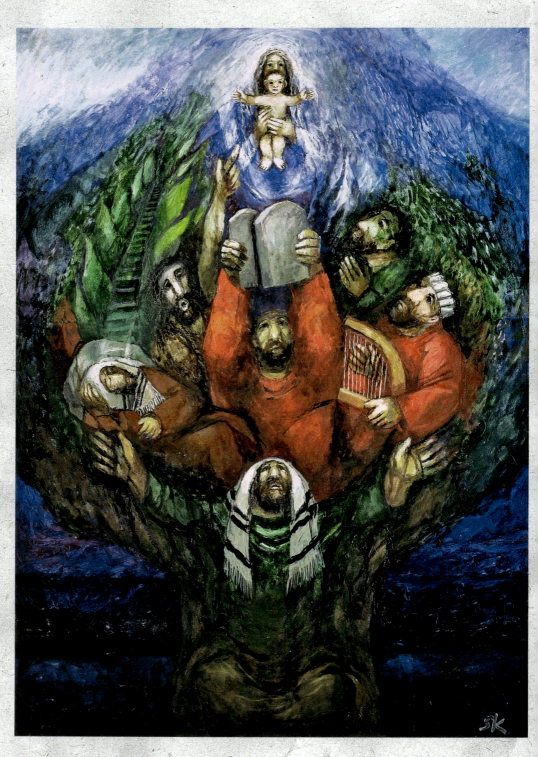

1. Betrachtet das Bild in Ruhe. Was seht ihr?
2. Was fällt euch besonders auf (Personen, Farben, Symbole)?
3. Welche Aussagen vermittelt das Bild? Belegt diese Aussagen durch einzelne Bildelemente.
4. Das Bild zeigt Mose, Abraham, Jakob, Josef, Maria, Johannes, Jesus und David. Was wisst ihr über die einzelnen Personen? Wer stammt aus dem Alten Testament, wer aus dem Neuen Testament?
5. Ordnet die Namen den Personen auf dem Bild zu.
6. Was sagt das Bild über das Judentum, über Jesus und das Christentum aus?
7. Sammelt Titel, die zu dem Bild passen würden.

Juden und Christen

Das Christentum ist aus dem Judentum hervorgegangen

Janinas Klasse lässt das Problem nicht in Ruhe. In den verschiedenen Fächern versuchen die Schüler mit ihren Lehrerinnen und Lehrern die aufgeworfenen Fragen (vgl. S. 142) zu beantworten.

1. Die Religionslehrerin fasst das Ergebnis der Diskussion zusammen. Setzt das Textpuzzle in der richtigen Reihenfolge zusammen und übertragt es in euer Heft.

> Auch seine Jünger waren Juden. Sie redeten ihn oft mit „Rabbi" an. Am Kreuz betete er den Psalm 22.

> Paulus, der die christliche Botschaft in der ganzen Welt verkündete, war ebenfalls Jude und hatte sogar eine Ausbildung als jüdischer Schriftgelehrter gemacht.

> In seinem Brief an die christliche Gemeinde in Rom schreibt Paulus über das Verhältnis von Judentum und Christentum: Nicht du trägst die Wurzel, sondern die Wurzel trägt dich.

> Das Christentum gäbe es ohne das Judentum nicht. Jesus, auf den das Christentum zurückgeht, war Jude. Er wurde in Israel von einer jüdischen Mutter geboren und wie für Juden üblich beschnitten.

> Jesus wurde nach den Grundsätzen der Tora erzogen. Er lebte nach den heiligen Schriften der Juden, die wir Christen Altes Testament nennen.

2. a) Paulus schreibt an die Christen in Rom: „Du sollst wissen: Nicht du trägst die Wurzel, sondern die Wurzel trägt dich." Was will Paulus damit über das Verhältnis zwischen Judentum und Christentum sagen? Was ist die Wurzel? Was ist der Stamm? Was sind die Zweige? Wer trägt wen?
   b) Was bedeutet es für das Christentum, dass es aus dem Judentum hervorgegangen ist?

3. Ein jüdischer Rabbi wurde gefragt, wie er das Neue Testament und damit auch das Christentum versteht. Er antwortete:
   „Ein Jude kann Jude sein und seinen Glauben leben, ohne dass er sich mit dem Christentum auseinander setzen muss. Ein Christ kann aber nur dann Christ sein, wenn er seine Wurzeln ernst nimmt. Und diese Wurzeln liegen im biblischen Judentum."
   Was sagt der Rabbi damit über das Verhältnis von Judentum und Christentum aus?

Woher kommt die Judenfeindlichkeit?

Im Geschichtsunterricht bekommen die Schülerinnen und Schüler die Aufgabe, jeweils eine der folgenden vier Fragen zu beantworten.
1. Was bedeutet Antisemitismus?
2. Welche Formen des Antisemitismus kann man unterscheiden?
3. Seit wann gibt es einen solchen Judenhass?
4. Gibt es heute bei uns auch noch Antisemitismus?

1. Ordnet die folgenden Antworten den vier Fragen zu.
2. Formuliert zu jeder Frage eine eigene Antwort in eurem Heft.

A Dem *rassistischen Antisemitismus* liegt die Behauptung zugrunde, dass es Menschen und Völker gibt, die mehr und weniger wert sind. Bei dieser falschen Vorstellung stehen Arier und Germanen an oberster, Farbige, Indianer und Juden an unterster Stelle.

B Seit der Zerstörung ihrer Heimat durch die Römer lebten die Juden in der ganzen Welt zerstreut. Dennoch hielten sie auch in den fremden Ländern über Jahrhunderte an ihrer Religion und ihren Sitten fest. Seitdem gibt es *Judenhass*.

C Antisemitismus kommt *heute* in den wenigsten Fällen durch persönliche Begegnungen mit Juden zustande. Bei der Abneigung gegenüber Juden handelt es sich also um Vorurteile.

D Den *christlichen Antisemitismus* gibt es, seit das Christentum Staatsreligion wurde. Vor allem zwei Vorwürfe machen Christen den Juden: Die Juden sind schuld an der Kreuzigung Jesu, und: die Juden sind ungläubig, weil sie Jesus nicht als Gottessohn und Messias ansehen. Mit solch unsinnigen Behauptungen rechtfertigte die christliche Kirche schlimmste Verfolgungen und Bestrafungen der Juden.

E *Antisemitismus* bezeichnet die Verachtung und die Verfolgung der Juden. Antisemitismus kann in verschiedenen Formen vorkommen.

F Vorurteile gegenüber Juden sind bei vielen Menschen auch *heute* noch tief verwurzelt und werden durch Erziehung von einer Generation zur anderen weitergegeben. Oft wird dabei versucht, die eigenen Minderwertigkeitsgefühle durch das Herabsetzen und Verunglimpfen der jüdischen Minderheit zu verdrängen.

G Beim *allgemeinen Antisemitismus* entsteht der Hass gegenüber den Juden wegen sozialer und politischer Unterschiede.

H Je mehr sich die Juden der Bekehrung zum Christentum widersetzten, umso fremder wurden sie dem anderen Volk. Es entstand Aberglauben, Gräuelmärchen wurden verbreitet. Die Juden wurden zu verachteten, aber auch gefürchteten Außenseitern und Sündenböcken. Immer wieder machte sich der *Judenhass* in Gewalttaten gegen sie Luft.

I Man *unterscheidet* zwischen, rassistischem, christlichem und allgemeinem Antisemitismus.

Juden und Christen

1. Lest die folgenden Verunglimpfungen gegenüber Juden und setzt ihnen jeweils sachliche Argumente entgegen.
2. Um welche der drei Formen des Antisemitismus (rassistisch, christlich, allgemein) handelt es sich jeweils?
3. Ordnet in eurem Heft die Überschriften der Texte den drei Formen des Antisemitismus zu.

„Die Juden begehen Ritualmorde"
Man warf den Juden vor, dass sie Christen, insbesondere Kinder, töteten, um ihr Blut für kultische Zwecke zu verwenden. Obwohl diese Beschuldigungen jeglicher Grundlage entbehrten und nur aufgrund von unter der Folter erzwungenen „Geständnissen" aufrecht erhalten werden könnten, haben sie viele Verfolgungen ausgelöst.

„Die Juden vergiften Brunnen"
Als im Mittelalter mehr Christen als Juden an der Pest erkrankten, verbreitete sich das Gerücht, die Juden hätten die Brunnen der Christen vergiftet. Es kam darauf zu schlimmen antijüdischen Ausschreitungen. Dabei wurden die Juden nur deshalb weniger von der Pest befallen, weil sie sich – aus religiösen Gründen – öfter wuschen.

„Die Juden sind habgierige Blutsauger"
Christen war seit dem 8. Jh. das Zinsnehmen verboten. Die mittelalterliche Wirtschaft konnte jedoch ohne Kreditgeschäfte nicht existieren. So durften die Juden diesen Geschäften nachgehen. Als später auch die Christen Geldgeschäfte machen durften, warf man den Juden vor, die Christen durch zu hohe Zinsen „auszusaugen". Dass diese hohen Zinsen aber zum Überleben der Juden notwendig waren, zeigt ein Dekret des Kaisers Friedrich III., in dem er schreibt: Wo der Christ zehn Schock nimmt, soll der Jude zwanzig nehmen dürfen, weil er sonst nicht leben könnte, da er viel mehr Steuern zahlen muss als der Christ.

„Die Juden sind minderwertig"
Im 19. Jh. begann man, Menschen nach Merkmalen ihrer so genannten Rasse zu beurteilen. Einzelne Forscher behaupteten, es gäbe gute und böse Rassen. Zu den guten zählten z.B. die Arier und Germanen; zu den bösen z.B. die Juden und die Neger. Die Nationalsozialisten unter Adolf Hitler verwerteten diese Gedanken der Rassentheorie für ihre politischen Ziele. Sie wollten die Juden aus Deutschland vertreiben und schließlich das ganze europäische Judentum ausrotten.

„Die Juden sind Geschäftemacher"
Diese Vorwürfe entstammten oft genug dem Konkurrenzneid. Im Mittelalter waren den Juden die meisten Berufe verschlossen. Aus der Landwirtschaft wurden sie verdrängt. Ein Handwerk konnten sie nicht ausüben, weil sie als Nichtchristen kein Mitglied einer Zunft werden durften. So blieb ihnen nur das Geldgeschäft und der Kleinhandel.

„Die Juden sind Gottesmörder"
Man warf den Juden vor, dass sie Jesus umgebracht hätten und nannte sie „Gottesmörder". Bei den Kreuzzügen wollte man die Juden dafür „bestrafen". Tausende von Juden wurden umgebracht oder sie mussten sich zwangstaufen lassen. Heute wissen wir, dass Jesus von den römischen Behörden als Aufrührer hingerichtet wurde. Jüdische Behörden (der Hohe Rat) haben dabei allenfalls mitgewirkt.

Höhepunkt des Antisemitismus in der Zeit des Nationalsozialismus

Nach der Machtübernahme im Januar 1933 gingen die Nationalsozialisten sofort daran, ihren Antisemitismus in praktische Politik umzusetzen. Die antijüdischen Maßnahmen wurden ständig verschärft. Man kann dabei vier Phasen unterscheiden:

1. Phase: Einzelne Maßnahmen und Ausschreitungen gegen Juden.
2. Phase: Verstärkte Diskriminierung (Missachtung) aufgrund der Nürnberger Rassengesetze.
3. Phase: Organisierte Ausschreitungen gegen Juden und jüdisches Eigentum, erste Deportationen.
4. Phase: Massentransporte in Konzentrationslager und Massenvernichtung.

1. Beschreibt die Fotos und lest die Maßnahmen gegen die Juden. Ordnet beides den oben genannten vier Phasen zu.

- Juden dürfen keine Beamten mehr sein.
- Jüdische Geschäfte werden boykottiert.
- Juden dürfen keine Ärzte und Anwälte mehr sein.
- Alle Juden werden gezwungen, sich den Beinamen Israel oder Sara zuzulegen.
- Eheschließungen zwischen jüdischen und nichtjüdischen Deutschen werden verboten.
- Juden dürfen nicht mehr studieren.
- Für jüdische Schüler werden eigene Klassen eingerichtet.
- Wer als Jude mit einem nichtjüdischen Deutschen Geschlechtsverkehr hat (sog. Rassenschande), wird mit dem Tode bestraft.
- Alle Juden müssen den gelben Judenstern tragen.
- Juden dürfen keine öffentlichen Verkehrsmittel benutzen.
- Juden dürfen weder Autos besitzen noch mit Autos fahren.
- Juden dürfen keine Fahrräder besitzen.
- Juden dürfen keine Wälder und Grünanlagen betreten.
- Juden dürfen kein Radio hören.
- Juden dürfen nicht mehr ins Kino gehen.

- Juden dürfen keine Zeitungen und Bücher kaufen.
- Juden dürfen keine Schwimm- oder Hallenbäder mehr besuchen.
- Juden dürfen keine Haustiere besitzen.
- Jüdische Geschäftsleute müssen ihre Betriebe zu Spottpreisen verkaufen.
- Juden kann die Wohnung fristlos gekündigt werden.
- Juden dürfen keine Einzelhandelsgeschäfte mehr führen und kein Handwerk mehr betreiben.
- Juden dürfen zu keinem nichtjüdischen Friseur gehen.
- Juden dürfen keine Fisch- und Fleischwaren, kein Brot, keine Brötchen, keine Milch, kein Obst, keine Süßigkeiten mehr kaufen.
- Jüdische Geschäfte und Synagogen werden zerstört (Reichspogromnacht).
- Juden werden systematisch ermordet.
- Juden aus ganz Europa werden in Viehwaggons zu Vernichtungslagern transportiert.
- Juden werden misshandelt und zu medizinischen Versuchen missbraucht.
- Es finden Massenerschießungen und Massenvergasungen von Juden statt.

2. Überlegt euch, was die jeweiligen Maßnahmen für die Betroffenen bedeuten, und zwar für die finanzielle Lage, für ihre Familien und den Freundeskreis, für ihre persönlichen Wünsche und Ziele.
3. Erstellt eine Tabelle: Maßnahmen/Folgen für die Betroffenen.

Wie haben sich die Kirchen in dieser Situation verhalten?

1. Was sagt dieses Foto über das Verhältnis zwischen Hitler und den Kirchen aus?

„Deutsche Christen" gegen „Bekennende Kirche"
Im Religionsunterricht diskutiert Janinas Klasse über die Position der Kirchen in der Zeit des Nationalsozialismus. Die Religionslehrerin informiert:
Man muss sagen, dass die Kirchen in dieser Situation versagt haben. Viele Christen und Kirchenleitungen begrüßten 1933 die Regierungsübernahme Hitlers. Diese Hitleranhänger wollten ein „deutsches" Christentum. Alle zum Christentum übergetretenen und getauften Juden sollten aus der Kirche entfernt und alles Jüdische in der Bibel ausgemerzt werden. Sie nannten sich selbst „Deutsche Christen" und wurden von den Nationalsozialisten massiv unterstützt.
Als Gegenbewegung zu den Deutschen Christen bildete sich die „Bekennende Kirche", für die nicht Rasse oder Volkszugehörigkeit, sondern allein das Bekenntnis zu Jesus Christus entscheidend war. Allerdings sagte auch die Bekennende Kirche kaum etwas zur Verfolgung der Juden. Zum politischen Widerstand konnten sich nur wenige Mitglieder entschließen. Zu ihnen gehört der Pfarrer Dietrich Bonhoeffer.

2. Ordne die folgenden Aussagen diesen beiden Kirchengruppen zu:
   - Die Kirche ist keiner anderen Autorität unterstellt als der von Jesus Christus.
   - Die Kirche soll sich dem nationalsozialistischen Staat und dem „Führer" Adolf Hitler unterordnen.
   - Das Alte Testament soll aus der Bibel entfernt werden, weil es auch die jüdische heilige Schrift ist.
   - Die Lehre der Deutschen Christen ist mit dem christlichen Bekenntnis nicht vereinbar.
   - Die Kirche soll „judenfrei" sein.
   - Entscheidend für die Zugehörigkeit zur Kirche sind nicht Rasse oder Volkszugehörigkeit, sondern allein das Bekenntnis zu Jesus Christus.

3. Die Religionslehrerin meint, die Kirchen hätten versagt. Wie kommt sie zu einer solchen Meinung?

4. Wie hätten sich die Kirchen anders verhalten können? Was wären evtl. die Folgen gewesen?

Anpassung und Widerstand

Es gab nur wenige Christen, die sich nicht anpassten, sondern Widerstand gegen die antisemitischen Maßnahmen der Nationalsozialisten leisteten.
Man kann mehrere Formen von Widerstand unterscheiden: Verweigerung, Protest, aktiver Widerstand.

1. Ordnet die folgenden Fälle diesen drei Formen des Widerstands zu:
   - Ein Lehrer verweigert den geforderten Hitlergruß zu Beginn der Unterrichtsstunden.
   - Die Bekennende Kirche protestiert in einer großen Denkschrift gegen Menschenrechtsverletzungen des Nazi-Regimes.
   - Christen planen ein Attentat auf Hitler.
   - Ein Berliner Gemeindeglied fälscht Pässe, um gefährdeten Juden die Ausreise zu ermöglichen.
   - Ein Junge trägt im Jahr 1942 einer alten jüdischen Frau mit Judenstern die Einkaufstasche nach Hause.
   - Einige Studenten drucken und verbreiten 1943 Flugblätter gegen Hitler und den Krieg.
   - Der Leiter eines Krankenhauses weigert sich, die geforderten Meldebögen für die Kranken auszufüllen.

2. Stell dir vor, du lebst in dieser Zeit und willst die schlimmen Menschenrechtsverletzungen und judenfeindlichen Untaten des Nazi-Regimes nicht so einfach hinnehmen. Welche der drei Widerstandsformen kämen für dich in Frage? Welche eher nicht? Begründe deine Meinung.

… dem Rad in die Speichen fallen

Zu den Christen, die aktiv den politischen Umsturz planten, gehörte der Berliner Pfarrer Dietrich Bonhoeffer. Kurz vor Kriegsende wurde er im KZ Flossenbürg zusammen mit anderen Widerstandskämpfern ermordet.

> „Es reicht nicht,
> die Opfer unter dem Rad zu verbinden.
> Man muss dem Rad selbst in die Speichen fallen."
>
> *Dietrich Bonhoeffer, 1933*

3. Was will Bonhoeffer mit diesem Bildwort sagen?
4. „Übersetzt" und ergänzt die folgende Tabelle:

Was Bonhoeffer sagt	Was Bonhoeffer damit meint
Wer oder was ist das „Rad", das über Menschen hinwegfährt, sie verletzt und sie zu Opfern macht?	
Wer sind „die Opfer unter dem Rad"?	
Worin bestehen die „Verletzungen" der Opfer?	
„Die Opfer verbinden" – Was könnte Bonhoeffer damit gemeint haben?	
Was bedeutet „dem Rad in die Speichen fallen"?	

Erinnern – was soll das denn bringen?

Im Deutschunterricht beschäftigt sich Janinas Klasse mit der Frage, warum man sich an Vergangenes erinnern soll. Die Schülerinnen und Schüler verfassen Gedichte.

Erinnern – warum?

Erinnern – warum?
Ich bin kein Täter. Ich bin nicht schuld!
Ich bin kein Opfer. Ich verspüre keinen Hass.
Ich bin nicht dabei gewesen.
Erinnern – warum?

Erinnern – warum?
Wer sind die Täter? Ich kenne niemand.
Wer sind die Opfer? Ich kenne niemand.
Was geht mich das an?
Erinnern – warum?

Erinnern – warum?
Ich bin jung.
Meine Zukunft liegt vor mir – nicht hinter mir.
Ich will mich auf mein Leben freuen. Unvorbelastet!
Erinnern – warum?

Anna, 17 Jahre

„Gefallenes Laub" – Das Kunstwerk erinnert im jüdischen Museum Berlin an die Opfer des Holocaust.

Holocaustmahnmal Berlin.

Erinnern

Was war.
Ich bin nicht verantwortlich. Was war.

Was sein wird?
Ich bin verantwortlich. Was sein wird.

Was wird sein? Nicht was war!
Hoffentlich!
Erinnern sich alle!

Max, 16 Jahre

1. Vergleicht die beiden Gedichte. Was halten Anna und Max jeweils vom Erinnern? Wie begründen beide ihre Haltung?
2. Welcher Haltung kannst du dich eher anschließen? Diskutiert eure Meinungen.
3. Versucht eigene Gedichte zum Thema „Erinnern" zu verfassen.
4. Gestaltet ein Holocaustmahnmal. Informiert Euch hierzu bei den folgenden Internetseiten: www.holocaustcenter.org; www.yad-vashem.de; www.holocaust-mahnmal.de

Juden und Christen

Die Lehren der Geschichte?

Die Nachrichtenagentur AP dokumentiert folgende Fälle:

14. Januar Der iranische Schauspieler Shab-baz wird im Bahnhof von Meiningen in Thüringen zusammengeschlagen.

16. Januar Bei einem Angriff betrunkener Skinheads wird in Koblenz ein Schwarzafrikaner beleidigt und verletzt.

10. Februar Jugendliche prügeln in Sperenberg auf einen türkischen Imbissbetreiber ein. — In Perleberg bewerfen sieben Jugendliche einen dunkelhäutigen Mann mit Steinen.

21. Februar Gegen fünf rechte Gewalttäter, die im August im vorpommerschen Eggesin einen Farbigen zusammengeschlagen und lebensgefährlich verletzt haben, beginnt in Stralsund der Prozess.

25. Februar Die rheinland-pfälzische Polizei nimmt zwei Männer und eine Frau aus Rheinhessen fest, die im August die Wormser Synagoge und einen jüdischen Friedhof in Alsheim geschändet haben.

4. März Das Denkmal für den zu Tode gehetzten Algerier Omar Ben Noui im brandenburgischen Guben wird erneut geschändet. Unbekannte stehlen die Gedenkplatte.

15. März Eine Gruppe Jugendlicher beschimpft im Harzort Wernigerode in Sachsen-Anhalt zwei Männer aus der Türkei mit ausländerfeindlichen Parolen und beschießt sie aus Schreckschusswaffen.

16. März Sieben Skinheads werden in Essen nach einem Angriff auf einen 15-jährigen Schwarzafrikaner und einen gleichaltrigen Türken von der Polizei verhaftet.

17. März Im brandenburgischen Guben schänden Rechtsextreme den jüdischen Friedhof der Stadt.

10. April Gegen drei Jugendliche wird Haftbefehl erlassen, weil sie im Bahnhof von Ditzingen bei Stuttgart einen 34-jährigen Asylbewerber aus Sri Lanka niedergeschlagen und auf ein Gleis geworfen haben.

15. April Nach einem Brandanschlag auf ein Ausländer- und Armenwohnheim in Dorfen bei München werden acht rechtsradikale Jugendliche gefasst und dem Haftrichter vorgeführt.

20. April ...

1. „Nicht nur die Schuld von uns Deutschen bei den Gräueltaten des Nazi-Regimes muss uns beschäftigen, sondern vor allem die Tatsache, dass bei uns schon wieder Synagogen zerstört und Menschen anderer Rassen zu Tode gehetzt werden."
Was meint ihr: Wie ist das möglich, nach alldem?

2. In der Bibel steht: „Tu deinen Mund auf für die Stummen und für die Sache aller, die verlassen sind" (Sprüche 31,8), und: „Was ihr getan habt für einen meiner geringsten Brüder, das habt ihr für mich getan" (Matthäus 25,40).
Warum dürfen gerade Christen solche Vorfälle nicht einfach hinnehmen?

3. Welche Formen des Eingreifens sind in den einzelnen Fällen jeweils denkbar?

4. „Es reicht nicht, die Opfer unter dem Rad zu verbinden. Man muss dem Rad selbst in die Speichen fallen." Diese Forderung Bonhoeffers hat auch in unserer heutigen Zeit Gültigkeit. Ergänzt die Tabelle von S. 151 in eurem Heft um eine weitere Spalte: „Was kann dies in unserer heutigen Zeit bedeuten?"

Was Bonhoeffer sagt	Was kann dies in unserer heutigen Zeit bedeuten?
Wer oder was ist das „Rad", das über Menschen hinwegfährt, sie verletzt und sie zu Opfern macht?	
Wer sind „die Opfer unter dem Rad"?	
...	

Kirche

Mehr als man glaubt

1. Betrachtet das Bild in Ruhe. Was seht ihr?
2. Welche Aussagen vermittelt das Bild? Belegt diese Aussagen durch einzelne Bildelemente.
3. Die Ruine war früher eine Kirche. Was wurde zerstört, was blieb unversehrt?
4. Worin könnte man Hoffnungszeichen erkennen?
5. Was ist in einer Kirche verzichtbar?
6. Was braucht eine Kirche in jedem Fall, damit es noch eine Kirche ist?
7. Inwiefern könnte das Bild auch ein Symbol für den gegenwärtigen Zustand der Kirche überhaupt sein?

„In der Kirche gibt es Kirchen, bei denen die Kirche nicht in der Kirche stattfindet."

Schülerin: Guten Morgen Herr Pfarrer, vielen Dank, dass Sie sich bereit erklärt haben, unsere Fragen zum Thema Kirche zu beantworten. „In der Kirche gibt es Kirchen, bei denen die Kirche nicht in der Kirche stattfindet." Was halten Sie davon?

Pfarrer: Eine pfiffige Formulierung. In diesem Satz sind genau die vier Bedeutungen zusammengefasst, die Kirche haben kann:
1. Kirche ist die weltweite Gemeinschaft der Christen;
2. Kirche ist eine Religionsgemeinschaft oder Konfession, z. B. die evangelische oder die katholische Kirche;
3. das Gebäude, d. h. das christliche Gotteshaus; und
4. der Gottesdienst, man fragt z. B.: Wann ist heute Kirche?

Schülerin: Was bedeutet überhaupt das Wort „Kirche"?

Pfarrer: Der Begriff Kirche leitet sich ab von dem griechischen „kyriake", das bedeutet „dem Herrn gehörend". Kirche ist die Gemeinschaft von Menschen, die an Jesus Christus glauben.

Schülerin: Wenn jemand in die Kirche eintritt, wird er Christ. Und wenn er aus der Kirche austritt – ist er dann kein Christ mehr?

Pfarrer: Man kann Kirche auch als die christliche Gemeinschaft aller Gläubigen verstehen. Durch die Taufe wird man Mitglied. Die rechtliche Mitgliedschaft endet mit dem Kirchenaustritt, das Christsein muss dadurch nicht enden. Zum Christsein und zum Glauben an Gott gehört allerdings immer die Gemeinschaft mit anderen untrennbar dazu.

Schülerin: Hat Jesus die christliche Kirche gegründet?

Pfarrer: Jesus wollte keine Kirche gründen. Er wollte das Judentum reformieren. Die Kirche gründet sich allerdings auf das Leben und Wirken Jesu. Kirche im eigentlichen Sinn ist erst nach Ostern entstanden. Nach der Erscheinung des Auferstandenen haben sich die Anhänger Jesu in Jerusalem zusammengefunden. Als Geburtsstunde der Kirche gilt das Pfingst-Erlebnis mit der Aussendung des Heiligen Geistes.

Schülerin: Was ist die Aufgabe der Kirche?

Pfarrer: Die Kirche hat zwei Aufgaben:
1. die Verkündigung des Wortes Gottes und 2. den Dienst am Mitmenschen und an der Gesellschaft.

Schülerin: Herzlichen Dank!

---

1. Welche vier Bedeutungen hat „Kirche"?
2. „In der Kirche gibt es Kirchen, bei denen die Kirche nicht in der Kirche stattfindet." „Übersetzt" diesen Satz mit Hilfe der Erklärungen des Pfarrers, so dass das Wort „Kirche" vermieden wird.
3. Woher kommt das Wort „Kirche"?
4. Wie ist die christliche Kirche entstanden?
5. Welche Aufgaben hat die Kirche?
6. Sammelt Beispiele, an denen man sieht, dass die Kirche ihre Aufgaben wahrnimmt.

Die Entstehung

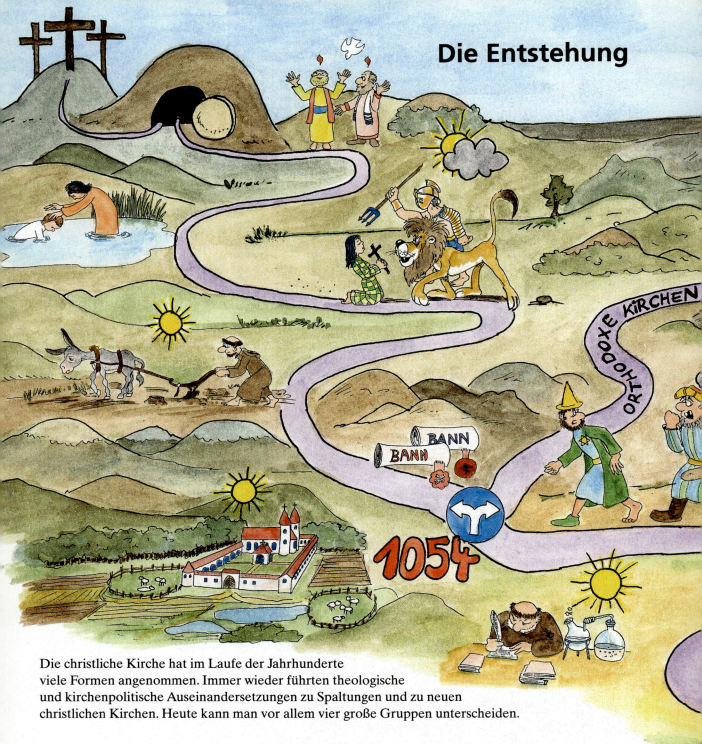

Die christliche Kirche hat im Laufe der Jahrhunderte viele Formen angenommen. Immer wieder führten theologische und kirchenpolitische Auseinandersetzungen zu Spaltungen und zu neuen christlichen Kirchen. Heute kann man vor allem vier große Gruppen unterscheiden.

1. Der geschichtliche Weg der Kirche ist geprägt durch viele Ereignisse, die auf der Karte durch Zeichnungen gekennzeichnet sind. Beschreibt den Weg der Kirche anhand dieser Zeichnungen.

2. In der Geschichte der Kirche gab es immer wieder Licht und Schatten, d. h. positive und negative Ausprägungen. Auf der Landkarte sind diese symbolisch dargestellt. Deutet die einzelnen Symbole und stellt die dunklen und hellen Seiten der Kirche in einer Tabelle gegenüber.

3. Zeichne den Entwicklungsweg der christlichen Kirchen mit den wichtigsten Stationen und Symbolen in dein Heft.

Kirche

der christlichen Kirchen

Die vier wichtigsten christlichen Kirchen

Legende zur Kirchen-Karte

Orthodox bedeutet „rechtgläubig". Mit der Teilung des römischen Reiches (395 n.Chr.) begann die Trennung zwischen Ost- und Westkirchen. 1054 kam es zur endgültigen Spaltung. Die Ostkirchen nennen sich von nun an auch orthodoxe Kirchen. Während der Papst das Oberhaupt über die ganze katholische Kirche ist, gibt es in den Ostkirchen verschiedene, voneinander unabhängige Patriarchate mit einem Patriarchen an der Spitze. Charakteristisch für die orthodoxen Gottesdienste sind feierliche Gewänder und festliche Gesänge. Auf Ikonen, d.h. Kultbildern, werden Christus, die Gottesmutter und die Heiligen verklärt im Himmel dargestellt, nicht in ihrer geschichtlichen Umwelt.

Die Katholiken glauben, dass ihre Kirche der fortlebende Leib Christi auf Erden ist. Ihr Oberhaupt, der Papst, wird zugleich als der irdische Stellvertreter Jesu Christi angesehen. Im Mittelpunkt des kirchlichen Lebens stehen die Sakramente. Zwei der sieben Sakramente können nur Bischöfe spenden: die Firmung und die Priesterweihe, die anderen jeder Priester: Taufe, Abendmahl, Beichte und Krankenölung. Das Ehesakrament spenden sich die Eheleute selber in Anwesenheit eines Geistlichen, der ihren Bund segnet.

Freikirchen sind Kirchen, die besonderen Wert auf die bewusste (Glaubens-)Entscheidung ihrer Mitglieder legen. Deshalb lehnen viele Freikirchen die Taufe von Babys ab. Freikirchen sind z.B. Methodisten und Presbyterianer, Baptisten, Brüdergemeinde, Quäker und viele andere. Alle glauben an den einen Gott, der sich im gekreuzigten und auferstandenen Jesus Christus offenbart hat. Ihnen ist die Gemeinschaft besonders wichtig, und die Mitglieder arbeiten tatkräftig in ihren Gemeinden mit.

In der Reformationszeit entstanden zwei evangelische Kirchen: die lutherische und die reformierte. Unterschiede bestehen hauptsächlich im Verständnis des Abendmahls und in der Gottesdienstfeier. Im 19. Jahrhundert schlossen sich in einigen deutschen Ländern Reformierte und Lutheraner zu unierten (vereinigten) Kirchen zusammen. Allen evangelischen Kirchen gemeinsam ist die Überzeugung, dass allein die Bibel, und nicht die Meinung des Papstes, Maßstab für Leben und Lehre der Kirchen ist. Gemeinsam bekennen sie, dass der Mensch allein durch den Glauben von Gott angenommen wird, und nicht durch gute Werke. Sie kennen zwei Sakramente: die Taufe und das Abendmahl.

> **Sakrament**
> *Ein Sakrament ist eine heilige Handlung, mit der die Gnade Gottes sichtbar vermittelt wird.*

1. Ergänze die Karte in deinem Heft durch eine kurze Erklärung zu den vier Kirchen.
2. Was versteht man unter einem Sakrament?
3. Welche Sakramente gibt es in der evangelischen Kirche, welche in der katholischen?
4. Ordnet die folgenden Texte den einzelnen Wegabzweigungen auf der Kirchenkarte zu:

Weil die östlichen Kirchen den Papst als ihren Oberherren ablehnen und sich die westliche Kirche nicht dem Patriarchen von Konstantinopel unterstellen will, kommt es zur Trennung zwischen der „römisch-katholischen" Kirche und den „orthodoxen" Kirchen.

Martin Luther wendet sich gegen den Ablass und gegen den Papst als höchster Autorität der Kirche. Als er aus der Kirche ausgeschlossen wird, kommt es zur Trennung in die evangelische und katholische Kirche.

Weil sie eine vom Staat abhängige evangelische Kirche ablehnen, gründen evangelische Christen verschiedene Freikirchen.

5. Lege in deinem Heft eine Tabelle mit je einer Spalte für die vier großen christlichen Kirchen an. Trage die folgenden Begriffe dann in die richtige Spalte ein:
- Es gibt sieben Sakramente.
- Man unterscheidet reformierte, lutherische und unierte Kirchen.
- Ein charakteristisches Merkmal ist die Ikonenmalerei.
- Es gibt zwei Sakramente.
- Dazu zählen z. B. Methodisten, Presbyterianer, Baptisten, Quäker und viele andere.
- Es gibt z. B. das Patriarchat von Konstantinopel oder das Patriarchat von Moskau mit dem jeweiligen Patriarchen als Kirchenoberhaupt.
- Die Kirche wird als Leib Christi auf Erden verstanden.
- Feierliche Gewänder und festliche Gesänge bestimmen den Gottesdienst.
- Besonders wichtig ist die tatkräftige Mitarbeit in der jeweiligen Gemeinschaft.
- Das Oberhaupt der Kirche ist der Papst, der als Stellvertreter Jesu Christi angesehen wird.
- Wichtig ist die Rechtfertigung vor Gott allein durch den Glauben.

So bunt kann Kirche sein

1. Betrachtet das Bild in Ruhe. Was seht ihr?

2. Beschreibt die einzelnen Bildelemente.

3. Viele der Bildelemente haben eine symbolische Bedeutung (z. B. aufgeblähtes Kirchenbanner, dunkle Wolken, weiße Taube, Statue von Martin Luther). Sammelt solche Bildelemente und ordnet ihnen mögliche Bedeutungen zu.

4. Vergleicht das Plakat mit dem Bild von Caspar David Friedrich auf S. 154 und ergänzt folgende Sätze:
   Die Kirche stirbt, wenn ...
   Die Kirche lebt, wenn ...

5. Beschreibt die verschiedenen Menschen und deren Tätigkeiten. Welche kirchlichen Angebote lassen sich auf dem Plakat erkennen?

6. Welche kirchlichen Aktivitäten kennt ihr darüber hinaus? Was gibt es in eurer Gemeinde?

7. Bringt die folgenden kirchlichen Aktivitäten in eine Reihenfolge, was euch am wichtigsten und was euch weniger wichtig erscheint:

Gottesdienst / Kindergottesdienst / Besondere Gottesdienste, z. B. Meditations-, Jugendgottesdienste / Angebote für die Jugend / Angebote für die Alten / Bibelstunden / Entwicklungshilfe, Brot für die Welt / Gemeindefeste, z. B. Basare / Diakonie, Hilfe für Behinderte, Arme, Kranke ... / Hausbesuche bei Alten und Kranken / Ökumene, d. h. Kontakte zwischen evangelischer und katholischer Kirche / Freizeiten / Glaubensseminare und Erwachsenenbildung / Gesellschaftspolitisches Engagement, z. B. für Asylbewerber, Frieden ...

8. Was haltet ihr für die allerwichtigste Aufgabe der Kirche?

Was hat Vorrang?

Stellt euch vor, eure Klasse ist der Kirchengemeinderat, der über die Verteilung der Haushaltsmittel für das kommende Jahr entscheiden muss. Insgesamt stehen 70 000 Euro zur Verfügung.

Folgende Anträge liegen euch vor:

1. Der schon lange nötige Erweiterungsbau des Kindergartens soll endlich begonnen werden. Kosten des ersten Bauabschnitts: 20 000 Euro
2. Die Kirche muss neue Bänke bekommen, da es schon mehrmals Beschwerden wegen der alten Bänke gab: 10 000 Euro
3. Das Pfarrhaus muss gründlich renoviert werden. Das Dach ist undicht und es zeigen sich schon erste Wasserschäden: 20 000 Euro
4. An der Kirche soll eine Behindertenrampe gebaut werden, damit auch behinderte Gemeindemitglieder den Gottesdienst besuchen können: 10 000 Euro
5. Ein Abiturient aus einem Entwicklungsland hat um ein Stipendium gebeten, um studieren zu können: 5 000 Euro
6. Um den kirchlichen Jugendtreff attraktiver zu machen, sollen zwei Tischfußball-Geräte, ein Flipper-Automat, ein Pool-Billard-Tisch und eine Tischtennisplatte angeschafft werden: 10 000 Euro
7. Zuschüsse für Kinder-, Jugend- und Familienfreizeiten: 5 000 Euro
8. Die Orgel pfeift und quietscht aus dem letzten Loch. Renovierungskosten: 20 000 Euro
9. Für Seniorennachmittage und Zuschüsse zu Ausflügen der älteren Gemeindemitglieder: 3 000 Euro
10. Ein neuer Fotokopierer und ein neuer Computer mit Bildschirm und Drucker für das Pfarrbüro: 5 000 Euro
11. Ein neuer Rollstuhl und ein neues Krankenbett für die Sozialstation: 5 000 Euro
12. Unterstützung von Armen: 5 000 Euro
13. Reserve für Notfälle: 10 000 Euro

1. Im Haushaltsplan werden die Ausgaben der Kirchengemeinde unter folgenden Oberbegriffen zusammen gefasst: Kindergarten, Jugendarbeit, Diakonie, Altenarbeit, Kirchenmusik, Verwaltung und Instandsetzungen.
Ordnet die beantragten Projekte diesen Oberbegriffen zu.

2. Die Entscheidung wird in drei Arbeitsgängen getroffen:
   a) Jeder Kirchengemeinderat entscheidet für sich, welches Projekt er für das wichtigste hält.
   b) Die Räte beraten in Ausschüssen von 3 bis 5 Mitgliedern und einigen sich auf einen gemeinsamen Vorschlag.
   c) Im Plenum werden die einzelnen Vorschläge diskutiert und eine endgültige Entscheidung getroffen.

Austreten oder drinbleiben?

Pascal hat am 1. September seine Ausbildung zum Bankkaufmann abgeschlossen. Er hat sein erstes Gehalt bekommen und ist total empört: So viele Abzüge, da bleibt ja kaum etwas übrig! Solidarzuschlag! Und am allerunnötigsten: 15 Euro Kirchensteuer!!!
Wütend setzt er sich an seinen Computer, klickt sich in ein Forum seiner Landeskirche ein und schreibt:

Pascal: Scheiß Kirchensteuer! Ihr Kirchen seid doch sowieso so reich, was braucht ihr denn dann noch das Geld eines armen Berufsanfängers? Was bringt mir denn die Kirche? Nichts, rein gar nichts! Ich trete aus, dann spare ich wenigstens jeden Monat 15 Euro!!!!!!

Als er am nächsten Tag wieder das Forum besucht, findet er viele Reaktionen auf seinen Eintrag. Gut die Hälfte davon war Unsinn wie:
Pass beim Austreten auf, dass nichts danebengeht.
Einige hatten sich aber auch ernsthaftere Gedanken gemacht:

Timo: Du hast vollkommen Recht! Kirche und Glaube, das ist noch lange nicht dasselbe. Ich glaube an Gott und brauche dazu die Kirche nicht. Wenn ich mir nur die Scheinheiligen anschaue, die jeden Sonntag aufgebrezzelt in die Kirche rennen und sich die Woche über dann überhaupt nicht christlich verhalten.

Janina: Man hat schon was davon, wenn man in der Kirche ist. Ich bin letztes Jahr Patin geworden und will mal in weiß in der Kirche heiraten. Das geht nur, wenn man in der Kirche ist. Oder auch, wenn man einmal kirchlich und von einem Pfarrer bestattet werden will.

Christian: Man kann ja kurz vor einem solchen Ereignis wieder in die Kirche eintreten.

Adrian: Wenn du z.B. im Kindergarten warst, hast du schon einiges von der Kirche bekommen. Die Kirche ist praktisch in Vorleistung dir gegenüber getreten. Jeder Kindergartenplatz wird monatlich von der Kirche mit ungefähr 100 Euro bezuschusst. Wenn du drei Jahre im Kindergarten warst, dann hast du ungefähr 3600 Euro von der Kirche bekommen.

Anke: Wenn ich sehe, wofür die Kirche ihr Geld ausgibt, hast du Recht: Tritt aus.

Michael: Ich bin ausgetreten. Die Kirche ist so reich, da sehe ich nicht ein, dass ich von meinem geringen Verdienst da noch was abgeben soll! Neben den prunkvollen Kirchengebäuden besitzt die Kirche überall noch massenhaft Gebäude und Grundstücke. Wenn sie Geld braucht, soll sie doch was davon verkaufen.

Anette: Die Kirchen sind doch selbst schuld, dass ihnen die Leute weglaufen.

Würden sie sich mit ihren Angeboten nach den Bedürfnissen der Menschen richten, wären die Kirchen voller. Aber die machen ja seit Jahrhunderten immer nur denselben Mist für die Alten und Frommen, die dazu noch meinen, sie seien was Besseres.

Pierre: Guckt euch doch mal die Kirchentage an. Da kommen immer viele Menschen hin und vor allem auch junge, weil die halt was anderes wollen als das, was jeden Sonntag bei uns so spießig in den Kirchen abgeht. Ich finde, man sollte aus der Kirche austreten, um zu zeigen, dass es so altmodisch und verkrustet nicht mehr weitergehen kann.

Cleo: Wer denkt, dass die Kirche mit dem Geld anders umgehen oder etwas anders machen sollte, der soll sich halt irgendwie in der Kirche engagieren. Dann hat er auch die Möglichkeit mitzureden und mitzuentscheiden.

Tom: Die Kirche ist mit ihren Einrichtungen der größte Arbeitgeber in Deutschland. Wenn die ihre Mitarbeiter nicht mehr bezahlen könnte, gäbe es Millionen von Arbeitslosen.

Martin: Quatsch, entweder der Staat würde die dann alle übernehmen, oder die würden woanders unterkommen. Irgendwie geht es immer weiter.

Michael: Das ist ja noch ein größerer Quatsch. Woher soll denn der Staat das ganze Geld nehmen, um all die kirchlichen Mitarbeiter zu bezahlen?

Eva: Ich finde, die Kirche gibt ihr Geld sinnvoll aus! Suppenküchen für Obdachlose, Telefonseelsorge, Hilfe für Behinderte, Jugendarbeit, diakonische Aufgaben in den Ortsgemeinden, Entwicklungshilfe und vieles mehr. Ohne Kirchensteuer müssten diese Einrichtungen schließen.

Rosa: Ich bin aus der Kirche ausgetreten. Ich sehe nicht ein, dass ich mit meinen paar Euro die ganze Kirche retten soll. Wenn nur einer austritt, wird ja nicht gleich die ganze Kirche zusammenbrechen.

Uwe: Ich bleibe in der Kirche, weil ich hier ein Gruppe gefunden habe, in der es nicht nur um Geld, Karriere oder Höchstleistungen geht, sondern um Fragen, die mit dem Sinn in meinem Lebens und so zu tun haben. Und das gibt es außerhalb der Kirche nicht.

Rita: Die Kirche ist doch die einzige Instanz, die immer wieder eintritt für die Menschenwürde und gegen alle unmenschlichen Bestrebungen. Benachteiligte Gruppen finden bei uns doch vor allem in der Kirche Rückhalt und Unterstützung. Und weil mir das sehr wichtig ist, bleibe ich in der Kirche.

an: ☐ **alle 29 Chatter**

1. Diskutiert die einzelnen Argumente. Welche leuchten euch ein, welche findet ihr nicht so überzeugend?
2. Findet ihr noch weitere Argumente, die für oder gegen den Austritt aus der Kirche sprechen?
3. Ordnet alle Argumente nach Pro und Contra in einer Tabelle.

Wenn ich eine Kirche planen dürfte ...

Wozu sollte „meine" Kirche da sein?

1. Was wären die Zielsetzungen deiner Kirche? Bringe die nebenstehenden Ziele in eine Rangfolge entsprechend der Wichtigkeit für dich. Du kannst dir darüber hinaus auch eigene Zielsetzungen ausdenken.

- nicht für sich selbst, sondern für Menschen, die Hilfe brauchen, Trost suchen und nach dem Sinn im Leben fragen.
- um an Gott zu erinnern und die Geschichten von Jesus weiterzuerzählen.
- um für Frieden und Gerechtigkeit in der ganzen Welt einzutreten.
- um sich um Menschen zu kümmern, die sonst kaum Hilfe finden (Arme, Einsame, Kranke, Gefangene usw.)
- um Menschen in persönlichen Lebenskrisen und Notsituationen beizustehen.
- um die Menschen daran zu erinnern, dass sie nicht vom Geld und Erfolg allein leben können, sondern auch Hilfsbereitschaft und Liebe brauchen.
- ...

Wie sollte „meine" Kirche aussehen?

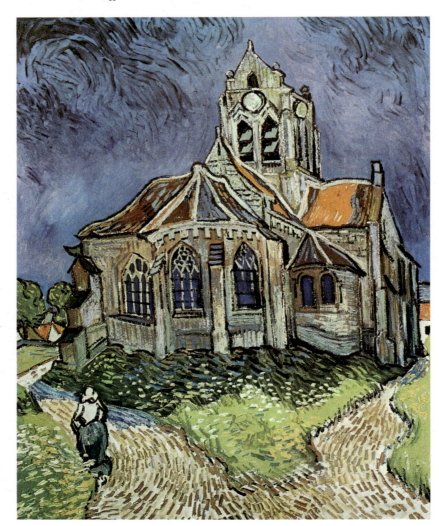

2. Was gefällt dir an dieser Kirche, was nicht?
3. Zeichne oder male eine Kirche, wie sie dir gefallen würde.

Wie sollte „meine" Kirche eingerichtet sein?

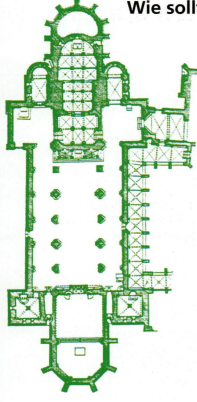

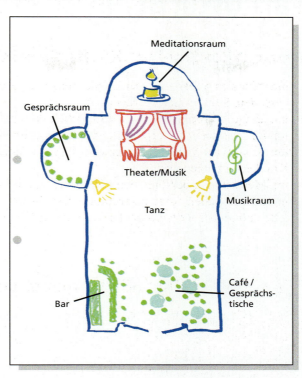

1. Was war wohl den Kirchenbauern früher wichtig, wenn sie eine Kathedrale gebaut haben?

2. Was wäre dir bei „deiner" Kirche besonders wichtig?

3. Zeichne einen neuen Grundriss in dein Heft und schreibe und male all das hinein, was du gern in „deiner" Kirche hättest.

4. Wer wird sich in deiner Kirche wohlfühlen, wer eher nicht?

Wie würde ich „meinen" Gottesdienst feiern?

5. Beurteilt die einzelnen Äußerungen zum Sonntagsgottesdienst rechts.

6. Wie sollte „dein" Gottesdienst ablaufen?
   a) An welchem Tag und zu welcher Uhrzeit würdest du ihn stattfinden lassen?
   b) Wer würde mitwirken?
   c) Welches Thema bzw. welchen Text würdest du in den Mittelpunkt stellen?
   d) Welche Lieder würden gespielt oder gesungen?
   e) Würdest du eine Kollekte einsammeln? Wenn ja, zu welchem Zweck?
   f) Gäbe es noch etwas Besonderes in deinem Gottesdienst?

7. Vergleicht eure Vorstellungen. Wo gibt es Übereinstimmungen, wo Unterschiede?

8. Plant und gestaltet aus euren Vorschlägen einen Schulgottesdienst.

Hinduismus – Buddhismus

Fernöstliche Religionen entdecken

Das ist Tim. Tim ist 17 Jahre alt. Schon immer machte er sich viele Gedanken über das Leben und was es sonst noch gibt. Tim wurde christlich erzogen, Kirchen findet er super, und er unterhält sich gern mit dem Pfarrer. Am christlichen Glauben gefällt ihm besonders, dass es einen Gott gibt, der den Menschen zunächst einmal liebt und annimmt mit allen Fehlern, ohne gleich mit vielen Geboten und Forderungen zu kommen. Tims Interesse gilt aber auch den anderen Weltreligionen, über die er schon ziemlich gut Bescheid weiß.

Tims Familie reist in den Ferien gerne in ferne Länder. Das nutzt Tim dann, um sich genauer über die jeweilige Religion des Landes zu informieren. Wann immer es geht, besorgt er sich dort Informationen, Literatur und typische religiöse Gegenstände aus erster Hand.

Mit 15 Jahren fliegt Tim mit seinen Eltern in die Türkei. Tim besucht eine Moschee und unterhält sich dort längere Zeit mit einem Gläubigen, der etwas Deutsch kann. Auf einem türkischen Basar kauft sich Tim einen wunderschönen handgeknüpften Gebetsteppich und einen Koran in richtigem Arabisch.

Als Tim 16 Jahre alt ist, fliegt seine Familie nach Israel. Tim freut sich, endlich mehr über das Judentum zu erfahren. Besonders faszinieren ihn die Synagogen. Er lernt einen Rabbi kennen, mit dem er sich ein paar Mal gut unterhält. Zum Abschied schenkt ihm der Rabbi eine Kippa. Vor der Abreise kauft sich Tim noch einen

Gebetsschal. Er ist sehr stolz auf seine Kippa und den schönen Gebetsschal, die er zuhause in seinem Zimmer aufhängt. Besonders interessiert sich Tim jedoch für die geheimnisvolle Welt der Religionen im Fernen Osten. Sehr gerne würde er nach Indien reisen, dieses Jahr reicht das Geld aber nur für eine Woche am Plöner See. Deshalb kauft sich Tim schon mal einige Bücher über den Hinduismus und Buddhismus und fängt an, religiöse Gegenstände zu sammeln.

Vor zwei Monaten lernte er in einer Disco Indira und Sita kennen. Indira kommt aus Indien und ist Hindu, Sita kommt aus Hongkong und ist Buddhistin. Als ihn die beiden zuhause besuchen, staunen sie nicht schlecht über Tims Sammlung. Sita bringt ihm beim nächsten Besuch ein paar buddhistische Räucherstäbchen mit. Er trifft sich öfters mit den beiden und löchert sie mit Fragen.

1. Tim hat fünf verschiedene Religionen kennen gelernt: das Christentum, das Judentum, den Islam, den Hinduismus und den Buddhismus. Sammelt an der Tafel, was ihr über diese fünf Religionen wisst.

2. Auf dieser Doppelseite findet ihr religiöse Gegenstände aus Tims Zimmer zu diesen fünf Religionen. Ordnet sie jeweils zu. Was wisst ihr über deren Bedeutung?

3. Ordnet die folgenden Jahreszahlen den Entstehungszeiten der fünf Religionen zu: 6 000 v. Chr., 2 500 v. Chr., 550 v. Chr., um das Jahr 0, 630 n. Chr.

4. Ordnet die Anzahl der Gläubigen den fünf Religionen zu: 2 Milliarden, 1,2 Milliarden, 850 Millionen, 360 Millionen, 13 Millionen.

5. Versucht die folgenden Sätze und Begriffe den einzelnen Religionen zuzuordnen:

Glaube an einen Gott | Glaube an viele Götter | Glaube an die Wiedergeburt in einem anderen Lebewesen | Die heilige Schrift ist der Koran | Glaube an die Lehre von Buddha | Glaube daran, dass die Kuh ein heiliges Tier ist | Jesus Christus ist Gottes Sohn | Es gibt einen Fastenmonat | Glaube an eine Auferstehung der Toten | Die heilige Schrift ist die Tora | Die Gläubigen treffen sich in der Moschee

Hinduismus – Erlösung vom ewigen Kreislauf

An wen wir glauben
Der Hinduismus ist die bedeutendste Religion in Indien und nach dem Christentum und dem Islam die drittgrößte auf der Welt. In unserer Religion gibt es *viele Götter*. Die wichtigsten sind Brahma, Vishnu und Shiva. Eigentlich sind sie drei Teile eines einzigen Gottes: Brahma hat die Welt geschaffen, Vishnu erhält sie und Shiva zerstört sie wieder. Mein Guru, so heißen bei uns religiöse Lehrer, hat zu mir gesagt: Gott lebt in jedem von uns. Wir sollen ihn ein ganzes Leben lang suchen.

Unser wichtigstes Symbol
Unser bekanntestes Symbol ist *die Silbe „OM"*. Sie bedeutet so viel wie ALLES. Gesprochen klingt sie wie a – u – m. Geschrieben sieht „OM" so aus. Es sind darin die Zeichen unserer Schrift für die Worte Geburt, Leben und Tod enthalten. Ich spreche die heilige Silbe jeden Tag viele Male.

Andacht zu Hause
Wir haben wie fast alle Hindus in unserer Wohnung einen *Hausaltar*, an dem wir unsere täglichen Andachten verrichten. Wir sprechen Gebete, verehren das Bild unserer Gottheit und meditieren.

Wallfahrten
Wir verbinden viele Orte in Indien mit dem Leben unserer Götter. Einer unserer heiligsten Orte ist Varanasi. Es ist der Traum aller Hindus, hier einmal in den *heiligen Fluss Ganges* einzutauchen und das Wasser zu trinken. Viele Hindus kommen auch hierher um am heiligen Fluss zu sterben, denn von hier aus ist der Weg zu den Göttern besonders einfach.

Die Verehrung der Kuh
Wir verehren die *Kuh*. Eigentlich wollen wir alle Tiere gut behandeln, weil sie unseren Schutz brauchen. Aber die Kuh ist für uns besonders wichtig. Wir brauchen ihre Milch und Butter als Nahrungsmittel, ja sogar ihren Kot als Brennmaterial. Alles was von der Kuh kommt, ist für uns heilig. Wir würden nie eine Kuh töten und ihr Fleisch essen. Das wäre für uns Sünde.

1. Erkläre in deinem Heft die kursiv gedruckten Begriffe jeweils durch einen kurzen Text.

Der Kreislauf der Wiedergeburten

Wir Hindus glauben, dass wir nicht nur einmal leben. Wir werden in einem Kreislauf immer wieder geboren. Wenn unser Leben gut gewesen ist, werden wir als besserer Mensch, vielleicht in einer höheren Kaste wiedergeboren. Aber wenn wir ein schlechtes Leben geführt haben, wird unsere Seele in einem weniger guten Menschen wiedergeboren. Vielleicht sogar in einem Tier. Entscheidend dafür ist immer unser Karma. Das Karma sind die Taten eines Menschen. Vom Karma, d. h. von den Taten eines Menschen, hängt es ab, in welcher Form er wiedergeboren wird.

1. Beschreibe anhand des Schaubilds den dargestellten Kreislauf der Wiedergeburten.
   a) Was führt zu einer Wiedergeburt in einem besseren Leben?
   b) Welche Rolle spielt das Karma?
   c) Nach welchen Kriterien sammelt man gutes Karma, nach welchen Kriterien schlechtes?

2. Stell dir vor, du wärst ein Hindu. Zeichne einen Karmamessbecher für dein bisheriges Leben.

3. Wie würde entsprechend deines jetzigen Karmas dein nächstes Leben aussehen, besser oder schlechter als jetzt? Wo würdest du auf einer Skala von 1–100 (1 = miserable Situation, z. B. Made, Wurm, 100 = beste aller möglichen Situationen) aufgrund deines jetzigen Karmas dein nächstes Leben einordnen?

4. Was könntest du tun, um in einem nächsten Leben in eine bessere Stellung geboren zu werden?

5. Hältst du eine Wiedergeburt für möglich? Begründe deine Meinung.

6. Glaubst du, dass deine guten oder schlechten Taten Folgen für ein nächstes Leben haben können? Hältst du diese Vorstellung für vereinbar mit dem christlichen Glauben?

7. Würde es dich eher beruhigen oder beunruhigen, immer wieder neu geboren zu werden?

Das Kastensytem im Hinduismus

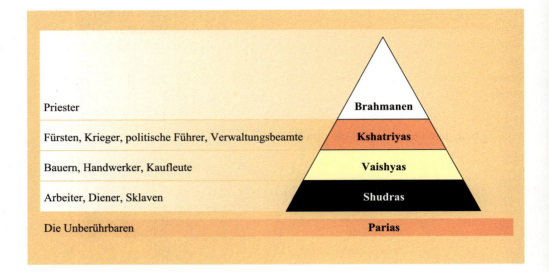

Das Dharma, d. h. unsere Lebensordnung, bestimmt, dass jeder Mensch aufgrund des Karmas aus seinem vorherigen Leben in eine bestimmte Kaste hineingeboren wird. Die oberste Kaste, die „Brahmanen" lehren und studieren hauptsächlich. Die zweite Kaste, die „Kshatriyas", zu der meine Familie gehört, sollen die anderen beschützen. Die „Vaishyas" sollen sich um Handel und Landwirtschaft kümmern. Die „Shudras" schließlich sind dazu da, die anderen zu bedienen. Alles hat bei uns also seine Ordnung, und jeder hat seinen Platz. Offiziell sind die Kasten heute jedoch verboten. Doch so einfach lässt sich das nicht durchsetzen. Bis heute fühlen sich die Angehörigen einer Kaste für einander verantwortlich.

Die schmutzigen Arbeiten werden bei uns meistens von den Kastenlosen, den „Parias" gemacht. Das sind die Menschen, die man nicht berühren darf. Sie heißen auch „Unberührbare". Wenn ein anderer Hindu ihnen die Hand gibt oder ihnen sonst zu nahe kommt, muss er sich hinterher gründlich reinigen. Der große Reformer Mahatma Ghandi hat sich besonders um diese Menschen gekümmert. Er hat sie „Kinder Gottes" genannt. Ich finde es unmenschlich, wie diese Menschen auch heute noch oft behandelt werden.

1. Erklärt das Schaubild zur Kastenordnung.
2. Die Farben der einzelnen Kasten sind nicht zufällig, weiß steht für das Licht, rot für Blut, gelb für Erde, schwarz für Unterordnung. Begründet die farblichen Zuordnungen.
3. Was haltet ihr von dieser Kastenordnung? Sammelt Vor- und Nachteile.
4. Welche Konsequenzen könnten sich aus dem Kastensystem für das Alltagsleben ergeben?
5. Was könnten die Gründe dafür gewesen sein, dass das Kastensystem offiziell abgeschafft wurde? Was sind Gründe dafür, dass es dieses System in der Praxis immer noch gibt?
6. Übertragt die Skizze der Kastenordnung in euer Heft.
7. Auch bei uns gibt es verschiedene Bevölkerungsgruppen. Inwiefern sind diese mit den Kasten im Hinduismus vergleichbar, inwiefern nicht?

Wege der Erlösung

Tim: Der Kreislauf der Wiedergeburten, hört der nie auf?

Indira: Doch, es gibt drei Auswege, um die Seele zu erlösen, also aus dem Kreislauf der Wiedergeburten zu befreien.

Tim: Und wo komme ich dann hin, wenn ich aus dem Kreislauf raus bin?

Indira: Alle drei Wege haben ein Ziel: So zu leben, dass deine Seele kein neues Karma sammelt. Dann wird deine Seele auch nicht wiedergeboren, sondern ist befreit. Man nennt das Moksha, d.h. Befreiung und Erlösung aus dem ewigen Kreislauf von Werden und Vergehen. Die Erlösung betrifft dabei immer nur einzelne. Moksha ist nicht Welterlösung und nicht das Ende der Welt. Der ewige Kreislauf der Welt wird immer weitergehen.

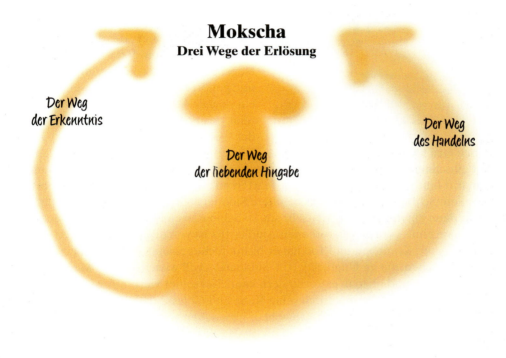

Mokscha
Drei Wege der Erlösung

- Der Weg der Erkenntnis
- Der Weg der liebenden Hingabe
- Der Weg des Handelns

1. Ordne in deinem Heft die folgenden Sätze diesen drei Wegen zu.

- Einhalten der Regeln der eigenen Kaste, Gebete, Opfer, Wallfahrten, das Schmücken der Götterbilder, Lesen der heiligen Schriften, Tempelbesuch haben erlösende Wirkung.

- Auch soziales Engagement kann zu diesem Weg der Werke gerechnet werden.

- Dies ist der populärste Weg. Es geht dabei nicht um Taten oder Meditation, sondern um dein Herz.

- Unter der Anleitung eines Gurus, in der Meditation, z.B. durch Yoga, und in der Askese erkennt man die Welt als unwirklich und vergänglich.

- Wenn du dein Herz voll Liebe, voll liebender Hingabe Gott zuwendest, dann werden Gott und Mensch vereint.

- So findet man den Weg zum Unvergänglichen, Ewigen, Absoluten, zum Brahman. Du erkennst: Ich, d.h. meine Seele, ist eins mit dem göttlichen Geist.

2. Diskutiert die Vor- und Nachteile dieser drei Wege.

 Ziel von Yoga-Übungen ist es, eine Loslösung von der Umgebung zu erreichen und dadurch zu völliger Ruhe und zum Frieden zu gelangen. Der Körper wird zur Enthaltsamkeit gezwungen und der Geist zur Konzentration. In der höchsten Stufe wird der Geist unabhängig vom Körper. Der Weg aus dem Kreislauf der Wiedergeburten öffnet sich.

 Askese ist die Übung der Selbstbeherrschung mit dem Ziel, die seelischen Kräfte zu konzentrieren. Strenge Asketen können längere Zeit auf Nahrung, wärmende Kleider oder sogar auf Schlaf verzichten.

Buddhismus – Erlösung vom Leiden

1. Beschreibt das Bild.
2. Vergleicht das Bild mit Jesus-Darstellungen am Kreuz. Worin bestehen die Unterschiede?

Buddha

Die buddhistische Religion ist nach ihrem Gründer Buddha benannt. Buddha ist kein Personenname, sondern ein Titel. Er bedeutet der „Erleuchtete". Der persönliche Name Buddhas war Siddhartha Gautama. Siddhartha bedeutet „der das Ziel erreicht". Siddhartha wird um 560 v. Chr. im heutigen Nepal geboren. Er ist ursprünglich Hindu und gehört zur Fürstenkaste. Sein Vater ist ein reicher Adliger aus dem Geschlecht der Shakya, der seinen Sohn mit allen Genüssen der Welt verwöhnt und alles Leid aus seinem

Leben fern hält, indem er ihn von der Außenwelt abschottet. Die Legende erzählt von vier einschneidenden Erlebnissen, die den Fürstensohn dazu bewegen, Wohlstand und Komfort hinter sich zu lassen. Bei Ausfahrten mit einem Diener begegnet der bisher vor allem Schlimmen des Lebens behütete Siddhartha zunächst einem schwachen Greis, dann einem Kranken, der sehr starke Schmerzen hat, und schließlich dem Leichnam eines gerade Verstorbenen. Siddhartha ist von diesem Eindrücken überwältigt. Alter, Krankheit und Tod hat er bisher nicht gekannt. Außerdem gibt es so viele Menschen, die im Unglück leben. Siddhartha will wissen, warum Menschen so leiden müssen und ob man es verhindern kann. Bei seiner vierten Ausfahrt trifft er auf einen Bettelmönch, der ihn durch seine Ruhe und Gelassenheit beeindruckt. Genauso will Siddhartha leben. Obwohl er inzwischen verheiratet ist und einen Sohn hat, verlässt er den Palast, schneidet sich die Haare ab und tauscht seine schönen Kleider mit den abgetragenen Sachen eines Bettlers. Er zieht umher und lernt bei Gurus, d. h. bei religiösen Lehrern. Als ihm auch Meditationsmethoden, Yogapraktiken und Tranceübungen nicht weiterhelfen, versucht er das Leben eines Asketen zu führen. Er schläft in Dornen, wäscht sich nicht mehr, isst und trinkt nichts, bis er sich kaum noch auf den Beinen halten kann. Schließlich erkennt er, dass auch dieser Weg nicht der richtige ist, weil er zu übertrieben ist. Siddhartha zieht sich in einen Wald zurück und setzt sich unter einen Baum, um zu meditieren. Er sitzt mit übereinandergeschlagenen Beinen ganz aufrecht da, schließt die Augen und denkt konzentriert nach. Bei dieser Übung werden seine Gedanken klar und geordnet. Sein bisheriges Leben kommt ihm wie ein Dämmerschlaf vor, aus dem er nun langsam aufwacht. Nachdem er sieben Jahre nachgedacht und meditiert hat, hat er eine Erleuchtung. Er erkennt, warum Menschen leiden und wie man das Leiden verhindern kann. Durch seine Erleuchtung wird Siddhartha zum Buddha, d. h. zum Erleuchteten. Als Buddha um 524 v. Chr. zu lehren beginnt, findet er rasch viele Anhänger. Um 480 v. Chr. stirbt Buddha an einer Lebensmittelvergiftung. Sein Leichnam wird, der damaligen Tradition gemäß, verbrannt. Einen Nachfolger oder Stellvertreter hat er nicht ernannt.

3. Ordne die folgenden Angaben zum Leben Buddhas einander zu und übertrage die Tabelle in der richtigen Reihenfolge in dein Heft.

560 v. Chr.: verheiratet, ein Sohn
Abstammung: Nord-Indien / Nepal
530 v. Chr.:
Name: **Familienstand:** **Hoheitstitel:**
525 v. Chr.: Beginn der asketischen Phase Tod
Geburt
480 v. Chr.: Buddha – d.h. der Erleuchtete
Siddhartha Gautama
Erleuchtung, Beginn der Lehrtätigkeit
Herkunftsregion: Adelsgeschlecht der Shakya

Was Buddhisten glauben

Auch wir Buddhisten glauben, dass wir aus einem früheren Leben wiedergeboren wurden und nach dem Tod wiedergeboren werden – entsprechend unserer Taten bzw. unseres Karmas. Jeder Mensch hat viele Leben und viele Tode. Allerdings lehnt Buddha das Kastensystem völlig ab. Für ihn sind alle Menschen gleich. Das höchste Ziel des Gläubigen ist es, dem Kreislauf der Wiedergeburten zu entkommen, indem er das Nirwana erreicht. Nirwana bedeutet, dass der Mensch kein Leid mehr fühlt und keine Wünsche mehr hat. Er ist völlig zur Ruhe gekommen.

Wir Buddhisten glauben nicht an einen Gott, der alles geschaffen hat und das Schicksal bestimmt. Buddha ist kein Gott. Wir beten nicht zu ihm, wir ehren ihn aber und folgen seiner Lehre.

4. Was versteht der Buddhist unter dem Nirwana?
5. Versuch das Nirwana bildlich darzustellen.
6. Wo gibt es Gemeinsamkeiten zwischen Hinduismus und Buddhismus, wo Unterschiede?
7. Hat jemand von euch Erfahrung mit Meditation?
8. Viele asiatische Kampf- und Entspannungstechniken wie Kung-Fu oder Tai-Chi folgen buddhistischen Gedanken. Kennt ihr Beispiele dafür?

> *Meditation*
> Meditieren heißt stillsitzen in der richtigen Haltung und sich auf einen beliebigen Gegenstand oder eine beliebige Tätigkeit ganz zu konzentrieren. Dabei ist es wichtig, wirklich nur diese eine Sache zu tun, sich nicht ablenken zu lassen oder zu träumen.

> *Ein Mandala* ist ein Bild, das als Meditationshilfe verwendet wird. Meistens ist es ein Kreis mit vielen komplizierten Verzierungen und Figuren. Beim Meditieren konzentriert man sich ganz auf die Betrachtung des Bildes und dadurch auch auf sich.

Der Weg zum Glück

Eine meiner Lieblingsgeschichten beschreibt den Glauben an die Wiedergeburt:

Das Rad des Lebens
Ein kleiner Käfer krabbelte mühsam auf steinigem Weg. Es waren viele Hindernisse auf seiner Straße, Strohhalme und sonstige schwer zu bewältigende Gegenstände. Es war recht anstrengend. Fliegen konnte er nicht. Er war ein Krabbelkäfer. Zudem war sein linkes Hinterbein verkümmert – schon von Geburt an. Er schleppte es nach. Er war ein trauriger Fall. Aber er pilgerte tapfer weiter. Käfer gehen nicht und wandern nicht. Sie pilgern. Das ist ein großer Unterschied. „Gehen Sie doch aus dem Weg!" schrie eine Hummel den Pilger an und brummte böse. „Ich habe es eilig, ich muss noch vieles einkaufen." „Entschuldigen Sie", sagte der Pilger mit dem schleppenden Hinterbein, „ich muss pilgern, ich bin ein Krüppel." Er wies mit dem Fühlhorn auf das verkümmerte Glied. „So, so", sagte die Hummel mitleidig, „dann ist es etwas anderes. Das habe ich nicht gesehen. Ich war so eilig. Aber warum müssen Sie denn pilgern? Wäre es mit Ihrem Bein nicht besser, zu Hause zu bleiben? Sie müssten heiraten. Dann haben Sie wenigstens ihre regelmäßigen Mahlzeiten." „Nein, ich muss pilgern", sagte der Pilger mit dem schleppenden Hinterbein. „Ein alter Käfer, den ich meines Leidens wegen befragte, sagte mir das. Er sagte, ich müsse das Rad des Lebens suchen. Das ist ein sehr alter Glaube und ein großer Trost für arme Krabbelkäfer." „Und was hat man davon?" fragte die Hummel, die sich vor allem für die praktischen Dinge des Lebens interessierte.

Der kleine Käfer zog das verkrüppelte Bein mit einer zuckenden Bewegung an den Körper, so dass es nicht mehr zu sehen war. „Man kann ein Rosenkäfer werden", sagte er geheimnisvoll. „Ist das ein lohnender Beruf?" fragte die Hummel. „Man glänzt dann wie flüssiges Gold und man kann fliegen. Man ruht in den Rosen und atmet ihren Duft", antwortete der Krabbelkäfer. Der Hummel ging das Gespräch nun schon zu lang. „Jetzt muss ich mich aber wirklich beeilen, ich habe ja noch so viel zu tun", sagte sie. „Jedenfalls wünsche ich Ihnen alles Gute."

Der Pilger mit dem schleppenden Hinterbein pilgerte weiter. Über den Weg kam ein Wagen gefahren. Das ist das Rad des Lebens, dachte der Pilger mit dem schleppenden Hinterbein und hastete darauf zu. Das Rad ging über ihn hinweg.
Auf dem Wege war nichts als eine formlose Masse.

Zur selben Stunde kroch im sonnigen Süden ein kleiner Rosenkäfer aus dem Ei. Ganz zuerst betastete er mit dem Fühlhorn sein linkes Hinterbein. Er wusste selbst nicht, warum er das tat. Das linke Hinterbein war gesund und kräftig und glänzte wie flüssiges Gold. Es war fast noch schöner und glänzender als die anderen Beine.
Die Rosen dufteten. Das Rad des Lebens ging weiter.

Manfred Kyber

1. Beschreibt die Lebensart des Krabbelkäfers und der Hummel.
   Was ist dem Krabbelkäfer in seinem Leben wichtig, was der Hummel?
2. Was hat nach buddhistischem Glauben die Geburt des Rosenkäfers mit dem Krabbelkäfer zu tun?
3. Vergleicht das Leben des Krabbelkäfers mit dem eines Rosenkäfers.
4. Was könnten im Leben des Krabbelkäfers Gründe dafür gewesen sein, dass er in einer besseren Lebensform wiedergeboren wird?

Die vier edlen Wahrheiten

> In den „vier edlen Wahrheiten" fasste Buddha seine Erkenntnisse zusammen:
>
> 1. Das Leben besteht aus Leiden und alles Glück ist vergänglich.
> 2. Das Leiden wird von der menschlichen Begierde verursacht.
> 3. Das Leiden hört auf, wenn die Begierde aufhört.
> 4. Es gibt einen Weg, der zum Glück führt. Dies ist der achtfache Pfad.

1. Übertragt die vier edlen Wahrheiten des Buddha in euer Heft.
2. Man kann diese vier edlen Wahrheiten mit dem Vorgehen eines Arztes vergleichen: Diagnose, einzunehmende Medikamente, Therapie, Erscheinungsbild der Krankheit. Ordnet diese Vorgehensweise des Arztes den vier edlen Wahrheiten zu.

Mit dem Leiden ist jede Art der Unzufriedenheit gemeint. Die Unzufriedenheit entsteht aus den unerfüllten Wünschen der Menschen. Buddha lehrt, dass die Menschen am meisten an ihrer eigenen Gier leiden. Sie wollen immer mehr haben, zum Beispiel Geld, Schönheit oder Jugend. Dadurch sind sie nie zufrieden und kommen nie zur Ruhe. Hört die Gier auf, so hört auch die Unzufriedenheit auf. Um von den eigenen Wünschen loszukommen, muss man sich üben. Dazu dient der achtfache Pfad. Wenn man die Regeln des achtfachen Pfades befolgt, kann man sich von der Gier befreien und das Ziel des Lebens, das Nirwana, erreichen.

3. Alles Glück ist vergänglich. Könnt ihr dieser Erkenntnis Buddhas zustimmen? Begründet eure Meinung anhand von Beispielen.
4. a) Sammelt Beispiele für Buddhas Ansicht, dass das Leben aus Leiden und Unzufriedenheiten besteht.
   b) Gibt es Beispiele, die Buddhas Ansicht widerlegen?
5. Was haltet ihr davon, wenn Buddha sagt, dass die vielen Wünsche und Bedürfnisse, die wir haben, schuld sind an unseren Unzufriedenheiten?

Der achtfache Pfad
Ein Rad mit acht Speichen ist das Symbol des Buddhismus. Es erinnert an die acht Tugenden, nach denen Buddhisten leben müssen, um das Leiden zu überwinden und das Nirwana zu erreichen.

6. Nennt für jede der acht Tugenden eine konkrete Tätigkeit.
7. Diskutiert die Vor- und Nachteile der fünf großen Weltreligionen.
8. Erarbeitet in Kleingruppen jeweils eine Präsentation zu diesen fünf Religionen.

Projekt Bibel

Projektthema:

Die Bibel, das Buch der Bücher

Projektprüfung
- soziale Kompetenz
- personale Kompetenz
- fachliche Kompetenz
- methodische Kompetenz

Gliederung eines Projekts
1. Planung
2. Durchführung
3. Präsentation

Projektinhalte

- Die Entstehung der Bibel (Daniel)
- Die Bücher der Bibel (Patricia)
- Der Inhalt der Bibel (Max)
- Textgattungen in der Bibel (Vanessa)
- Die Zwei-Quellen-Theorie (Melanie)
- Das Markusevangelium (Patricia)
- Umfrage „Was bedeutet Ihnen die Bibel" (alle), Auswertung mit Power-Point (Max, Vanessa)
- Bibelkuchen (Daniel, Melanie)

Gliederung unseres Projektordners

1. Deckblatt mit Thema und Namen aller Gruppenmitglieder
2. Inhaltsverzeichnis
3. Ziele und Projektplanung (Zeitplan, benötigte Materialien, Kostenkalkulation, …)
4. Arbeitsprotokolle aller Gruppenmitglieder
5. Rückblick
6. Quellenangaben
7. Materialien wie Referate, Bilder, Spiele, Quiz, Interviews, Fotos, Grafiken …

Mit dieser Präsentation ist eure Projektprüfung beendet …

… besonders gut gefallen hat uns, dass ihr eure Vorträge immer wieder mit kleinen Aufgaben verbunden habt, …

… um zu überprüfen, ob eure Zuhörer auch alles verstanden haben.

1. Welche Themen eignen sich gut für eine Projektarbeit? Warum?
2. In einer Projektarbeit sollen die Gruppenmitglieder verschiedene Kompetenzen zeigen, z. B. soziale, personale, fachliche und methodische Kompetenz. Ordnet diesen vier Kompetenzbereichen jeweils verschiedene „Unterkompetenzen" zu.
3. Sammelt Themen des Religionsunterrichts, die sich gut für eine Projektarbeit eignen könnten. Die Themen in diesem Buch können euch dabei helfen, aber auch in den früheren Bänden könnt ihr geeignete Themen finden.
4. Sucht euch in Gruppen jeweils ein Thema aus und überlegt euch dazu mögliche Projektinhalte.
5. Projektarbeit kann man in die drei Phasen Planung, Durchführung, Präsentation gliedern. Ordnet diesen drei Phasen jeweils ganz konkrete Inhalte, Tätigkeiten und Aktionen für euer Projekt zu. Lasst euch zu eurem Thema insbesondere eine originelle Präsentation einfallen: Welche Medien und Aktionen könnten euren Vortrag unterstützen, z. B. Plakate, Modelle, Powerpoint-Präsentationen, Rollenspiele, szenisches Spiel, Pantomime, Tanz, Vorführung, Experiment etc.?

Daniel Schumann (9a)

Die Entstehung der Bibel

Altes Testament
vor 1000 v.Chr.
nach 1000 v.Chr.
nach 500 v.Chr.
um 100 n.Chr.

Neues Testament
um das Jahr 30 n.Chr.
nach 30
nach 50
nach 100

Die Bibel erhält ihre heutige Form
um 1000
um 1500
um 1700
Heute

- Die Schriften werden überarbeitet und in einen Zusammenhang gestellt.

- Die fortlaufenden Texte in den Büchern der Bibel werden in einzelne Kapitel und die Kapitel wiederum in einzelne nummerierte Verse unterteilt.

- Die Geschichten von Jesus werden mündlich weitererzählt.

- Menschen erzählen an Oasen, Rastplätzen und heiligen Stätten von ihren Erfahrungen mit Gott.

- Jesus lebt und wirkt.

- Nachdem der Buchdruck (Gutenberg) erfunden wurde, fertigen Buchdrucker Bibeln in größeren Mengen an. Durch den Buchdruck wird Martin Luthers Bibelübersetzung in ganz Deutschland verbreitet.

- In Klöstern schreiben Mönche in kunstvollen Handschriften Bibeln ab und verzieren sie mit prachtvollen Malereien.

- Die Geschichten von Jesus werden in vier Evangelien in griechischer Sprache aufgeschrieben. Die Apostel schreiben Briefe an die ersten christlichen Gemeinden.

- Schreiber und gelehrte Priester schreiben die mündlich überlieferten Geschichten auf, sammeln Lieder und Gesetze.

- Die Bibel ist knapp vor dem Ikea-Katalog das am meisten verbreitete Buch der Welt. Sie ist in mehr als 1900 Sprachen übersetzt und wird jedes Jahr in mehr als 550 Millionen Exemplaren verkauft.

- Der Inhalt der jüdischen Bibel, die wir Christen Altes Testament nennen, wird endgültig festgelegt.

- Die Evangelien, die Briefe der Apostel und die Offenbarung des Johannes werden zum Neuen Testament zusammengestellt.

1. Ordnet den Jahreszahlen die entsprechenden Ereignisse zu.
2. Stellt die Entstehung der Bibel an einem Zeitstrahl dar.

Bibel

Patricia Mantei (9b)

Die Bücher der Bibel

Die Bibel besteht aus zwei großen Teilen: dem Alten Testament (AT) und dem Neuen Testament (NT). Das AT ist ungefähr dreimal so umfangreich wie das NT.
In den über tausend Jahren der schriftlichen Abfassungszeit der Bibel ist eine ganze Bibliothek entstanden. Das AT umfasst 39 Bücher (vom 1. Buch Mose bis zum Propheten Maleachi). Das NT umfasst 27 Bücher (vom Matthäusevangelium bis zur Offenbarung des Johannnes).

1. Ordnet die folgenden Bücher jeweils dem AT oder dem NT zu und bestimmt, zu welcher Büchergattung das Buch gehört, z. B.:
2. Buch Mose: AT, Geschichtsbücher.

   Rut | Amos | Matthäusevangelium | Hohelied Salomos | 4. Buch Mose | Brief an die Römer | Apostelgeschichte des Lukas | Daniel | Lukasevangelium | Brief des Jakobus | die Psalmen | 2. Buch der Chronik | Brief an Philemon | Hiob | Jeremia | 1. Buch Samuel | Markusevangelium | Jona | Josua | Brief an die Kolosser | Sprüche Salomos | Jesaja | Johannesevangelium

Max Grosche (9a)

Der Inhalt der Bibel

Altes und Neues Testament

Die Bibel besteht aus dem Alten und dem Neuen Testament. „Testament" heißt soviel wie „Bund". Das Alte Testament erzählt die Geschichten vom Bund Gottes mit dem Volk Israel. Das Neue Testament berichtet vom neuen Bund Gottes mit allen Menschen, den Jesus Christus zwischen Gott und uns Menschen vermittelt hat. Im Neuen Testament stehen demnach die Geschichten von Jesus und den ersten christlichen Gemeinden.

Die wichtigsten Teile der Bibel

1. Die Urgeschichte

Am Anfang der Bibel werden Urgeschichten erzählt: Geschichten, die zeitlos wahr und gültig bleiben: die beiden Erzählungen von der Erschaffung der Welt durch Gott, der Brudermord Kains an Abel, die Geschichte von der Sintflut und der Errettung Noahs, die Erzählung vom Turmbau zu Babel (1. Mose 1–11).

2. Die Vätergeschichten

Nach den Urgeschichten beginnt etwas Neues: Gott beruft Abraham und macht ihn zum Stammhalter eines großen Volkes. Abraham, Isaak und Jakob nennt man die Erzväter (1. Mose 12–35).

3. Die Josef-Erzählung

Eine der schönsten Erzählungen der Bibel handelt von Josef, der von seinen elf Brüdern nach Ägypten verkauft wird und dort zu höchsten Ehren gelangt. Als seine Brüder in einer Hungersnot nach Ägypten kommen, erkennen sie ihn zunächst nicht. Zum Schluss gibt sich Josef aber zu erkennen und versöhnt sich mit ihnen (1. Mose 37–50).

4. Die Mose-Geschichten

Das zweite Buch Mose handelt von Mose und der Befreiung der Israeliten aus Ägypten. In diesem Buch wird auch von der Einsetzung der Zehn Gebote berichtet (2. Mose 20,2–17).

5. Einwanderung in Kanaan

Die Bücher Josua und Richter erzählen von der Einwanderung ins „Gelobte Land". In dieser Zeit spielt auch die Geschichte von Rut (Rut 1–4).

6. Die Königszeit

Höhepunkte der Erzählungen von den Königen Israels sind die spannenden Geschichten von König David (1. Samuel 16 – 2. Könige 2).

7. Die Propheten

Gegen die Könige traten oft Propheten auf, die an die Gebote Gottes erinnerten und König und Volk zur Umkehr aufforderten. Wichtige Propheten waren Elia (1. Könige 17–21), Jesaja, Jeremia (Jeremia 1.26–28.36–43) und Amos. Das Buch Jona erzählt von der Flucht, dem Schiffbruch, der Rettung und der Predigt des Propheten in der großen Stadt Ninive (Jona 1–4).

8. Lehrbücher
Zu den schönsten Texten der Bibel gehören die 150 Psalmen (vor allem 8, 23, 90, 104, 139) und das Buch Hiob, in dem von einer Wette zwischen Gott und Satan erzählt wird.

9. Die Evangelien
Das Neue Testament beginnt mit den vier Evangelien: Matthäus, Markus, Lukas und Johannes. Sie berichten von Jesus, seinen Worten und Taten, von seinem Leiden, seinem Tod und seiner Auferstehung. Im Matthäusevangelium steht die berühmteste Rede Jesu: die Bergpredigt (Matthäus 5–7).

10. Die Apostelgeschichte
Die Apostelgeschichte ist die Fortsetzung des Lukasevangeliums. Sie berichtet von der Ausbreitung des christlichen Glaubens bis nach Rom. Einen großen Platz nehmen darin die Erzählungen von den Missionsreisen des Paulus ein (Apostelgeschichte 13–28).

11. Die Briefe
Von Paulus stammen die meisten Briefe des Neuen Testaments. Sie wurden an christliche Gemeinden oder an Einzelpersonen geschrieben, wie der Philemonbrief, in dem es um einen entlaufenen Sklaven geht.

12. Die Offenbarung
Das letzte Buch der Bibel ist die Offenbarung des Johannes, die in einer Zeit geschrieben wurde, in der die christlichen Gemeinden vom römischen Staat verfolgt wurden.

---

1. Ordnet die folgenden Personen und Ereignisse jeweils diesen zwölf Inhaltsbereichen der Bibel zu.

    a) Markus | Kain und Abel | Noah | Jesus | Abraham | Isaak | Jakob | Matthäus | Josef | Mose | Adam und Eva | Rut | Paulus | Saul | Salomo | Samuel | Jesaja | Jeremia | Amos | Jona | Hiob | Maria | Johannes | David | Petrus | Lukas | Herodes | Judas | Pilatus | Philemon

    b) Bau der Arche Noah | Rebekka wird Isaaks Frau | der Prophet Elia setzt sich gegen die Baalspriester durch | Jesus wird geboren | Josef wird von seinen Brüdern nach Ägypten verkauft | Gott spricht zu Mose aus dem brennenden Dornbusch | Gott befreit das Volk Israel aus Ägypten | Gott schließt einen Bund mit dem Volk Israel | Gott gibt dem Volk Israel die Zehn Gebote | das Volk Israel siedelt in Kanaan an | Saulus wird zum Apostel Paulus | David besiegt den Riesen Goliath | erste christliche Gemeinden entstehen | Jerusalem wird Hauptstadt von Israel | Salomo lässt für Gott einen Tempel bauen | Jona flieht vor Gottes Auftrag | Turmbau zu Babel | Jesus erzählt das Gleichnis vom barmherzigen Samariter | Jesus heilt den blinden Bartimäus | Jesus wird gekreuzigt | Samuel salbt Saul zum ersten König Israels | Maria Magdalena begegnet dem auferstandenen Jesus

Vanessa Raida (9a)

Textgattungen in der Bibel

Mythen
Ein Mythos erzählt von urzeitlichen Vorgängen zwischen Göttern, übernatürlichen Mächten, Helden und Menschen. Mythische Erzählungen wollen Auskunft geben über Ursprung und Wesen der Welt oder über die Stellung des Menschen in dieser Welt. Die ersten elf Kapitel der Bibel sind mit den Mythen aller anderen alten Kulturen verwandt. Wichtige menschliche Grundfragen („Warum gibt es die Welt?", „Warum gibt es Mann und Frau?", „Warum ist der siebte Tag frei von Arbeit?") werden im Mythos auf das Wirken der Götter zurückgeführt. Auch im Neuen Testament kann man Texte mit mythologischem Charakter finden, z. B. Johannes 1,18 oder Philipperbrief 2,5–11.

Geschichtsdarstellungen
Der jüdische und auch der christliche Glaube beruht auf Ereignissen, in denen Menschen Gott wirken sahen: die Befreiung aus Ägypten, die Bewahrung auch in politischen Katastrophen, die Auferweckung Jesu. Deshalb berichten Bibeltexte von solchen geschichtlichen Vorgängen.

Weisungen
Die Tora, d. h. die fünf Bücher Mose, und die Gebote Gottes sind Worte und Weisungen, damit die Menschlichkeit im Umgang zwischen den Menschen nicht verloren geht. Gott, der das Volk Israel aus Ägypten befreit hat, schließt mit seinem Volk einen Bund und weist es ein in ein Leben in Freiheit und Menschenwürde. Jesus greift diese Weisungen Gottes auf und bringt sie neu zur Geltung (Bergpredigt, Matthäus 5–8).

Weisheitstexte
Weisheitstexte drücken typische Lebenserfahrungen in kurzen, einprägsamen Sätzen aus, z. B. „Hochmut kommt vor dem Fall", Sprüche 16,18.

Prophetenworte
Die Propheten sprechen im Namen Gottes in einer bestimmten politischen oder sozialen Situation. Die Unheilspropheten kündigen die Strafen Gottes an, falls die Menschen oder die Könige weiterhin gegen Gottes Gebote verstoßen, z. B. der Prophet Amos. Die Heilspropheten machen in schweren Zeiten Hoffnung auf einen Neubeginn und auf eine bessere Zukunft, z. B. der Prophet Jesaja.

Psalmen
Die Psalmen sind das Gebet- und Liederbuch der israelitischen Gemeinden. Sie enthalten Gebete für verschiedene Anlässe. In den Klagepsalmen schütten die Beter Gott gegenüber ihr Leid aus. Sie sind oft enttäuscht und zornig über die mangelnde Unterstützung Gottes und sie bitten Gott, dass er ihr Elend wendet. Jesus betet am Kreuz Worte aus Psalm 22: „Mein Gott, mein Gott, warum hast du mich verlassen?" Die Dankpsalmen preisen Gott für erfahrenes Glück und für Rettung. Lobpsalmen geben der Freude Ausdruck über Gottes Wirken in der Schöpfung, in der Geschichte und im persönlichen Leben.

Vanessa Raida (9a)

Briefe
21 der 27 Schriften des Neuen Testaments sind Briefe. Briefe können vielfältige Aufgaben übernehmen. Im Römerbrief entwickelt Paulus die Grundzüge seiner Lehre. Der Brief an Philemon ist eher ein Privatbrief. Im 2. Korintherbrief werden auch geschäftliche Angelegenheiten geregelt. Der 3. Johannesbrief ist ein Empfehlungsschreiben.

Apokalypsen
Apokalypse heißt Enthüllung. Apokalypsen sind Offenbarungsschriften, in denen zukünftige Wirklichkeiten enthüllt werden. Die Sprache der Apokalypsen ist voller Bilder und Symbole und darin mit den Mythen vergleichbar. Nur das letzte Buch der Bibel, die Offenbarung des Johannes, trägt den Titel Apokalypse, doch apokalyptische Texte gibt es auch z.B. in Daniel 8–12 und 1. Tessalonicher 4,13–18.

1. a) Um welche Textgattung handelt es sich bei den folgenden Bibeltexten jeweils? Begründet eure Zuordnung.
   b) Sucht für jede Textgattung mindestens eine weitere Bibelstelle. Sammelt die Bibelstellen zu den einzelnen Textformen an der Tafel.

• Ich bin der Herr, dein Gott; ich habe dich aus der Sklaverei in Ägypten befreit. Du sollst außer mir keine anderen Götter verehren!
(2. Mose 20,2–3)

• Paulus, den Gott zum Botschafter Jesu Christi berufen hat, und sein Mitarbeiter Sosthenes schreiben diesen Brief an die Gemeinde Gottes in Korinth.
(1. Korinther 1,1)

• So spricht der Herr: Die Machthaber von Juda begehen ein abscheuliches Verbrechen nach dem anderen. Sie treten mein Gesetz mit Füßen und leben nicht nach meinen Geboten. Sie ließen sich von falschen Göttern verführen, denen schon ihre Vorfahren nachgelaufen sind. Das werde ich nicht ungestraft lassen!
(Amos 2,4)

• So waren nun Himmel und Erde erschaffen, und nichts fehlte mehr. Am siebten Tag hatte Gott sein Werk vollendet und ruhte von seiner Arbeit aus. Darum segnete er den siebten Tag und sagte: Dies ist ein ganz besonderer, heiliger Tag! Er gehört mir.
(1. Mose 2,2–3)

• In dieser Zeit befahl der Kaiser Augustus, dass alle Bewohner des römischen Reiches namentlich in Listen erfasst werden sollten. Eine solche Volkszählung hatte es noch nie gegeben. Sie wurde durchgeführt, als Quirinius Gouverneur in Syrien war.
(Lukas 2,1–2)

• Danach, als ich aufblickte, sah ich eine Tür am Himmel, die war offen. Dieselbe Stimme, die schon vorher zu mir gesprochen hatte, gewaltig wie der Schall einer Posaune, sagte: „Komm herauf, ich will dir zeigen, was in Zukunft geschehen wird."
(Offenbarung 4,1)

• Hass führt zu Streit, aber Liebe sieht über Fehler hinweg.
(Sprüche 10,12)

• Ein Lied Davids: Der Herr ist mein Hirte. Mir wird nichts mangeln. Er weidet mich auf einer grünen Aue und führt mich zum frischen Wasser. Er erquicket meine Seele. Er führt mich auf rechter Straße um seines Namens willen.
(Psalm 23,1–4)

Melanie Sommer (9b)

Die vier Evangelien

Die Jünger erzählten ihre Erlebnisse mit Jesus nach Ostern und Pfingsten überall weiter. Aus den erzählten Erinnerungen an Jesus sind dann vierzig bis siebzig Jahre nach Jesus die Evangelien entstanden: Matthäus, Markus, Lukas und Johannes. Der Ausdruck Evangelium meint zunächst die frohe Botschaft, die Jesus verkündet hat, dann aber auch das gesamte Leben und Wirken Jesu, das die gute Botschaft für alle Menschen bedeutet.

Die Zwei-Quellen-Theorie

Vergleicht man die ersten drei Evangelien miteinander, dann ergibt sich folgendes Ergebnis:

Markus	Matthäus	Lukas
661 Verse	600 Markus-Verse	350 Markus-Verse
–	235 Jesus-Sprüche	235 Jesus-Sprüche
–	350 eigene Verse	550 eigene Verse

Bibelwissenschaftler erklären diesen Befund mit der Zwei-Quellen-Theorie:
1. Markus ist das älteste Evangelium.
2. Matthäus und Lukas haben jeweils Markus als Vorlage benutzt und seinen Text (zum Teil verändert und gekürzt oder erweitert) in ihre Evangelienschriften eingefügt.
3. Matthäus und Lukas haben zusätzlich 235 Verse einer anderen schriftlichen Quelle (abgekürzt Q = Quelle) benutzt und ebenfalls eingefügt.
4. Matthäus und Lukas haben also zwei Quellen benutzt: Markus und Q. Darum redet die Bibelwissenschaft von einer Zwei-Quellen-Theorie.
5. Matthäus und Lukas haben außerdem noch weitere schriftliche Überlieferungen aufgenommen und eingefügt, die sich jeweils voneinander unterscheiden und bei Matthäus 350 Verse, bei Lukas 550 Verse des Gesamttextes ausmachen. Man nennt diese Überlieferungen „Sondergut" des Matthäus oder Lukas.
6. Auf jeden Fall müssen bei der Analyse immer Matthäus, Markus und Lukas zusammen betrachtet werden. Darum spricht die Bibelwissenschaft hier von synoptischen Evangelien (griechisch: *syn* = zusammen, *opsomai* = ich werde schauen).
7. Johannes hat sein Evangelium erheblich später verfasst. Vielleicht hat er Matthäus, Markus und Lukas gekannt, aber er hat nicht sie, sondern andere schriftliche Überlieferungen benutzt. Johannes gehört darum nicht zu den synoptischen Evangelien, sondern muss gesondert betrachtet werden.

1. Zeichnet die Grafik in euer Heft und beschriftet die einzelnen Pfeile. Erklärt anhand dieser Grafik die Zwei-Quellen-Theorie.

Patricia Mantei (9b)

Das Markusevangelium als Beispiel für ein Evangelium

Der Inhalt des Markusevangeliums ist wesentlich vom Tod und der Auferstehung Jesu bestimmt. Schon umfangmäßig umfasst die Schilderung dieser Vorgänge ein gutes Fünftel der ganzen Erzählung vom Leben Jesu. Markus will sagen: Wer Jesus ist und was er bringt, wird erst durch Kreuz und Auferstehung offenbar. An diesen beiden Ereignissen klärt sich das Bekenntnis zu ihm, sie werden zum entscheidenden Glaubensinhalt.

Aufbau des Markusevangeliums

1. Der Anfang des Evangeliums (Markus 1,1–13)
Nur kurz berichtet Markus von Johannes dem Täufer, von der Taufe Jesu und seiner Versuchung.

2. Jesu Wirken in Galiläa (Markus 1,14–8,26)
Jesus beruft seine Jünger, predigt, erzählt Gleichnisse und vollbringt Wunder.

3. Der Weg nach Jerusalem (Markus 8,27–10,52)
Markus beschreibt die Wanderung nach Jerusalem. Jesus sagt dreimal sein bevorstehendes Leiden voraus.

4. Auseinandersetzungen in Jerusalem (Markus 11–12)
Dieser Teil enthält die Auseinandersetzung Jesu mit Freunden und Gegnern in den Tagen nach seinem Einzug in Jerusalem.

5. Über das Ende der Welt (Markus 13)
Jesus spricht über das Ende der Zeit und sein Wiederkommen.

6. Jesu Leiden, Tod und Auferstehung (Markus 14–16)

Aufbau des Matthäusevangeliums

- Auseinandersetzungen in Jerusalem (Matthäus 21–23)
- Jesu Worte: Die Bergpredigt (Matthäus 5–7)
- Der Weg nach Jerusalem (Matthäus 16,13–20,34)
- Endzeit und Weltgericht (Matthäus 24–25)
- Jesu Taten: Die Wunder (Matthäus 8,1–9,34)
- Herkunft Jesu und Vorgeschichte seines Auftretens (Matthäus 1–4)
- Gleichnisse (Matthäus 13)
- Die Sendung der Jünger (Matthäus 9,35–12,50)
- Machttaten und Mahnworte (Matthäus 14,1–16,12)
- Jesu Leiden, Tod und Auferstehung (Matthäus 26–28)

Aufbau des Lukasevangeliums

- Über das Ende der Welt (Lukas 21,5–38)
- Die Geburt des Täufers und die Geburt Jesu (Lukas 1,5–2,52)
- Der Weg nach Jerusalem (Lukas 9,51–19,27)
- Die Vorgeschichte von Jesu Auftreten (Lukas 3,1–4,13)
- Jesu Wirken in Galiläa (Lukas 4,14–9,50)
- Vorwort (Lukas 1,1–4)
- Jesu Leiden, Tod und Auferstehung (Lukas 22–24)
- Auseinandersetzungen in Jerusalem (Lukas 19,28–21,4)

1. Stellt den Aufbau des Matthäus- und des Lukasevangeliums in der richtigen Reihenfolge zusammen.

2. Vergleicht den Aufbau der drei synoptischen Evangelien in einer Tabelle. Wo gibt es Unterschiede, wo Übereinstimmungen? Versucht diese mit Hilfe der Zwei-Quellen-Theorie zu erklären.

Reli-Check

Die folgende Checkliste zeigt dir für jedes Kapitel, was du Neues gelernt und welche Kompetenzen zu dem betreffenden Thema du dir angeeignet haben solltest. Wenn du unsicher bist, ob du die jeweiligen Inhalte verstanden und die angegebenen Kompetenzen auch wirklich erreicht hast, kannst auf den angegebenen Seiten nochmals nacharbeiten.

1. Sinn des Lebens
Wofür es sich zu leben lohnt (S. 10–19)

Ich kann …

wichtige Lebensziele nennen und zwischen materiellen, persönlichen, ideellen und gesellschaftlichen Lebenszielen unterscheiden. (S. 10/11)

verschiedene Lebensvorstellungen darstellen und vergleichen. (S. 12/13)

die Geschichte vom reichen Mann und Jesus (Lukas 18,18–22) mit eigenen Worten wiedergeben. (S. 14/15)

die Veränderungen, die Jesus von dem reichen Mann fordert, beschreiben und die Folgen einer solchen Lebensweise skizzieren. (S. 14/15)

an einem Beispiel zeigen, dass es Situationen gibt, in denen Lebensentwürfe verändert werden müssen, und Möglichkeiten benennen, wie neue Lebensziele gefunden werden können. (S. 16/17)

das Gleichnis vom anvertrauten Geld (Lukas 19,12–27) mit eigenen Worten wiedergeben und mögliche Bedeutungen für uns heute nennen. (S. 18/19)

erklären, warum anderen zu helfen, Lebenssinn vermitteln kann (S.18/19)

2. Was ist der Mensch?
Auf der Suche nach Identität (S. 20–29)

Ich kann …

verschiedene Antworten auf die Frage „Was ist der Mensch?" wiedergeben. (S. 20/21)

wesentliche Unterschiede zwischen Mensch und Tier beschreiben. (S. 22/23)

die Fabel von den frierenden Stachelschweinen inhaltlich wiedergeben und erläutern, was diese Fabel über das menschliche Zusammenleben aussagt. (S. 22/23)

den Schöpfungsauftrag Gottes an den Menschen wiedergeben und an Beispielen zeigen, wie er verantwortlich umgesetzt werden kann. (S. 24/25)

erklären, was es bedeutet, dass Gott alle Menschen als sein Ebenbild geschaffen hat. (S. 24/25)

am Beispiel von Psalm 8 das Verhältnis von Gott und Mensch darstellen. (S. 24/25)

an Beispielen aufzeigen, was die Bibel über das Verhältnis und das Zusammenleben zwischen Mann und Frau sagt. (S. 26/27)

Beispiele für einen partnerschaftlichen Umgang zwischen Mann und Frau nennen. (S.26/27)

Kriterien und Merkmale nennen, die den einzelnen Menschen zu einer unverwechselbaren und wertvollen Persönlichkeit machen. (S. 28/29)

3. Liebe
Mehr als ein Gefühl? (S. 30–41)

Ich kann … ✓

mit Hilfe verschiedener Begriffe verdeutlichen, was alles zu Liebe gehören kann. (S. 30/31)

verschiedene Antworten auf die Frage „Was ist Liebe?" geben. (S. 32/33)

verschiedene Formen des Zusammenlebens und Zusammenwohnens beschreiben und unterscheiden. (S. 34/35)

Argumente gegen und für die Ehe nennen und bewerten. (S. 36/37)

Gründe nennen, die für eine kirchliche Hochzeit sprechen. (S. 36/37)

die Konfliktsituation, in der sich bei einer ungewollten Schwangerschaft die werdende Mutter befindet, differenziert darstellen und kenne Beratungsangebote. (S. 38/39)

Beispiele für mögliche Probleme in einer Partnerschaft nennen und Lösungsmöglichkeiten aufzeigen. (S. 40/41)

Regeln für einen einfühlsamen und respektvollen Umgang in einer Partnerschaft formulieren. (S. 40/41)

4. Sucht
Gefahren auf meinem Weg (S. 42–51)

Ich kann … ✓

die Begriffe „Sucht" und „Suchtverhalten" erklären und dazu Beispiele nennen. (S. 42/43)

mehrere Ursachen für Suchtgefährdungen nennen und erläutern. (S. 44/45)

mehrere Ursachen für Alkoholmissbrauch nennen, den Verlauf der Alkoholsucht beschreiben und Möglichkeiten der Überwindung aufzeigen. (S. 46/47)

darstellen, was man unter Ecstasy versteht sowie mögliche Gefahren und Folgen erläutern. (S. 48/49)

die Versuchungsgeschichte Jesu (Matthäus 4,1–11) inhaltlich wiedergeben und erklären, inwieweit diese uns heute helfen kann, wenn wir in Versuchung geführt werden. (S. 50/51)

an einem Beispiel zeigen, wie der Glaube an Gott einem Menschen helfen kann, seine Sucht zu überwinden. (S. 50/51)

5. Gewalt
Keine (gute) Lösung (S. 52–61)

Ich kann … ✓

eine Mind-Map zum Thema „Gewalt" entwerfen und erläutern. (S. 52/53)

formulieren, was man unter Gewalt verstehen kann. (S. 54/55)

verschiedene Formen von Gewalt nennen und unterscheiden. (S. 54/55)

drei Theorien nennen, warum Menschen aggressiv und gewalttätig sind, und diese erklären. (S. 56/57)

Bedingungen aufzeigen, die das Entstehen von Jugendgewalt begünstigen, und Lösungsansätze nennen. (S. 56/57)

anhand zweier Theorien die Auswirkungen von Gewalt in Filmen und Computerspielen darstellen. (S. 58/59)

mehrere Möglichkeiten nennen, wie man als „Außenstehender" auf Gewaltanwendung in seiner Umgebung reagieren kann, und jeweils die Folgen beschreiben. (S. 60/61)

Lösungswege aufzeigen, wie ich Gewalt in meinem Umfeld verhindern oder ihr begrenzend begegnen kann. (S. 60/61)

Aussagen Jesu zu Gewalt und Gegengewalt wiedergeben und erläutern. (S. 60/61)

6. Technik
Darf der Mensch, was er kann? (S. 62–71)

Ich kann … ✓

wichtige menschliche Erfindungen nennen, beurteilen und meine Meinung zu den Grenzen des Fortschritts formulieren. (S. 62/63)

an Beispielen darlegen, wie technischer Fortschritt menschliches Leben in verschiedenen Bereichen verändert hat und verändern kann. (S. 64)

an Beispielen positive und negative Folgen technischen Fortschritts erläutern. (S. 64/65)

die Geschichte vom Turmbau zu Babel inhaltlich wiedergeben und ihre Bedeutung für uns heute darlegen. (S. 66/67)

erklären, was man unter Gentechnologie versteht und deren Möglichkeiten und Gefahren aufzeigen. (S. 68/69)

eine Konfliktsituation beschreiben, wie sie aufgrund der Möglichkeiten moderner Medizin entstehen kann. (S. 70/71)

aufzeigen, dass die Würde des Menschen nicht von seiner Leistungsfähigkeit abhängt. (S. 71)

7. Gott
Nach Gott fragen (S. 72–83)

Ich kann … ✓

verschiedene Vorstellungen und Bilder von Gott nennen und vergleichen. (S. 72/73)

erkennen, wo in Werbung, Songtexten, Filmen usw. von Gott die Rede ist, und Beispiele nennen. (S. 73)

eine Antwort auf die Frage „Gibt es Gott?" formulieren und erläutern. (S. 74/75)

verschiedene Stufen der Vorstellungen vom Wirken Gottes in der Welt nennen und jeweils an einem Beispiel verdeutlichen. (S. 76/77)

die Geschichte von Hiob sowie seine Klagen in Grundzügen wiedergeben. (S. 78/79)

die verschiedenen Versuche der Freunde beschreiben, Hiobs Leid zu erklären. (S. 78/79)

die Antwort Gottes auf die Anklagen Hiobs wiedergeben und erläutern (S. 78/79)

den Holzschnitt „Hiob" von Hanns H. Heidenheim beschreiben und erklären. (S. 78/79)

unterschiedliche Antworten auf die Frage „Warum lässt Gott Leid zu?" geben und an einem Beispiel zeigen, dass Menschen in Krisen auch die Existenz Gottes infrage stellen und dennoch im Glauben Antwort finden können. (S. 80/81)

die Begriffe „Widerstand" und „Ergebung" im Sinne Dietrich Bonhoeffers erklären. (S. 81)

die Geschichte des Kinderarztes Janusz Korczak mit eigenen Worten wiedergeben und darlegen, warum man diese Geschichte als Anklage, aber auch als Beispiel für das Handeln Gottes sehen kann. (S. 82/83)

Situationen beschreiben, in denen man das Handeln Gottes sehen könnte. (S. 82/83)

8. Tod und ewiges Leben
Sterben, Tod … und dann? (S. 84–95)

Ich kann … ✓

verschiedene Vorstellungen vom Sterben und von einem Leben nach dem Tod nennen und vergleichen. (S. 84/85)

mindestens zwei unterschiedliche Deutungen von Tod und Sterben nennen und diesen Redewendungen und Symbole zuordnen. (S. 86/87)

verschiedene Vorstellungen anderer Kulturen und Religionen vom Tod und dem Leben danach wiedergeben und vergleichen. (S. 88/89)

die christliche Auferstehungshoffnung beschreiben und mit einer Bibelstelle belegen. (S. 90/91)

Bild-Worte und Bilder für die Auferstehung vorstellen und erläutern. (S. 92/93)

den Begriff „Euthanasie" erklären, verschiedene Arten der Sterbehilfe unterscheiden und die christliche Position zu diesem Thema wiedergeben. (S. 94/95)

9. Jesus Christus
Der Weg Jesu (S. 96–107)

Ich kann …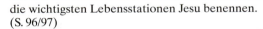

die wichtigsten Lebensstationen Jesu benennen. (S. 96/97)

die vier Evangelien in ihrer Entstehung zeitlich einordnen. (S. 98)

verschiedene Christusdarstellungen und Aussagen über Jesus unterscheiden. (S. 99)

die neue Botschaft Jesu im Unterschied zur Verkündigung Johannes des Täufers erklären. (S. 101)

erklären, was ein Gleichnis ist. (S. 102)

ein Gleichnis Jesu inhaltlich wiedergeben und eine mögliche Bedeutung für uns heute nennen. (S. 102)

an einem Beispiel darstellen, dass Jesus in seinen Wundergeschichten zeigt, wie es im Reich Gottes zugeht. (S. 103)

die wichtigsten Stationen der Leidensgeschichte Jesu benennen. (S. 104)

ein Kreuzigungsbild von Marc Chagall beschreiben und deuten. (S. 105)

eine Auferstehungsgeschichte aus den Evangelien wiedergeben. (S. 106/107)

erklären, warum die Auferstehung Jesu auch anderen Menschen Hoffnung über den Tod hinaus geben kann. (S. 106/107)

10. Bergpredigt
Jesus spricht Klartext (S. 108–117)

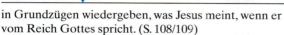

Ich kann … ✓

in Grundzügen wiedergeben, was Jesus meint, wenn er vom Reich Gottes spricht. (S. 108/109)

darstellen, aus welchen Texten sich die Bergpredigt zusammensetzt und wer diese zusammengestellt hat. (S. 108/109)

allgemein formulieren, was Jesus mit der Bergpredigt bezweckt. (S. 108/109)

mehrere wichtige Oberbegriffe aus der Bergpredigt nennen. (S. 110/111)

mehrere Seligpreisungen nennen und erläutern. (S. 112)

die Jesus-Worte „Salz der Erde" und „Licht der Welt" erklären. (S. 113)

die Weisungen Jesu zu Gewaltverzicht und Feindesliebe wiedergeben und an einem Beispiel erläutern. (S. 114/115)

kann Luthers Meinung zu einer Antithese wiedergeben und an einem Beispiel erläutern. (S. 116)

Regeln für gewaltfreie Reaktionen auf Gewalt formulieren. (S. 117)

11. Verantwortung
Verantwortung in der Welt übernehmen (S. 118–129)

Ich kann … ✓

Beispiele für aktuelle private und gesellschaftliche Missstände nennen. (S. 118/119)

begründen, warum Menschen aus dem christlichen Glauben heraus zu verantwortlichem Handeln bestimmt sind. (S. 120/121)

an Beispielen erläutern, dass wir mit unserem Handeln auch für andere verantwortlich sind. (S. 122/123)

an Beispielen Möglichkeiten für verantwortliches gesellschaftliches Handeln aufzeigen. (S. 124/125 u. 126/127)

unterschiedliche Visionen für eine bessere Welt nennen und vergleichen. (S. 128/129)

12. Unbequeme Christen
Große Helden – kleine Helden? (S. 130–141)

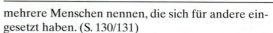

Ich kann … ✓

mehrere Menschen nennen, die sich für andere eingesetzt haben. (S. 130/131)

wichtige Lebensstationen Dietrich Bonhoeffers nennen und sein Verhalten während der Zeit des Nationalsozialismus beschreiben. (S. 132/133)

in einem Satz darlegen, was die Bekennende Kirche war (S. 132)

Bonhoeffers Meinung zu der Frage, ob sich ein Christ an einem Mordanschlag auf Hitler beteiligen darf, wiedergeben und erläutern. (S. 133)

wichtige Lebensstationen Ernesto Cardenals nennen und begründen, warum er zur Symbolfigur für eine Verbesserung der menschlicher Lebensumstände auf der ganzen Welt wurde. (S. 134/135)

erklären, was man unter Befreiungstheologie versteht. (S. 134)

am Beispiel Sabine Balls Gründe für christlich-soziales Engagement nennen. (S. 135/136)

am Beispiel Christian Führers Gründe für Zivilcourage gegenüber Machthabern nennen. (S. 138)

Beispiele für Gebete nennen und mögliche Wirkungen beschreiben. (S. 138/139)

Ziele und Arbeitsweisen von Amnesty International darstellen und an einem Beispiel erläutern. (S. 140/141)

13. Juden und Christen
Erinnerung und Neuanfang (S. 142–151)

Ich kann … ✓

Elemente jüdischen Lebens nennen und erklären sowie Beispiele für Ausschreitungen gegenüber Juden nennen. (S. 142/143)

die besondere Bedeutung des Judentums für das Christentum erläutern. (S. 144/145)

den Begriff Antisemitismus erklären und drei Formen unterscheiden. (S. 146/147)

die Ausschreitungen gegenüber Juden in der Zeit des Nationalsozialismus in Phasen unterscheiden und jeweils durch Beispiele belegen. (S. 148/149)

das Verhalten der evangelischen Kirche in der Zeit des Nationalsozialismus anhand der Positionen der „Deutschen Christen" und der „Bekennenden Kirche" darlegen. (S. 150) drei Formen des Widerstands gegen den Nationalsozialismus nennen und durch Beispiele verdeutlichen. (S. 151)

an Beispielen begründen, warum es wichtig ist, sich mit der Vergangenheit zu beschäftigen und aus der Geschichte zu lernen. (S. 152/153)

14. Kirche
Mehr als man glaubt (S. 154 –165)

Ich kann … ✓

mehrere Bedeutungen von „Kirche" nennen. (S. 154/155)

zwei wichtige Aufgaben von der Kirche nennen und durch Beispiele erläutern. (S. 154/155)

wichtige Stationen auf dem Entstehungsweg der christlichen Kirchen beschreiben und Licht- und Schattenseiten auf diesem Weg anhand von Beispielen darstellen. (S. 156/157)

Brennpunkte der Kirchengeschichte benennen. (S. 156/157 u. 158/159)

vier christliche Kirchen nennen und ihre Gemeinsamkeiten und Unterschiede darstellen. (S. 158)

die wichtigsten Aufgaben einer Kirchengemeinde nennen und anhand von Beispielen erläutern. (S. 160/161)

mehrere Gründe nennen, die für die Mitgliedschaft in einer Kirche sprechen. (S. 162/163)

Wünsche an die Kirche formulieren und die von mir gewünschten Eigenschaften und Einrichtungen begründen. (S. 164/165)

den Ablauf eines von mir geplanten Gottesdienstes vorstellen und, wenn möglich, diesen Gottesdienst mit anderen durchführen und mitgestalten. (S. 164/165)

15. Hinduismus – Buddhismus
Fernöstliche Religionen entdecken (S. 166 –175)

Ich kann …

fünf verschiedene Religionen nennen und zu jeder Religion mindestens ein Merkmal nennen. (S. 166/167)

wichtige Elemente des Hinduismus nennen und erklären. (S. 168/169)

den Kreislauf der Wiedergeburten anhand von Beispielen beschreiben. (S. 169)

das Kastensystem im Hinduismus darstellen und erklären. (S. 170)

die drei Wege der Erlösung im Hinduismus beschreiben. (S. 171)

wesentliche Ereignisse im Leben Buddhas wiedergeben. (S. 172/173)

in Grundzügen darstellen, was Buddhisten glauben. (S. 173)

an einem Beispiel erläutern, was Buddhisten unter dem Rad des Lebens verstehen. (S. 174)

die „vier edlen Wahrheiten" im Buddhismus nennen und erklären. (S. 175)

den „achtfachen Pfad" im Buddhismus beschreiben. (S. 175)

wesentliche Gemeinsamkeiten und Unterschiede der großen Weltreligionen nennen. (S. 166–175)

den Standpunkt des christlichen Glaubens im Unterschied zu den anderen Weltreligionen formulieren. (S. 166–175)

16. Bibel
Projekt Bibel (S. 176 –184)

Ich kann … ✓

Themen des Religionsunterricht nennen, die sich für eine Projektarbeit eignen, und diese Auswahl begründen. (S. 176/177)

den Aufbau und mögliche Gliederungspunkte einer Projektarbeit im Fach Religion nennen. (S. 176/177)

die Entstehung der Bibel in Grundzügen beschreiben. (S. 178)

darstellen, wie die Bibel aufgebaut ist, sowie mehrere biblische Bücher nennen und diese dem AT und dem NT zuordnen. (S. 179)

das AT und das NT inhaltlich unterscheiden und über wesentliche Inhalte beider Testamente Auskunft geben. (S. 180/181)

grundlegende Textformen der Bibel nennen und erklären. (S. 183/184)

die vier Evangelien nennen und ihre jeweilige Entstehung skizzieren. (S. 184)

den Aufbau des Markusevangeliums beschreiben. (S. 185)

Textnachweis

S. 16f. Abdruck der Texte mit freundlicher Genehmigung von Ronny Ziesmer, Cottbus.
S. 19 Interview mit Hellmut Gollwitzer: Zusammengestellt aus Auszügen des Buches Hellmut Gollwitzer, Ich frage nach dem Sinn des Lebens, Ed. Chr. Kaiser im Gütersloher Verlagshaus, Gütersloh 1994, S. 7–12.
S. 23 Fabel von den frierenden Stachelschweinen: Nach Arthur Schopenhauer.
S. 24f. Bibelstellen: „Hoffnung für alle", Brunnen Verlag, Gießen. © 1983, 1996, 2002 by International Bible Society, Colorado Springs, USA. Verwendung dieser Fassung von 1996 mit freundlicher Genehmigung des Verlags.
S. 45 Verändert nach: Karl Hurschler/Albert Odermatt: Schritte ins Leben, Klett und Balmer, Zug 1992, S. 55.
S. 47 frei nach: Diakonisches Werk der EKD (Hg.), Alkoholkranke.
S. 48f. Am Anfang waren es nur die Pillen, nach: Holger Witzel, Ecstasy. Das böse Erwachen, in: Stern Nr. 51/1996, S. 58ff.
S. 51 Das Weinwunder bei Martin. Geändert nach: Walter Neidhart, in: Erzählbuch zur Bibel. Theorie und Beispiele, hg. von Walter Neidhart und Hans Eggenberger, Benziger/Kaufmann/TVZ, Einsiedeln/Lahr/Zürich 1975, S. 243.
S. 60 Suzanne Vega, Luka, aus dem Album „Solitude Standing", 1987. © Suzanne Vega.
S. 66 Texte gekürzt aus: Jörg Zink, DiaBücherei Christliche Kunst Bd. 14, Verlag am Eschbach, Ostfildern.
S. 73 Befragungsergebnisse nach: Das Sonntagsblatt Nr. 25 vom 20.6.1997.
S. 75 „Wo wohnt Gott?", nach: Martin Buber, Die Erzählungen der Chassidim, Manesse Verlag, Zürich.
S. 83 Christine Reents, Gott handelt, © bei der Autorin.
S. 86f. „Erhard Milch" aus: Ingrid Brüggenwirth, Von Sensenmann und Druckerschwärze, Verlag Peter Kurze, Bremen 1997; „Walter" aus: BRU. Magazin für die Arbeit mit Berufsschülern, Nr. 22/1995, S. 29; „Thomas" aus: NRZ vom 3.11.1996.
S. 92 Die Geschichte von den zwei Knaben, aus: Klaus Berger, Wie kommt das Ende der Welt? © Gütersloher Verlagshaus, Gütersloh 1999, S. 227f.
S. 106f. Bibelstellen: „Hoffnung für alle", Brunnen Verlag, Gießen. © 1983, 1996, 2002 by International Bible Society, Colorado Springs, USA. Verwendung dieser Fassung von 1996 mit freundlicher Genehmigung des Verlags.
S. 114f. Gerhard Zwerenz, Nicht alles gefallen lassen, aus: Ders., Schulbuchgeschichten, S. Fischer Verlag, Frankfurt am Main 1972, S. 7ff.
S. 133 Dietrich Bonhoeffer, „Wenn ein betrunkener Autofahrer ...", © Gütersloher Verlagshaus.
S. 168–170 Text nach: Alan Brown/Andrew Langley, Woran wir glauben. Religionen der Welt von Kindern erzählt, Ernst Kaufmann Verlag, Lahr 1999.
S. 172f. Text nach: Alan Brown/Andrew Langley, Woran wir glauben. Religionen der Welt von Kindern erzählt, Ernst Kaufmann Verlag, Lahr 1999.
S. 174 Manfred Kyber: Der Pilger mit dem schleppenden Hinterbein.
S. 175 Text nach: Alan Brown/Andrew Langley, Woran wir glauben. Religionen der Welt von Kindern erzählt, Ernst Kaufmann Verlag, Lahr 1999.
S. 184 frei nach: Rudolf Mack/Dieter Volpert, Die Bibel. Anregungen für das Leben, Calwer Verlag, Stuttgart 1998.

Bildnachweis

U 1 o.: © Sabine Ball; Mi.: mev-Verlag; u.: dpa.
U 4 li.: Minkusimages; Mi.: Lother Nahler; re.: mev-Verlag.
S. 14 Helga Gebert, aus: Hans-Joachim Gelberg (Hg.): Menschengeschichten. 1975/91 Beltz & Gelberg in der Verlagsgruppe Beltz, Weinheim & Basel.
S. 16 © Minkusimages.
S. 17 li.: © gymmedia; re.: dpa.
S. 19 u.: dpa.
S. 20 Baby: Postkarte von sanetta, Meßstetten. Agentur: Stoll-Fischbach. Übrige: dpa.
S. 21 Großfamilie: dpa. Alte Frau: dpa. Übrige: Lothar Nahler.
S. 22 Fotos: dpa. Zeichnung nach: Carolus Bovillus, 1509, nach Giovanni Pico della Mirandola, Die Stellung des Menschen, 1509.
S. 24 Michelangelo: Beseelung Adams. Foto: AKG.
S. 26 Schaubild nach: Globus Infografik GmbH.
S. 27 Marc Chagall: Adam und Eva, 1911/12. © VG Bild-Kunst, Bonn 2005.
S. 33 Cartoons „Liebe ist ..." von Kim Casali: © Bulls, Frankfurt am Main.
S. 36 dpa.
S. 37 Werner Tiki Küstenmacher.
S. 42 u.: epd-Bild. Übrige: dpa.
S. 43 Alcopop-Getränk: kna-bild. Übrige: dpa.
S. 44 o.: „Alkohol. Irgendwann ist der Spaß vorbei." Kampagne der Freien und Hansestadt Hamburg in Kooperation mit dem Büro für Suchtprävention der Hamburgischen Landesstelle gegen die Suchtgefahren e.V., www.suchtth.de; li.: Mordillo.
S. 46 „Alkohol. Irgendwann ist der Spaß vorbei."

Kampagne der Freien und Hansestadt Hamburg in Kooperation mit dem Büro für Suchtprävention der Hamburgischen Landesstelle gegen die Suchtgefahren e.V., www.suchtth.de.

S. 50 Annegert Fuchsgruber, aus: Laubi/Fuchshuber: Kinderbibel, © Verlag Ernst Kaufmann, Lahr.

S. 54 Robert Longo, Untitled, 1981.

S. 56 dpa.

S. 58 dpa.

S. 59 o.: dpa.

S. 61 Otto Pankok, Christus zerbricht das Gewehr, 1950.

S. 62 o.: langrock/Zenit/laif. Mitte links: Langrock/Zenit/laif. Mitte rechts: RFA/laif. u.: dpa.

S. 63 li.: Klein/laif. Mi.: Granser/laif. re.: Henselen/laif.

S. 64 li.: Kit Houghton/CORBIS. Mi.: dpa. re.: Bettmann/CORBIS.

S. 65 dpa.

S. 66f. Pieter Brueghel: Der Turmbau zu Babel. Foto: AKG.

S. 71 dpa.

S. 73 u.: Quelle: Glauben + Kaufen, Regensburg.

S. 74 Betender Junge: kna-bild. Skelett: Michael Albus. Greenpeace-Aktion: dpa. Trauriger Junge: Michael Albus. Liebespaar: dpa. Betende Muslime: Michael Albus. Sternenhimmel: dpa. Streit: royaltyfree/Corbis. Kirche: epd-Bild.

S. 78 Hanns H. Heidenheim: Ijob. Holzschnitt (1965/66).

S. 80 epd-Bild.

S. 83 o.: dpa; Mi.: laif; u.: epd-Bild (die deutsche Paralympics-Teilnehmerin Claudia Biene, der im Alter von 14 Jahren wegen Krebs ein Bein amputiert werden musste).

S. 84 kna-bild.

S. 86f. dpa.

S. 90 Mathias Grünewald (gest. ca. 1528): Isenheimer Altar, Auferstehungsszene. Musée d'Unterlinden, Colmar.

S. 92 Hieronymus Bosch (gest. 1516): Der Aufstieg ins himmlische Paradies.

S. 93 li.: alle dpa. re.: Lothar Nahler.

S. 94 epd-Bild/Caro.

S. 99 Rauchender Jesus: Piotr Naliwajko, „Ecce homo", 1988; Jesus mit Krone: Roland Peter Litzenburger, „Verlacht und verlassen"; Jesus mit Axt: José Clemente Orozco, „Christus zerstört sein Kreuz". © VG Bild-Kunst, Bonn 2005; Jesus vom Kreuz herabsteigend: Oskar Kokoschka, „In Memory of the Children of Europe who have to die of Cold and Hunger this Xmas", 1945. © VG Bild-Kunst, Bonn 2005.

S. 100 Rogier van der Weyden, Taufe Christi (um 1454).

S. 103 Buchmalerei aus Echternach, 11. Jh.

S. 105 Marc Chagall: Die weiße Kreuzigung, 1938. © VG Bild-Kunst, Bonn 2005.

S. 106 Fra Angelico, Auferstehung, Fresko (15. Jh.), Florenz.

S. 107 Julius Schnorr von Carolsfeld (1794–1872), Der ungläubige Thomas.

S. 113 o.: dpa; Mi.: epd-Bild; u.: laif.

S. 115 Charles M. Schultz, Peanuts. © Kipkacomics.

S. 116 e.o.plauen: Auch Sanftmut hat Grenzen, aus: Vater und Sohn, in Gesamtausgabe Erich Ohser, © Südverlag GmbH, Konstanz 2000. Mit Genehmigung der Gesellschaft für Verlagswerte GmbH, Kreuzlingen/Schweiz.

S. 130 1 Mädchen: mev-Verlag; 2 Ernesto Cardenal: dpa; 3 Albert Schweitzer: dpa; 4 Christian Führer: epd-Bild; 5 Rigoberta Menchú: kna-bild.

S. 131 6 Desmond Tutu: kna-bild; 7 Hermann Gmeiner: dpa; 8 Dorothee Sölle: epd-Bild; 9 Junge: mev-Verlag; 10 Sabine Ball: epd-Bild; 11 Dietrich Bonhoeffer: Gütersloher Verlagshaus; 12 Mutter Teresa: kna-bild.

S. 132. o.: Gütersloher Verlagshaus. Mi.: Gütersloher Verlagshaus. u.: dpa.

S. 133 li.: Ullstein-Bild. re.: Gütersloher Verlagshaus.

S. 134 o.: dpa. u.: kna-bild.

S. 135 dpa.

S. 136 epd-Bild.

S. 137 © Sabine Ball.

S. 138 o.: epd-Bild. Mi.: epd-Bild. u.: dpa.

S. 140 o.: mev-Verlag; übrige: dpa.

S. 143 Jüdische Feste: Schalomnet, H.-G. Vorndran. Brennende Synagoge, Buchmalerei: Archiv. Übrige: dpa.

S. 144 © Sieger Köder, Stammbaum Jesu.

S. 147 o.: Aus dem antisemitischen Bilderbuch „Der Giftpilz", Nürnberg 1938, Archiv Petri; u.: Archiv.

S. 148 li.: keystone; übrige: dpa.

S. 149 unten: kna-bild; übrige: dpa.

S. 150 Foto: Eberhard Röhm.

S. 152 o.: Menashe Kadishman, Installation „Shalechet", Jüdisches Museum Berlin; übrige: dpa.

S. 153 dpa.

S. 154 Caspar David Friedrich (1774-1840): Die Jacobikirche in Greifswald als Ruine.

S. 160 Hein Fischer: Ohne Titel, aus: „Zeit für Kirche", Informations- und Pressestelle der Ev. Luth. Landeskirche in Braunschweig, Wolfenbüttel.

S. 164 Vincent van Gogh: Die Kirche von Arles.

S. 165 Idee nach: entwurf 1/1990.

S. 168 Badende im Ganges: dpa; Heilige Kuh: dpa. Tanzende Shiva: Foto Anadol Dreyer, Lindenmuseum Stuttgart.

S. 172 dpa.

S. 173 dpa.

S. 176 Lucas Cranach der Ältere: Martin Luther predigt. Ausschnitt aus dem Flügelaltar in der Wittenberger Stadtkirche (1547).

Trotz vielfältiger Bemühungen ist es nicht in jedem Fall gelungen, die Inhaber/innen der Rechte an Texten oder Bildern ausfindig zu machen. Die Verlage werden berechtigte Ansprüche im Rahmen der üblichen Vereinbarungen abgelten.